전략을 혁신하라

이노베이터를 위한 비즈니스 인사이트 35

전략을
혁신하라

이재형 지음

청림출판

좋은 전략을 넘어
위대한 전략으로

아이러니하게도, 저성장 시대에 기업들은 더 큰 경제적 부담을 떠안
게 되었다. 기업들이 경제적 가치와 사회적 가치를 동시에 추구해야
할 자본주의 5.0 시대가 도래했기 때문이다. 자본주의 5.0 시대에는
경쟁과 실리 추구만이 아닌, 공생의 가치 창조를 위한 전략과 혁신이
필요하다. 한마디로 명분과 실리를 동시에 추구해야 한다는 것이다.
기업 입장에서는 그만큼 비용이 든다는 말이기도 하다.

　스마트 시대에 자본주의 5.0 개념이 더해지면서, 그리고 '코로나
19'로 인해 언택트^{Untact} 시대가 빠르게 도래하면서 기업들은 새로운
고민에 빠졌다. 예를 들어, 역사상 가장 성공한 공연 사업으로 꼽히는

태양의 서커스가 코로나19를 극복하지 못하고 2020년 6월에 파산보호 신청을 했다는 사실은 기업들이 언택트 시대에 새로운 전략이 필요하다는 교훈을 주고 있다. 반면, 드라이브 스루 매장과 비대면 주문 서비스인 '사이렌 오더' 등 언택트 시대에 통하는 전략을 갖춘 스타벅스의 경우, 비대면 결제 이용객이 빠르게 증가하고 있다. 배달업계 역시 언택트 소비의 확산으로 가장 큰 수혜를 얻고 있는 업계 중 하나다. 또한 언론과 소비자들은 스마트 시대, 언택트 시대에 급속도로 발전하고 있는 정보기술^{IT}에 의지해 온라인과 SNS 등을 통해 '착한 기업'과 '나쁜 기업'의 소식을 재빠르게 퍼다 나르게 되었다. 그리고 이는 기업의 성공과 실패 가능성을 지수적으로 증가시킨다. 따라서 자본주의 5.0 기반의 스마트 시대, 언택트 시대에서 성공하기 위해서는 기존과 다른 전략과 혁신이 필요하다.

이 책에는 불황의 시대이자 자본주의 5.0의 스마트 시대, 그리고 언택트 시대에 창업과 사업에서 성공하고, 지속가능한 경영을 실현하기 위해 반드시 익혀야 할 전략과 혁신에 관한 통찰이 다양한 업종의 사례를 통해 체계적, 종합적으로 정리되어 있다. 현 시대에 필요한 새로운 비즈니스 접근법뿐 아니라, 고전에서 지혜를 얻듯 전통적인 산업의 성공 비법 중에서 현재에도 충분히 적용 가능한 접근법과 사례를 정리함으로써 새롭고 균형 잡힌 시야를 갖출 수 있도록 구성했다.

이 책의 내용은 다음과 같이 전개되며, 주로 창업, 사업, 경영에서 성공하기 위해 필요한 전략과 혁신에 관한 35가지 통찰을 제시한다.

1장에서는 자본주의 5.0 시대에 창업, 사업에서 성공한 기업들의 특징과 사례를 정리했다. 이 기업들의 특징은 한마디로 '훌륭한 목적을 가지고 명분과 실리를 동시에 추구했다'는 점이다. 자본주의 5.0 시대에는 소비자의 의식수준이 높아짐에 따라 실리뿐 아니라 명분도 중요해졌다. 소비자들은 사회적 가치를 매우 소중히 여기고, 이에 동참하기 위해 같은 값이면 보다 의미가 담겨 있는 제품을 구매한다.

요지는 자본주의 5.0 기반의 스마트 시대에 훌륭한 목적은 더욱 빛을 발한다는 것이다. 당신은 다양한 업종의 사례러쉬, 탐스슈즈, 네슬레, 존슨앤드존스, 머크, 고드레지, 유니레버, 보다폰 등를 통해 그 증거를 발견하게 될 것이다. 또 명분과 실리를 동시에 추구하기 위한 방법론과 그 방법론을 펼칠 수 있는 새로운 시장, 그리고 새로운 시장에 진출하기 위한 비즈니스 모델에 대한 아이디어도 얻게 될 것이다.

2장에서는 스마트한 전략을 수립하는 방법을 다양한 사례허니버터칩, 오가키교리츠은행, 이케아, 제주항공, 코스트코, 샤오미 등를 통해 제시했다. 목적이 아무리 훌륭하다 해도 전략이 없다면 공생은커녕 스스로 생존하기조차 어려울 수 있다. 따라서 1장에서 제시하는 훌륭하고 강력한 목적과 2장에서 제시하는 스마트한 전략은 창업, 사업, 경영의 성공을 위한 쌍두마차다. 당신은 2장을 통해 탁월한 비즈니스 전략가로 거듭날 것이다.

3장에서는 창업 · 사업 · 경영의 성공을 위해 내부 자원을 잘 활용하는 것이 얼마나 중요한지 다양한 사례혼다, 인바디, 후지필름, GMMC, 에이스 침대, 나이키, 아마존, 자라, 유니클로 등를 들어 정리했다. 또 핵심역량을 이전하여 사업 다각화를 해야 하고, 핵심사업 기반의 인접사업related, or adjacent areas 으로 진출해야 성공가능성을 높일 수 있다는 것을 다양한 사례를 통해 실감하게 될 것이다. 본업에 집중하고 무형자산의 중요성과, 어떤 상황에서 아웃소싱을 해야 하는지에 대한 아이디어도 얻게 될 것이다.

4장에서는 고객 가치를 혁신하는 방법에 대해 정리했다. 스마트 시대에는 단순히 고객 가치를 충족시키는 것만으로는 충분하지 않고, 고객이 원하는 가치를 혁신적으로 제공해야 더 나은 경쟁우위를 갖출 수 있음을 다양한 사례와비파커, 야구장, 스와치, 커브스, 한샘, 스타벅스, 미샤 등를 통해 실감하게 될 것이다. 또 지속적인 경쟁우위 창출을 위해서는 끊임없이 전략적 이동을 해야 한다는 사실과 새로운 시장공간의 창출 방법, 비고객을 찾는 방법, 구매자 효용성을 높이는 방법, 전략적 가격 책정 방법에 대해서도 이해하게 될 것이다.

마지막으로 5장에서는 창업과 사업에서 성공하고 지속가능경영을 실현하기 위해 창조적으로 혁신하고, 이노베이터 DNA를 갖추며, 관리 혁신을 하는 것이 얼마나 중요한지 다양한 사례홀푸드마켓, 고어텍스, 구글, 애플, 테슬라, 길리어드, 알레시 등를 통해 깨닫게 될 것이다. 또 스타트업들프라이스라인, 아이스톡 포토, 이노센티브, 스레드리스, 배달의 민족, 어러머, 우버, 에어비앤비 등이 활용한 창의적이고 혁신적인 비즈니스 전략에 대해서도 학습하게 될 것이다.

이 책은 당신이 자본주의 5.0 기반의 스마트 시대의 비즈니스 리더로서 불황의 그늘 속에서 생존하고 성공하기에 적합한 지식과 스킬, 통찰을 갖출 수 있도록 다양한 산업 분야의 글로벌 기업부터 대·중·소 기업, 스타트업, 소상공까지 다양한 업종요식업, 소비재, 시계, 가구, 화학, IT, 전자, 의료, 자동차, 항공, 음료, 공연, 영화, 여행, 유통업과 제조업 등의 사례를 통해 구성했다.

그리고 다음과 같은 독자들에게 도움을 줄 것이다.

- 비즈니스 스킬과 통찰을 갖춰야 할 기업의 CEO와 임직원
- 신규 사업을 구상 중인 사업가, 또는 기업의 사업부서 임직원
- 대 · 중 · 소기업, 벤처, 스타트업, 소상공 등의 창업 준비자
- 퇴직 후 창업을 하고자 하는 직장인
- 사업에서 기대했던 것만큼의 성과를 내지 못하고 있는 분
- 창업과 사업에서 실패한 후, 재기를 노리고 계신 분
- 그 밖에 창업, 사업, 경영에 대해 관심 있는 독자

스마트 시대에는 작은 기업이나 스타트업이 갑자기 전세계적으로 이름을 날리게 되는 것을 종종 보게 된다. 그러나 어두운 면도 존재한다. 세계적으로 불황이면서 점점 치열해지는 경쟁 환경 속에서, 한번 실패하면 다시 일어서기가 힘들고, 기존에 경쟁우위를 갖췄던 기업들도 경쟁우위를 지속시키기가 어렵게 되었다. 공생에 제대로 기여하기 전에 무너지는 것이다. 때문에 학습을 통해 끊임없이 전략과 혁신에 대한 방향성을 모색하고, 혁명을 지향해야 한다.

이 책을 통해 당신은 전략과 혁신에 대한 통찰과 구체적인 방법을 터득하고, 준비된 자로서 어깨와 가슴을 당당히 펴고, 자신 있게 대양을 향해 나아갈 수 있을 것이다. 성공과 행운이 가득하길 응원한다.

이재형

4장 고객의 가치를 혁신하라 Customer Value

5장 창의적 혁신을 추구하라 Creative Innovation

LEGO

kakao

IKEA

1장

훌륭한 목적을
추구하라

Purpose

사 업 의   목 적 을   생 각 하 라

네이버 '상식in뉴스팀'이 발행하는 2015년 9월 25일자 퀴즈에 다음과 같은 문제가 나온 적이 있다. 정답은 몇 번일까?

독일의 이 자동차 그룹이 디젤차 배출가스 장치를 의도적으로 조작한 사건의 여파가 전세계적으로 커지고 있다. 배출가스 조작이 의심되는 차량이 1,100만여 대로 밝혀지면서, 빈터코른 회장은 사임했고 이번 사건이 디젤차 전반에 대한 의구심, 즉 '디젤 게이트'로 확산될 수도 있어 글로벌 자동차 업계가 긴장하고 있다. 이 자동차 그룹의 이름은 무엇일까?

1. 제너럴 모터스   2. BMW   3. 폭스바겐   4. 메르세데스 벤츠

모두 알다시피 정답은 3번 폭스바겐^{Volkswagen}이다. 폭스바겐은 미국의 GM, 일본의 도요타^{Toyota}와 함께 자동차 업계 세계 1위를 다투는 독일의 자동차 회사로, 최고급 고성능차 브랜드인 람보르기니^{Lamborghini}, 부가티^{Bugatti}, 벤틀리^{Bentley}, 프리미엄 브랜드인 포르쉐^{Porsche}, 아우디^{Audi}, 대중 브랜드인 폭스바겐, 저가 브랜드인 세아트^{SEAT}, 스코다^{SKODA}, 상용차 브랜드인 폭스바겐상용차, 만^{Man}, 스카니아^{Scania}, 그리고 모토사이클 브랜드인 두카티^{DUCATI} 등 총 12개 브랜드를 보유하고 있는 거대 그룹이다.

그렇다면 글로벌 최상위 자동차 메이커인 폭스바겐이 굳이 배출가스 사기극을 벌인 이유는 무엇일까? 이미 언론에 보도된 것처럼, 그 배경에는 글로벌 자동차 업체 간의 치열한 '연비 전쟁'이 깔려 있음을 알 수 있다.

21세기 자동차 업계의 가장 큰 화두는 연비다. 연비는 곧 그 브랜드의 기술력을 의미한다. 전세계 자동차 업체들은 강화되는 각국 연비 규제에 대응해 수십 조 원을 투자하고 다양한 방법으로 연구개발^{R&D}에 나서고 있다. 현대자동차가 그동안 수입차들의 거센 공세를 막아내면서 힘겨워한 이유 역시 연비 측면에서 경쟁이 되지 않았기 때문이다.

1908년 헨리 포드^{Henry Ford}의 첫 양산 자동차 '모델 T'가 등장한 후 65년 동안 자동차 업계의 화두는 '속도'였다. 누가 얼마나 더 힘 좋

고 빠른 차를 만들 수 있는지를 두고 진검 승부를 벌였다. 하지만 1973년 1차 오일쇼크 이후 상황은 완전히 달라졌다. 소비자들은 자동차의 '연비'를 따지기 시작했다. 1975년 미국 정부가 1년 동안 기업이 생산한 자동차의 평균 연비를 규제하는 'CAFE^{Corporate Average Fuel Economy}' 제도를 통해 자동차의 연비와 배출가스를 규제하기 시작하면서 연비 전쟁은 본격화됐다. 이에 따라 2000년대 들어서는 연비가 자동차 구입의 가장 중요한 지표가 됐다.

1차 연비 전쟁의 승자는 도요타였다. 1997년 12월 도요타는 가솔린과 전기모터를 동시에 사용하는 하이브리드차를 선보였다. 1세대 '프리우스'는 리터당 최고 17킬로미터의 주행 거리를 자랑하며 전세계 자동차 업계에 큰 충격을 줬다. 출시 첫해 판매량은 300대에 불과했지만 2014년에 126만 대까지 성장했다. 프리우스 4세대 모델의 연비는 리터당 40킬로미터다.

그런데 하이브리드차는 배터리 가격이 비싼 게 흠이었다. 독일 자동차 업체들은 디젤 차량을 대안으로 제시했다. 디젤 특유의 강력한 주행 성능에 리터당 평균 15킬로미터 이상의 높은 연비는 유럽 등 주요 시장에서 소비자의 마음을 훔쳤다. 다만 질소산화물 등 유해가스가 많이 나오는 것이 단점이었다. 폭스바겐을 필두로 한 독일 업체들은 기술력으로 배출가스를 줄인 '클린 디젤'을 선보였고, 폭스바겐 그룹은 드디어 2015년 상반기에 도요타를 제치고 글로벌 판매량 1위에 올랐다.

그러나 1등의 기쁨도 잠시, 곧이어 폭스바겐의 사기극이 만천하에

전략을 혁신하라

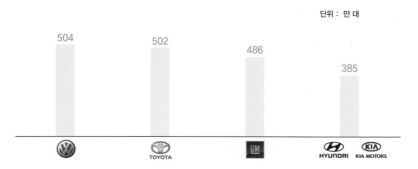

| 그림 1-1 2015년 상반기 세계 자동차 판매 대수 |

단위 : 만 대

504　502　486　385

VW　TOYOTA　GM　HYUNDAI KIA MOTORS

[출처] "독일 폭스바겐, 도요타자동차 제치고 4년 만에 세계 판매 1위 탈환", 〈한국경제신문〉, 2015년 7월 28일자

드러났다. 폭스바겐은 기술이 연비 규제를 따라가지 못하자, 디젤 차량에 소프트웨어를 장착해 배출가스 검사를 받을 때는 배출가스 저감장치를 정상적으로 작동하게 하고, 실제 도로에서 주행할 때는 꺼지도록 하는 방식으로 미국 환경보호청의 배출가스 검사를 통과한 사실이 적발됐다. 실제로는 차량 검사 때보다 질소산화물이 약 40배 이상 배출되고 있었던 것이다. 미국에서만 이 같은 차량이 1,100만여 대에 이르는 것으로 확인되었고, 유럽 등 다른 지역에서도 비슷한 사례가 보고되었다. 이 사태로 폭스바겐 그룹은 벌금 180억 달러를 포함해 최대 340억 달러약 38조 5,000억 원로 추산되는 재정적 손해를 부담하게 된 데다가 차주와 투자자들이 집단소송을 내는 등 창립 77년 만에 최악의 위기를 맞았다.

　독일 역시 체면을 구겼다. 폭스바겐은 영국 리서치회사 '유고브YouGov'가 독일인 1,081명을 대상으로 한 '독일 대표 상징물' 설문조사에서 2위인 괴테와 3위인 앙겔라 메르켈 총리를 압도적으로 제치고 1위에 올랐다. 독일 국민이 폭스바겐을 국가의 대표 상징물로 꼽은 이유는 "부자의 전유물이던 자동차를 일반인에까지 널리 보급한", 즉 폭스바겐의 '훌륭한 목적'을 높이 평가했기 때문이다. 모든 독일인들이 탈 수 있는 차를 개발하며 출발한 브랜드인 폭스바겐은 독일인들에게 존재 자체가 자부심이었는데, 잘못된 판단으로 인한 사기극으로 독일인의 자존심은 물론 '메이드 인 저머니^{Made in Germany}' 제조업 강국이라는 국가 위상에도 치명상을 입힌 것이다.

디젤의 배출가스를 줄이는 여러 장치가 있음에도 폭스바겐이 소프트웨어를 조작한 이유는 뭘까? 바로 '이익' 때문이었다. 유럽보다 배출 기준이 까다로운 북미 시장에서 디젤 차를 확산하려면 질소산화물 저감장치인 SCR^{Selective Catalytic Reduction: 선택적 촉매 환원장치}을 부착하면 된다. 하지만 폭스바겐은 이 장치의 가격이 비싸기 때문에 저가의 소형 디젤차에 적용하면 구매력이 떨어진다고 판단했다. 폭스바겐은 결국 소프트웨어 조작을 선택했고, 소비자의 경제적 이익에 부합하는 조치로 여기는 '착각'을 범하며 인위적으로 환경을 오염시킨 '나쁜 짓'을 한 셈이다.

폭스바겐 사태는 시사하는 바가 크다. 결국 폭스바겐은 '어찌됐든 돈만 많이 벌면 되지!'라는 생각으로 접근한 '장사꾼 전략'을 취한 셈이다. '경제적 가치와 사회적 가치를 동시에 추구해야 할 자본주의 5.0 시대'에 장사꾼으로 낙인찍히면 그 기업의 생명은 오래가지 못한다. 더욱이 인터넷과 SNS 등이 발달한 '스마트 시대'에 소비자들은

전략을 혁신하라

한 회사를 '최대한 빠르게 성공하게 하는 데 일조'하거나, '최대한 빠르게 망하게 하는 데 일조'할 수도 있다. 폭스바겐 사태를 보라. 언론과 소비자들이 '나쁜 기업 폭스바겐'의 소식을 퍼 날랐던 속도는 전광석화와 같았다.

그럼 이번에는 '착한 기업'의 사례를 살펴보자.

러쉬Lush라는 회사를 아는가? 나는 아이들의 거품 목욕용 비누를 러쉬에서 구매한다. '버블바'라고 불리는 이 비누는 모양도 예쁘고 향도 좋아 아이들이 무척 좋아한다. 풍성한 거품을 만들어내어 반신욕을 할 때 아주 그만이다. 러쉬는 천연 재료를 사용하는 핸드메이드 미용 용품으로 유명한 영국 회사다. 'Lush'라는 단어는 '싱싱한, 무성한, 풍부한' 등의 의미인데, 천연재료를 사용하는 회사에 걸맞게 회사명도 잘 지은 것 같다. 러쉬는 전세계 56개국 1,000여 개 매장을 보유하고 있는 글로벌 기업으로, 러쉬코리아는 2016년부터 매출이 급증한 데 이어 사상 최대 기록을 갱신하고 있으며, 서울 명동점이 전세계 매장 중 연매출 1위를 기록할 정도로 우리나라에서도 인기가 좋다. 러쉬 매장을 가보면 큰 치즈덩어리처럼 놓여 있는 커다란 비누 덩어리들을 잘라서 판매한다. 매장에 들어서면 각종 향기가 그윽하게 온몸을 감싸 안아 기분이 좋아지곤 한다.

1995년 동물보호와 친환경이라는 사회적 가치에 뜻을 모은 로웨나 버드Rowena Bird 등 7명이 창업한 러쉬의 브랜드 이념은 "환경Environment, 동물Animals, 사람People이 조화로운 세상을 살아가야 한다"이다.

물론 러쉬처럼 훌륭한 이념을 내세운 기업들은 많다. 그러나 러쉬처럼 이념을 실제 행동으로 옮기는 기업들은 많지 않다. 많은 기업들의 이념은 액자 속에만 있을 뿐이다. 그리고 몇몇 기업들은 설상가상으로 야누스 같은 경영자로 인해 곤욕을 치른다.

러쉬의 창업자 중 한 명인 로웨나 버드는 이렇게 말했다.

"동물실험과 맞서서 싸우는 것이 러쉬의 가장 큰 가치 중 하나다. 환경, 재활용 신념을 지키는 것들이 화장품 업계랑 굳이 연결되지 않더라도 이 신념을 지키겠다."

러쉬의 영국 본사 CEO인 앤드루 게리^{Andrew Gerrie}는 브랜드 이념에 대한 그의 신념을 이렇게 표현했다.

"우리 회사의 이념은 마케팅 전략 차원이 아니다. 우리가 추구하는 가치이고 이는 결코 포기할 수 없다. 만약 이윤이나 가치 중 하나를 포기하라면 우리는 이윤을 포기할 것이다."

러쉬는 동물, 환경, 사람에 대한 '3대 원칙'을 지키기 위해 다양한 캠페인을 통해 기업 윤리와 신념을 알리고 있다. 원재료는 화장품 동물실험을 하지 않아야 한다는 원칙을 고수하고 있어, 동물실험이 불가피한 거대한 중국 시장 진출을 포기했다. 유명 배우와 모델을 앞세운 광고도 하지 않고, 포장도 잘 사용하지 않는다. 그래서 큰 비누 덩어리를 잘라서 그냥 비닐 봉지에 담아서 판매한다.

러쉬는 전 제품의 70퍼센트가 비포장이다. 마스크나 보습제를 담는 패키지인 '블랙 포트^{Black Pot}' 용기는 100퍼센트 분해되는 무독성 물질이다. 노동착취를 하는 농장과는 단호히 거래를 끊고, 자연에서 난 식물 재료를 공정무역으로 공급받아 사람에게 테스트를 마친 제품만 판매한다. 러쉬가 조달하는 천연 성분과 재료는 '크리에이티브 구매팀Creative Buying Team'이 직접 각국을 돌며 생산하고 구매하고 있다.

이념을 지켜나가기 위한 러쉬의 유명한 사례가 있다. 에센셜 오일Essential Oil에 대한 러쉬의 자부심은 대단했다. 보통 에센셜 오일은 중간 거래상으로부터 구매를 하는데 이 오일이 정말 순도 100퍼센트일까 하는 의문이 들었고, 5가지 제품을 검사기관에 보냈다고 한다. 그런데 안타깝게도 대부분의 오일이 순도 20퍼센트 미만의 혼합 오일이었다는 결과가 나왔다. 당신이라면 어떻게 하겠는가? 러쉬는 즉시 공급과 구매를 중단했다. 앤드루 게리의 말처럼 이윤을 포기하고 가치를 추구했던 것이다. 그래서 러쉬는 직접 재료를 찾아 나섰고, 이를 위해 앞서 말한 크리에이티브 구매팀을 만들었다.

"환경, 동물, 사람이 조화로운 세상을 살아가야 한다"라는 러쉬의 훌륭한 목적, 그리고 그에 대한 언행일치는 고객의 신뢰를 얻기에 충분했다. 이 과정에서 러쉬는 단기적으로 이윤을 포기해야 했지만 장기적으로는 지속적인 성장 기반을 마련할 수 있었다. 러쉬의 훌륭한 목적은 온라인과 다양한 SNS 채널을 통해 전파되어 왔다. 그 결과 2002년부터 2011년까지 10년간 매출이 3,000만 파운드에서 2억 7,000만 파운드로 10배 가까이 성장했다. 2018년의 경우 2017년 대비 36.5% 매출이 급성장했으며, 지난 4년간2019년 기준 전세계 매장에서 연평균 매출 17퍼센트, 국내에서는 26퍼센트 이상 성장하고 있다. TV 광고도, 포장도, 유명 모델도 없는 상황이라는 점을 감안할 때 엄청난 성과라고 볼 수 있다.

러쉬는 코로나19로 소비자들이 바깥 활동을 자제하며 온라인으로 구매하거나, 매장에서 직원과 직접 마주치는 것을 원하지 않고 소비하는 언택트[Untact,비대면] 시대에도 빠르게 대응하고 있다. 러쉬코리아의 경우 집에서도 편리하게 원하는 스킨케어 제품을 쉽게 찾을 수 있도록 디지털 데모 '나를 위한 러쉬템 찾기'를 기획했다. 디지털 데모는 오프라인 매장에서 데모를 받는 그 느낌 그대로를 재현하는 것이다. #촉촉한느낌, #매끈한느낌, #편안한느낌, #맑은느낌으로 구성된 키워드 중 자신이 원하는 키워드를 선택하면 영상을 통해 관련 스킨케어 제품 추천부터 특성과 사용법까지 상세한 정보를 얻을 수 있다. 더불어, 러쉬는 모바일 애플리케이션 '러쉬랩[LushLabs]'을 출시함으로써 언제 어디서든 자사의 모든 고체 제품을 '러쉬 렌즈[Lush Lens]' 기능으로 스캔하여 제품의 정보를 확인할 수 있도록 하고 있다.

또 다른 착한 기업으로 여성에게 특히 인기 있는 탐스슈즈[TOMS Shoes] 이야기를 해보겠다. 발뒤꿈치에 국기 모양처럼 로고가 붙어 있는 이 신발은 볼수록 귀엽고, 스타일 또한 매우 편해 보인다.

탐스슈즈는 2006년 블레이크 마이코스키[Blake Mycoskie]에 의해 창립되었다. 이 회사는 '내일을 위한 신발[Shoes for Tomorrow]'이라는 슬로건을 표방하면서 소비자가 1켤레를 구입하면 다른 1켤레를 제3세계 어린이들에게 기부하는 것을 비즈니스 모델로 하고 있는데, 이를 '일대일 기부공식[One for One]'이라고 부른다.

창립자 마이코스키는 우연히 휴식 차 여행을 간 아르헨티나에서 신발 한 켤레 살 수 없을 만큼 가난해 맨발로 뛰어노는 어린이들을

전략을 혁신하라

만났다. 이들은 비포장의 거칠고 오염된 땅을 걸을 때 생긴 상처로 상 피병을 비롯한 여러 가지 질병에 쉽게 노출되었고, 토양의 기생충에 도 감염된 상태였다. 그리고 학교 유니폼 중 하나인 신발이 없는 어 린이들은 학교에 다닐 수가 없어 교육의 기회 또한 박탈당하고 있다 는 것을 알게 되었다. 마이코스키는 이러한 아이들을 돕고 싶은 마 음이 간절했다. 그리고 그의 바람을 비즈니스 모델로 완성하게 된다. 신발의 로고도 아르헨티나 국기 디자인을 본떠서 만들었다. 그는 또 2011년 안경회사인 '탐스아이웨어'를 설립, 안경 1개를 팔 때마다 가 난한 지역 주민 1명에게 안경을 만들어주거나 시력회복 수술을 시켜 주는 사업을 시작했다.

'착한 신발회사' 탐스슈즈는 그들의 핵심이념이기도 한 일대일 기부공식을 정기적인 '슈 드랍^{Shoe Drop}' 행사를 통해 실천하고 있다. 2008년부터는 'Friends of TOMS'라는 비영리단체를 설립하여 세 계 NGO, 인권단체, 사회단체 등의 기구와 함께 슈 드랍을 기획, 운 영하고 있다. 그 결과 창립 당시인 2006년 초에는 200켤레의 신발을 기부하는 것이 목표였지만, 공감대를 가진 많은 사람들의 동참으로 2006년에 1만 켤레, 2010년 9월에는 100만 켤레, 그리고 2013년 에는 1,000만 켤레를 넘어섰고, 2019년까지 70여 개 국가에 8,800 만 켤레를 기부했다. 또한 탐스아이웨어가 시력을 회복시켜준 사람은 2012년부터 2015년까지 32만 5,000여 명에 이른다.

또한 탐스슈즈는 '신발 없는 하루 캠페인'을 통해 많은 사람들이 신 발 없이 살아가는 어린이들의 고충을 함께 체험하도록 했다. 데미 무어^{Demi Moore}나 크리스틴 벨^{Kristen Bell}, 조나스 브라더스^{Jonas Brothers}과 같은 미국의 유명 연예인들도 이 캠페인에 참여하면서 붐을 이뤄냈다.

탐스슈즈는 어린이들이 신발을 신지 않아 생긴 피부병과 이 병으로 인해 학습능력이 저하되는 문제 등을 신발 기부를 통해 해결했고, 창업 3년 만에 연 매출 4억 6,000만 달러^{약 5,000억 원}를 기록했다.

중요한 것은 이러한 초대형 브랜드를 만들어낸 데에 탐스슈즈의 철학을 지지하는 많은 사람들, 특히 젊은 층이 자발적으로 해주고 있는 온라인과 SNS를 통한 광고가 발판이 되고 있다는 사실이다. 신발 없는 하루, 세계 눈의 날을 비롯해 '#IAMTOM'과 같은 탐스의 글로벌 캠페인은 SNS에서도 해시태그로 매해 많은 사람이 참여하고 있다.

안타까운 사실은 최근 탐스슈즈가 위기를 겪고 있다는 사실이다. 한때 5억 달러^{5,847억 원}에 달했던 연 매출은 3억 달러^{약 3,500억 원} 수준까지 곤두박질했다. 국제신용평가회사 무디스는 탐스슈즈에 대해 채권평가에서 'Caa3' 등급으로 '투자 부적격' 판정을 내리기도 했고, 파산 소문까지 들렸다. 탐스슈즈가 위기를 겪고 있는 이유는 3장에서 구체적으로 다루겠다. 위기의 이유가 핵심역량과 관련되어 있기 때문이다.

러쉬와 탐스슈즈의 사례가 주는 통찰은 무엇인가? 바로 창업·사업·경영의 목적을 어떻게 정하느냐에 따라 경영의 마인드와 고객을 대하는 자세가 달라지고, 이런 자세는 온라인, SNS 등 다양한 경로를 통해 고객들에게 인지되어 사업의 성과가 확연히 달라질 수 있다는 것이다. 기업들이 경제적 가치와 사회적 가치를 동시에 추구해야 하는 자본주의 5.0 시대에는 소비자의 의식수준 또한 매우 높다. 과거에 비해 사회적 가치를 매우 소중히 여기고, 이에 동참하기 위해 같은 값이면 보다 의미가 담겨 있는 제품을 구매한다. 또 그 소식을 다양한 채널을 통해 실시간으로 지인들에게 전파한다. 이런 관점에서 보면, 온라인 불륜 사이트 '애슐리 메디슨Ashley Madison'이 해킹을 당해 사용자 정보가 유출되고, 개인정보를 유출당한 사람들이 집단 소송을 하는 등 후폭풍이 이어진 건 충분히 있을 법한 일이다.

경영 전략의 세계적 석학이자 하버드경영대학원의 명교수인 신시아 몽고메리Cynthia A. Montgomery는 《당신은 전략가입니까The Strategist》라는 책에서 매스코MASCO와 이케아IKEA를 비교하여 기업의 이념, 가치 등 목적의 중요성과 목적의 차이에서 생기는 퍼포먼스의 차이에 대해 아주 잘 설명하고 있다.

매스코는 손잡이 하나로 냉온수를 틀 수 있는 수도꼭지를 개발하여 시장을 석권한 미국의 생활용품 회사다. 매스코가 판매하는 제품에는 수도꼭지, 부엌 및 욕실 수납장, 자물쇠와 건축용 철물 등 다양한 가정용품이 포함되어 있다. 매스코는 향후 몇 년 동안 20억 달러의 잉여현금 흐름이 발생할 것으로 예상될 만큼 성공했다. 그러자 창업자 리처드 머누지언Richard Manoogian은 새로운 사업을 구상했다. 다름 아닌 가구 산업에 뛰어드는 것이었다. 대다수 기업들이 돈을 벌면 핵심역량Core Competence과 동떨어진 사업을 벌이는데, 그 대표적인 사례라고도 볼 수 있다.

매스코는 미국의 2,500여 가구 업체들이 모두 영세하기 때문에 풍부한 자금력으로 지배기업의 위치를 확보할 수 있을 것이라고 판단했다. 그래서 총 15억 달러로 10개 업체를 인수하여 세계 최대 종합 가구회사 반열에 올랐고 시장점유율 1위도 차지했다. 여기까지만 들으면 예상 밖이라는 생각이 들 것이다. 하지만 결과는 '딱 거기까지'였다. 가구 산업에 뛰어드는 동안 매스코의 순이익은 30퍼센트가 줄어들었고, 32년간 이어졌던 실적 상승은 끝이 났다. 결국 매스코는 6억 5,000만 달러의 손실을 감수하고 가구 사업을 매각했다.

당시 매스코의 최고경영자 머누지언은 이렇게 말했다.

"가구 사업 진출은 아마도 내가 지난 35년 동안 내린 최악의 결정 중 하나였을 것이다."

이와 대비해, 지금은 세계적인 가구 회사가 된 이케아에 대해 이야기해보겠다. 이케아는 한마디로 눈부시게 성장했다. 매스코가 가구 산업에서 실패했다면, 이케아는 가구 산업에서 '대박'을 낸 기업이다. 이케아는 전세계 52개 국에 진출해 422개 매장^{2019년 기준}을 갖고 있는 세계 최대 가구업체이며, 연간 46조 원이 넘는 매출을 올리고 있는 '가구 업계의 공룡'이다. 직원 수만 21만 명이 넘는다. 우리나라에도 2014년 12월, 광명에 세계에서 두 번째로 큰 이케아 매장이 문을 열었는데, 100미터가량 줄을 서서 1시간여 기다린 후에야 매장에 들어설 수 있었다.

이케아의 창업자 잉그바르 캄프라드^{Ingvar Kamprad}는 1943년 17세의 나이로 가구 사업을 시작했다. 처음에는 만년필, 액자, 시계, 보석 등을 취급하는 무역 회사를 경영했던 캄프라드는 전후 호황기에 스웨덴 사람들이 가구를 많이 구입하는 것을 보고 가구에만 전념하기 위해 다른 상품들을 포기했고 지금에 이르렀다. 현재는 가구뿐만 아니라 주방·욕실용품, 의류, 잡화 등 1만여 종의 인테리어 소품을 팔며 유통 분야 전반에 걸쳐 시장 판도에 급격한 변화의 바람을 일으키고 있다.

그렇다면 캄프라드는 머누지언이 실패한 가구업종에서 어떻게 성공할 수 있었을까? 또 매스코는 왜 실패했을까?

일단 경쟁우위 전략 측면에서 이케아는 가구 산업에서 경쟁우위를 확실히 점하고 있었다. 이케아는 2장에서 자세히 설명할 '비용우위 전략'을 통해 낮은 가격에 디자인이 훌륭하고 기능성이 높은 다양한 가구 제품을 제공함으로써 성공할 수 있었다. 반면 매스코는 가구 산업에서의 경쟁우위를 갖추지 않고 가구 산업에 뛰어들었다. 매스코가 성공한 수도꼭지 산업에서는 '기능'이라는 경쟁우위가 중요했지만, 가구 산업에서 보다 중요한 경쟁우위는 '패션'이었다. 하지만 성공과 실패를 가른 더 중요한 이유는 바로 '목적'의 차이에 있다. 매스코는 한마디로 '남는 돈을 가구 산업에 투자해서 한몫 챙기겠다'는 목적으로 가구 산업에 뛰어들었다. 그들은 가구 산업을 재편하면 이익을 얻게 될 것이고, 전문 경영기술과 능력이 부족한 산업에 본때를 보여줄 수 있을 거란 희미한 신념만을 갖고 있었다. 그리고 가구 산업에서 중요한 경쟁우위도 갖추지 않고 무작정 뛰어들었던 것이다. 결국 매스코는 훌륭한 목적과 경쟁우위 없이 가구 산업에 진출했고, 실패할 수밖에 없었다. 그렇다면 이케아는 어떠한가?

영어로 된 이케아의 비전부터 살펴보자.

"To create a better everyday life for the many people."

이는 '많은 사람들에게 더 나은 일상생활을 안겨준다' 정도로 해석할 수 있는데, 이케아의 비용-우위 전략과 연결하여 좀 더 풀어서 설명하면, '우리는 현명한 소비자들에게 감각적인 디자인의 가구를 누구나 부담 없이 살 수 있는 가격에 만들어 파는 회사'라는 것이다. 이케아는 이 비전을 달성하기 위해 '대체로 돈이 없는 다수의 사람들을 상대로 아주 많이 싼 제품을 파는 저가전략'을 추진했다. 이러한 저가전략의 목적은 '가능한 많은 사람들이 구매할 수 있을 정도의 낮은 가격에 디자인이 훌륭하고 기능성이 높은 다양한 가구 제품을 제공한다'는 것이다. 단순한 염가 판매점이 아닌 것이다. 그리고 이러한 발상은 '많은 사람들에게 더 나은 일상생활을 안겨준다'는 이케아의 훌륭한 목적에 부합한다.

신시아 몽고메리 교수는 목적의 중요성에 대해 이렇게 말했다.

"목적이란 것은 이케아나 여타 다른 기업이 스스로를 설명하는 가장 기본적인 방식이다. 이것은 기업이 존재하는 이유, 기업이 세상에 제공하는 독특한 가치, 자기 기업이 남과 다른 점, 그것이 왜, 누구에게 중요한지를 의미한다. 기업은 목적에서 퍼포먼스의 차이가 시작된다."

결국 지속가능한 경쟁우위, 포지셔닝, 차별화, 부가가치, 심지어 기업효과까지 기업 경영자들의 대화에 등장해온 전략의 모든 개념은 '목적'에서 비롯된다는 것이다. 그렇기 때문에 이케아의 훌륭한 목적이 시장의 니즈를 만족시켰고, 독특한 틈새시장을 만들어냈으며, 가치 창출의 발판을 제공했다는 것이다.

훌륭한 목적에는 '우리가 만족시키는 사람들은 누구인가', '어떤 종류의 상품이나 서비스를 제공하는가', '우리가 다르게 하거나 더 잘하는 일은 무엇인가', '우리가 그렇게 할 수 있게 해주는 것은 무엇인가' 등이 구체적으로 담겨야 한다. 결국 비즈니스의 'Why^{왜}'가 제대로 담겨야 하고, 이렇게 만들어진 목적은 누구나 명확하고 쉽게 인식할 가능성이 높다. 또 많은 사람들이 사랑하고 열광하게 만든다. 다음 회사들처럼 말이다.

- 애플^{Apple}: 사람들이 기술을 즐기는 방식을 혁신한다.
- 구글^{Google}: 전세계의 정보를 모아 사람들의 접근을 용이하게 해준다.
- 나이키^{NIKE}: 세계 모든 운동선수들에게 영감과 혁신을 가져다준다.

사람들은 많은 글로벌 기업들을 좋아한다고 말한다. 하지만 그 기업에 열광하거나 사랑한다고 말하는 경우는 보기 어렵다. 반면 사람들은 애플 로고를 본떠 헤어스타일을 만들고, 애플 로고를 차에 붙이고 다님으로써 '나는 애플을 사용한다'는 것을 과시하려고 하며, 자신이 '애플 마니아'임을 당당하게 드러낸다. 하지만 다른 많은 기업의 로고에 대해서는 그렇게 하지 않는다.

《나는 왜 이 일을 하는가$^{Start\ with\ Why}$》의 저자 사이먼 사이넥$^{Simon\ Sinek}$은 그 이유를 이렇게 말한다.

"'Why'가 기업 내에서 충분히 소통되지 못하거나, 'Why'가 뚜렷하게 작동하지 않기 때문이거나 둘 중 하나일 겁니다."

여기서 'Why'란 결국 비즈니스의 목적인 셈이고, 'Why'가 뚜렷하게 작동하지 않는다는 것은, 그 목적이 러쉬, 탐스슈즈, 이케아, 애플과 같은 회사의 목적과 견주어 볼 때, 자본주의 5.0 시대의 소비자들에게 어필하지 못해서가 아닐까?

이제 당신에게 몇 가지 질문을 던져보겠다.

- 당신의 창업, 사업, 경영의 훌륭한 목적은 무엇인가?
- 그 목적은 세상을 위해 얼마나 가치가 있는 것인가?
- 그 목적은 고객을 위해 얼마나 가치가 있는 것인가?
- 그 목적은 기존 업계의 목적과 얼마나 차별화되어 있는가?
- 그 목적은 세상과 고객에게 명확히 어필하고 있는가?

자본주의 5.0 기반의 스마트 시대에는 경쟁과 실리 추구만이 아닌, 공생의 가치 창조를 위한 마음가짐이 선행되어야 한다. 그래야 불황을 헤쳐 나갈 수 있다.

당신의 전략은 어떠한가? 그런 마음가짐이 담겨 있는가?

전략을 혁신하라

지속가능경영의 핵심, Why를 찾아라

──────── **PURPOSE** ────────

02

프리챌^{Freechal}은 2000년에 인터넷 포털 시장에 혜성같이 등장했다. 당
시 아바타·커뮤니티 등 획기적인 인터넷 사업 모델로 한때 가입자
가 1,000만 명에 달하며 포털 시장을 뜨겁게 달궜지만 유료화 실패
와 벤처붐 붕괴 여파로 3년 만에 군소 사이트로 전락했다. 프리챌을
창업했던 김용진 착한경영연구소장은 가장 큰 실패 원인으로 기술만
믿고 경영을 몰랐던 점을 꼽았다. 그는 한 스타트업 특강에서 예비 창
업자들에게 사업에 대한 사명감부터 가져야 한다며 다음과 같이 조
언했다.

　"단지 돈과 권력을 위한 창업이라면 그것은 사업이 아닌 장사입니

다. 자신의 사업이 세상이 필요로 하는 무엇이어야 하는지, 사업 목적을 계속 추구할 의지가 있는지 끊임없이 자문해야 합니다."

사업의 성공은 투자유치나 안정적 이윤 창출에 그치지 않고 사업 목적의 지속적인 달성 여부에 달려 있다는 의미로, 그는 "누가 회사의 주인이 되든 사업 목적을 직원들과 함께 성취하려고 할 때 존재 의미가 있다"며 창업자는 수익 모델을 개발하기에 앞서 경영을 제대로 공부해야 한다고 강조한 것이다.

그런 의미에서 존슨앤드존슨Johnson&Johnson은 처음부터 이익을 넘어선 기업이념을 명확히 했고, 이념 범위 내에서 이익의 중요성을 강조한 대표적인 기업이라 할 수 있다. 로버트 존슨Robert W. Johnson은 1886년 존슨앤드존슨을 설립하면서 '고통과 질병의 경감'을 이념으로 세웠다. 또 존슨앤드존슨의 초창기 연구 관리자였던 프레드 킬머Fred Kilmer는 1900년대 초기에 이러한 이념이 연구부서의 역할에 어떤 영향을 미쳤는지를 다음과 같이 설명했다.

"연구부서는 상업적 관심, 배당금, 회사의 이익만을 추구하지 않았고, 질병을 치료하는 기술의 발전에 기여한다는 관점을 가지고 활동했다."

존슨앤드존슨의 사례는 회사의 목적에 각 개별 부서들의 목적이 어떻게 캐스케이딩Cascading:연결 될 수 있는지 보여주는 훌륭한 사례다. CEO가 목적을 백 번 외치는 것보다 각 부서와 직원들이 이를 실제로 이행하는 것이 훨씬 중요하다.

348년 장수기업 머크Merck의 사례는 지속가능경영을 하는 데 있어 목적이 얼마나 중요한지 일깨워주고 있다. 머크의 CEO였던 로이 바젤로스Roy Vagelos는 머크가 가진 목적의 변함없는 역할에 대해 다음과 같이 강조했다.

"우리 모두가 약 100년 후인 2091년에 와 있다고 상상해보자. 우리 회사의 경영 전략이나 전술의 많은 부분들이 상상할 수 없을 정도로 많이 바뀌어 있을 것이다. 그러나 회사 안에 어떠한 변화가 있다 하더라도 1가지는 변치 않고 남아 있으리라고 나는 믿는다. 가장 중요한 것은 머크의 정신이며 1세기가 지난 후에도 우리는 공동체 의식을 느낄 수 있으리라 믿는다. 내가 이렇게 생각하는 이유는 무엇보다 '질병과 싸우고, 고통으로부터 사람들을 해방시키고 돕는다'는 위대한 일을 하는 데 머크가 기여하고 있다는 사실 때문이다. 그것은 영원한 목적이고, 또 앞으로 100년 동안에도 머크의 사원들로 하여금 위대한 업적을 남기도록 동기를 부여할 것이다."

픽사Pixar는 '영화를 만든다'고 하지 않았다. 대신 '잊지 못할 등장인물과 모든 연령대의 관객에게 어필하는 가슴 따뜻한 이야기로 컴퓨터 애니메이션 영화를 개발한다'고 말했다. 픽사의 경우도 후자가 훌륭한 목적인 셈이고, 그 목적을 늘 상기하면서 관객에게 감동을 주는 영화들을 만들어낼 수 있었다.

목적이란 단지 이윤 추구를 넘어선 기업의 존재 이유이며, 지속가능경영을 위한 핵심이라고 할 수 있다. 목적이 체화된 조직 구성원은 스스로 동기를 부여하고, 이는 장기적 성과 창출과 지속가능경영의 가능성을 높인다.

비단 이런 큰 기업의 사례가 아니더라도 훌륭한 목적을 정하는 일은 소규모 사업이나 개인에게도 적용할 수 있다.

스타트업 창업 아이템을 심사할 때 대표들에게 늘 묻는 질문이 있다. "이 사업을 하려는 훌륭한 목적이 있다면 무엇입니까?"

이렇게 물어보면 질문을 받은 대표들 중 대다수가 답을 하지 못한다. 왜냐하면 생각해보지 않았기 때문이다. 그냥 창업해서 돈 벌고 싶어서, 회사 다니기 싫어서 창업을 한 사람들이 많기 때문이다. 이런 마인드로 과연 성공할 수 있을까?

나는 예비 창업가들이 목적의식 없이 헤매는 광경을 자주 목격한다. 그들이 하려고 하는 일을 왜 하려고 하는지 잘 모른 채 말이다. 단지 돈을 벌고 성공을 갈망하는 것은 장사꾼 정신에 불과하다. 자신이 진정 원하는 것이 무엇인지 깨닫고, 왜 그 일을 하는지, 고객에게 어떤 가치를 주고 싶은지를 이해하며, 자신 안에 존재하는 모든 생명력을 바칠 수 있어야 성공도 따라온다고 생각한다. 이런 목적의식이 뒷받침된다면, 어떤 사업을 하든지 성공은 이미 보장된 게 아닐까?

내가 책과 칼럼을 쓰는 일도 마찬가지다. 나는 계속 책과 칼럼을 쓸 것이므로 글 쓰는 일은 어찌 보면 나에게 '비즈니스^{사업}'라고 할 수도 있다. 나는 다음과 같은 비전과 신념을 가지고 글을 쓴다.

- 비전: 개인과 기업의 '본질적 성장'과 '변화'를 돕는 최고의 전문가
- 신념: 내가 보유한 지적 역량을 사회에 환원하여 보다 가치 있는 세상을 만드는 데 일조한다.

전략을 혁신하라

나는 바쁜 직장인임에도 틈틈이 글을 쓰고 강의도 하고 있다. 내가 쓴 책과 칼럼, 또 내 강의를 통해 많은 비즈니스인들이 통찰을 얻는다면 나의 신념을 실현하는 것 아닐까?

인류의 발전에 가장 기여한 것이 인쇄술과 책이라는 것은 그 누구도 부정할 수 없는 사실이다. 인류는 책을 통해 성장해왔고, 엄청난 발전을 이루어왔다. 책을 쓴 사람들은 그만큼 인류의 발전에 기여한 자들이라고 말해도 지나친 과장은 아닐 것이다. 이런 이유에서 글 쓰는 일은 내 가슴을 뛰게 만든다. 그리고 주말 새벽이면 어김없이 일어나 글을 쓰는 동기부여로 작용한다. 그런데 솔직히 말하면 '미래 준비'라는 다른 목적도 있다. 회사에서 갑자기 잘리면 멘붕^{멘탈 붕괴}이 올 테니까 책도 써놓고, 강의 역량도 키워놓는 것이다. 한마디로 40대 후반이나 50대 초반의 조기 퇴직자가 속출한다는 '4말^末 5초^初 시대'에 '퇴직 후를 위한 소프트랜딩 전략^{Soft Landing Strategy}'이라고나 할까? 나도 40대이니 걱정이 안 된다면 그건 거짓말일 것이다.

그러나 이상하게도 '미래 준비'라는 목적은 내 가슴을 그리 뛰게 만들지 않는다. 반면 '내가 보유한 지적 역량을 사회에 환원하여 보다 가치 있는 세상을 만드는 데 일조한다'는 목적이 훨씬 가슴을 뛰게 만든다. 이 생각을 할 때, 더 성심껏 책을 쓰게 된다. 이는 결국 퍼포먼스에 영향을 미쳐 그만큼 좋은 결과물이 나올 가능성이 커진다. 실제로 나의 첫 책《스마트하게 경영하고 두려움 없이 실행하라》를 쓸 때, 나는 이를 스스로 증명할 수 있었다.

글 쓰는 일을 '미래 준비'라고 생각하면 오히려 피곤해진다. 그리고 다음과 같은 사바투어^{Saboteur, 내면의 방해꾼}가 올라오곤 한다.

'회사 업무도 바쁜데 굳이 이렇게 살아야 해?'

'미래 준비는 젠장! 현재를 즐겨야지!'

'넌 왜 인생을 그렇게 피곤하게 사니!'

'책을 써서 돈을 벌겠다'는 목적으로 책을 쓴다면 더 피곤할 것이다. 결국 나에겐 '가치 있는 세상을 만드는 데 일조한다'는 목적이 '미래 준비' 또는 '책을 써서 돈을 벌겠다'는 목적보다 선행하는 '훌륭한 목적'인 셈이다.

훌륭한 목적을 정하고 그 목적에 완전히 다다른다는 것은 요원하다. 비즈니스의 세계에서 무언가에 완전히 다다르는 '완성'이란 있을 수 없다. 월트 디즈니^{Walt Disney}도 정복할 수 없는 목적의 본질에 대해 다음과 같이 말했다.

"세상에 상상할 수 있는 것이 남아 있는 한 디즈니랜드는 완공되었다고 말할 수 없다."

비즈니스의 세계에서는 오직 '진화'만이 있을 뿐이다. 그리고 그 진화는 352년^{2020년 기준} 장수기업 머크처럼 훌륭한 목적을 중심에 두고 진행되어야 한다. 디즈니랜드 또한 '지구상에서 가장 행복한 장소'라는 훌륭한 목적을 향해 끊임없이 진화해나갈 것이다. 이 책을 읽는 지금 이 순간, 당신이 하는 일의 목적을 되돌아보고 있다면 당신도 이미 진화하고 있다.

명 분 과   실 리 를   동 시 에   추 구 하 라

최근에 성공한 기업들의 특징은 무엇일까? 바로 명분과 실리를 동시에 추구했다는 점이다. 여기서 명분이라 함은 앞서 말한 훌륭한 목적과도 연결된다. 러쉬, 탐스슈즈, 이케아 모두 명분과 실리를 동시에 추구한 기업들이다. 미국 제1의 유기농 전문 소매업체인 '홀 푸드^{Whole Foods}'는 미국 전역에 산재한 공급업체들과의 상생관계를 구축함으로써 최고의 상품들을 공급받을 수 있었다.

　방글라데시의 그라민은행^{Grameen Bank}은 어떠한가? 이 은행은 무담보 소액 대출, 우리가 흔히 마이크로 크레디트^{Micro Credit}라고 부르는 대출을 통한 빈곤 퇴치를 목표로 한다. 이 은행은 150달러 미만의 돈을 담보와 신원 보증 없이 하위 25퍼센트의 사람에게만 대출해준다는 조건을 걸었다. 낮은 이자로 돈을 빌려준 뒤 조금씩 오랜 기간에 걸쳐 갚아나가도록 하는 소액 장기 저리 신용대출 은행이다. 돈을 갚지 않아도 법적 책임을 묻지 않는다. 하지만 놀랍게도 상환율은 설립 이후 연평균 90퍼센트 이상을 보이고 있다. 그라민은행에 대한 공로로 무함마드 유누스Muhammad Ynnus 전 총재는 2006년 노벨 평화상을 받기도 했다.

사장의 급여를 90퍼센트 깎는 대신 전 직원의 연봉을 7만 달러약 7,900만 원로 올려주겠다고 약속한 미국의 한 중소기업이 반년 만에 매출과 이익이 2배 이상 증가하는 성과를 거둔 재미있는 사례도 있다. 신용카드 결제시스템 회사인 그래비티페이먼츠Gravity Payments의 이야기다. 이 회사는 실적뿐 아니라 고객 유지비율도 올랐고, 연봉 정책을 발표한 직후 2주간 회사로 4,500통의 이력서가 몰려들었다. 이 회사 대표인 댄 프라이스Dan Price는 "사업 리더로 획득하고 싶은 것은 돈이 아니라 이루고자 하는 목적과 사회적 영향, 서비스"라고 말했다. 자신과 임원들의 연봉은 인상하고 종업원들에게는 임금 동결 내지는 삭감을 요구하는 CEO들은 그래비티페이먼츠의 '훌륭한 목적'을 벤치마킹길 바란다.

요지는 명분과 실리를 동시에 추구한 기업들은 사회적으로 정당성을 인정받게 되고, 이해관계자로부터 더 많은 사랑을 받으며, 그로 인해 더 높은 성과를 달성하고 있다는 것이다.

케네스 앤드루스Kenneth Andrews는 1971년 전략 수립의 고려요소로 기

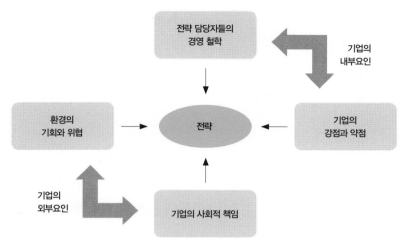

| 그림 1-2 기업 전략 수립의 고려요소 |

전략 담당자들의
경영 철학

기업의
내부요인

환경의
기회와 위협

전략

기업의
강점과 약점

기업의
외부요인

기업의 사회적 책임

[출처] 케네스 앤드루스,《기업 전략의 본질(The Concept of Corporato Strategy)》, Dow Jones-Irwin

업의 사회적 책임에 대해 언급했다. 기업이 전략을 수립할 때 전략 담당자들의 경영 철학, 환경의 기회와 위협^{외부환경 분석}, 기업의 강점과 약점^{내부역량 분석} 외에 기업의 사회적 책임을 고려해야 한다는 것이다. 선경지명이 있었던 앤드루스의 주장은 오늘날에 와서야 빛을 발하고 있다.

그럼 기업들이 사회적 책임을 실현하는 것을 포함해 사업에서 어떻게 명분과 실리를 동시에 추구하고 있는지, 그 접근법을 살펴보자. CSR^{Corporate Social Responsibility: 기업의 사회적 책임}과 CSV^{Creating Shared Value: 공유가치 창출}에 관한 내용인데, 당신이 비즈니스 리더라면 최소한 이런 용어와 개념 정의, 그리고 활용법은 알아두자.

CSR

CSR은 "사회가 존재하기에 기업이 존재한다. 그렇기 때문에 사회의 혜택을 받고 있는 기업으로서 사회에 대한 '책임'을 질 수 있어야 한다"라는 개념에서 출발했다. 즉 기업이 경제적 책임이나 법적 책임 외에도 폭넓은 사회적 책임을 적극 수행해야 한다는 것으로 주로 자선, 기부, 환경보호 등 사회공헌 차원의 선행 활동을 수행하는 것을 말한다. CSR에 대한 개념은 이미 널리 알려져 있으며, 국내도 많은 기업들이 관련 활동을 펼치고 있다.

예를 들어 KT는 국민기업으로서 국민의 IT^{정보통신} 활용도 증대 및 삶의 질 향상을 목적으로 IT 나눔 단체인 'IT서포터즈'를 운영하고 있다. 이를 통해 OA 교육, 소프트웨어 활용 교육, 홈페이지 및 블로그 제작 교육, 인터넷 역기능 교육^{인터넷게임 중독 예방, 사이버 범죄 예방, 개인정보 보호 중요성 전파}, 스마트폰 중독 예방 교육 등의 활동을 활발히 진행하고 있다. 또 '기가아일랜드^{GiGA Island}' 프로젝트를 통해 도서 지역 주민들의 정보 격차를 해소하고 삶의 질을 향상시키는 사회공헌 사업을 진행하고 있다. 삼성그룹은 저소득 시각장애인에게 무료 수술을 지원하고, 맹인안내견을 무료로 분양하고 있다. 포스코는 무료급식소를 운영하고, 청소년 후견인 결연을 맺고 있다. 현대자동차는 서울지역의 독거노인과 무의탁 가정 1,000가구에 매월 쌀을 지원하고 있다.

그런데 여기서 의문이 생긴다. 기업들은 왜 많은 돈을 써가며 선행을 하고 있는가? 그리고 돈을 쓴 만큼 효과를 보고 있을까?

첫 번째 질문에 대한 답변은, 기업의 입장에서 CSR을 잘 활용하면

평판과 이미지 개선에 도움이 되고, 성과에도 긍정적 영향을 미칠 수 있다는 것이다. 그러나 기업 입장에서 CSR은 '선행 추구'라는 명분을 유지하기 위해 매년 상당한 비용을 지출해야 한다. 전국경제인연합회가 2014년 국내 234개 기업의 사회공헌 실태를 분석해보니 사회공헌에 쓰는 돈만 2조 8,100억 원이었다. 세전이익 대비 사회공헌 지출비율은 3.76퍼센트다. 이는 일본[1.77퍼센트, 경제단체연합회 331개사]보다 높은 수치다.

두 번째 질문에 대한 답변은, 이렇게 상당한 비용을 지출함에도 불구하고 국내 기업들의 사회공헌 활동은 사람들의 뇌리에 잘 각인되지 못하고 있다는 것이다. 이유가 뭘까?

가치관이나 철학 없이 생색을 내고 있거나 단기 이벤트 성으로 CSR 활동을 하고 있기 때문이다. 그러다 보니 돈은 돈대로 쓰고 인정은 받지 못하는 것이다. CSR의 효과를 보려면 진정성을 갖고 기업의 철학, 훌륭한 목적을 담은 활동을 장기적으로 진행해야 한다. 불법 비자금 조성 혐의로 실형을 선고받은 오너의 사면을 위해 1조 원을 사회에 환원한다고 해서 CSR이 실현되는 게 아니다.

그럼 어떻게 하면 CSR의 효과를 볼 수 있을까? 해외 기업인 GE[General Electric: 제너럴 일렉트릭]의 사례를 보자. GE는 '학교 도와주기 프로그램'을 시행한 적이 있다. GE의 지사가 있는 도시들의 여러 학교들을 선택해서 매년 100만 달러씩, 5년간 계속 도와주는 프로그램을 시행했다. 금전적 기부와 함께 임원 및 종업원들이 해당 학교에 가서 필요한 사항들을 구체적으로 파악하고 학교 직원 및 학생들에게 카운슬

링을 해주는 등 적극적인 봉사 활동을 펼친 것이다. 그 결과 해당 학교의 행정 및 학업 성과가 크게 높아졌다. GE의 평판과 이미지가 좋아진 건 두말하면 잔소리다.

마이크로소프트Microsoft는 한 단계 더 나아가 '전략적 CSR'을 추구했다. 마이크로소프트는 과거 빠른 속도로 성장할 때 IT 관련 기술자가 크게 부족한 현실에 직면했다. 미국에서만 약 50만 명의 IT 기술 인력이 모자라는 문제를 해결하기 위해 마이크로소프트는 2년제 전문대학에 투자해 필요한 IT 인력을 조달하려고 했다. 그러나 당시 전문대학의 IT 관련 교육 프로그램은 표준화돼 있지 않았고, 강의실 기자재는 낙후되어 있었다. 강사들의 역량도 낮았다. 결국 마이크로소프트는 5,000만 달러라는 큰 비용을 투자해 교육 프로그램을 표준화하고, 낙후된 기자재를 모두 교체했다. 또 회사의 일류 기술자들이 직접 학교에 가서 최신 기술을 가르쳤다. '교수 개발 프로그램'도 만들어 교수진의 실력까지 업그레이드시켰다. 그 결과 마이크로소프트는 인력난에 적극 대처할 수 있었고, 비용 투자 대비 더 큰 효과를 거둘 수 있었다. 만약 마이크로소프트가 인력을 자체적으로 양성하려고 했다면 시설 확보, 교수 채용 비용만으로도 5,000만 달러라는 금액을 초과했을 것이기 때문이다.

미국 할인점 업체 타깃Target은 특정 공동체를 선정해 꾸준히 지원함으로써 사회공헌도 실천하고 회사의 매출도 증가하는 등 CSR의 효과를 제대로 누리고 있는 기업이다. 타깃은 초등학교 교육을 핵심 사회공헌 활동으로 정한 지 20여 년이 돼가는데, 상당수의 미국인이 '초등학교 교육기부'라는 단어를 들었을 때 '타깃'이란 회사를 떠올릴 정도로 성공적인 CSR 활동을 하고 있다.

타깃이 사회 공헌 활동으로 초등학교 교육 분야를 선정한 이유는 크게 3가지다.

첫째, 어떤 사회공헌을 하면 좋을지 고객의 의견을 수렴했는데, 그 결과 '교육 분야'라는 답을 얻었다. 둘째, 학생들이 고교 교육과정을 무사히 끝마치는 데 가장 큰 영향력을 미치는 것이 무엇인가를 살펴봤는데, '초등학교 교육'이라는 답을 얻었다. 초등학교 3학년까지 읽기를 제대로 배우지 못하면 그렇지 않은 아동에 비해 고교 중퇴 확률이 4배나 높다는 사실을 발견했다. 셋째, 어린이들이 자신의 잠재력을 충분히 발휘할 수 있는 교육을 받아야 한다는 신념을 갖고, 초등학교 교육을 사회공헌 분야로 선정했다. 그리고 다행히 이 분야에 주력하는 기업은 없었고, 타깃은 여유 있게 초등학교 교육 분야를 선점할 수 있었다.

타깃은 1997년 '교육을 책임지겠습니다take charge of education'라는 구호를 제정하고 사회공헌 활동을 시작했다. 먼저 별도의 '타깃 레드카드'를 발급했다. 이 카드를 사용하면 온라인이건 오프라인이건 구매한 금액의 1퍼센트예를 들어 10만 원 구매 시 1,000원를 적립해주고, 적립금은 1년에 한 번씩 고객이 지정한 초등학교에 기부된다. 고객의 모교여도 좋고 자녀가 재학 중인 학교여도 상관없다. 여기서 중요한 건, 기부한 돈이 어디로 가는지 고객들이 정확히 알 수 있다는 것이다. 따라서 이 활동에 동참하겠다는 의지만 있다면 경쟁 마트 대신 타깃을 방문하게 된다.

타깃은 1997년에 이 프로그램을 시작하여 2014년까지 4억 달러
^{약 4,400억 원}가 넘는 돈을 모았고, 이 금액은 8만여 초등학교에 분배됐다.
통상 이런 사회공헌 활동에 대한 홍보는 비영리기관이 해주지만, 타
깃의 경우 기부를 받는 초등학교에서 알아서 해주었고, 어떤 학교는
현재까지 전달받은 기부액을 알리는 이메일을 학부모에게 보내 프로
그램 가입을 권유하기도 했다. 학부모 입장에서는 추가 지출을 하는
게 아니기 때문에 학교의 요청을 쉽게 들어줄 수 있다. 당연히 레드카
드 발급자는 늘어났고, 타깃의 매출액도 증가했다. 타깃은 2000년에
미국 국립학부모교사협회로부터 학교 교육 발전에 기여한 공로로 상
을 받기도 했고, 2007년부터는 학교 도서관을 개·보수하는 프로그
램을 선보였다.

텐센트^{Tencent}도 CSR을 성공비결의 하나로 꼽는다. 1998년 11월 중
국 선전시에서 시작한 작은 인스턴트 메신저 회사^{QQ메신저}였던 텐센트
는 시가총액 중국 1위·세계 3위^{2015년 4월 기준 시가총액 213조 4,000억 원}를 자랑하
는, 게임과 포털, 검색, 전자상거래, 블로그, 엔터테인먼트, SNS를 아
우르는 중국 최대 콘텐츠 기업으로 성장했다. 텐센트는 2006년 9월
중국 인터넷 기업 최초로 '공익자선기금회'를 설립하고, 2008년 11월
에 중국 인터넷 기업 최초로 '사회적 책임 보고서'를 발표했다. 그리
고 기부에 대한 평상시의 관심을 높이기 위해 원촨 대지진 1주기에
맞춰 '텐센트 웨쥐안'을 출시했다. '매월 10위안, 투명한 공익'을 내건
이 상품은 네티즌이 관심 있는 프로젝트에 매월 10위안을 기부하는
것이다. 그리고 기부자의 기부금이 어디에 쓰이는지 알려주어 공개성

과 투명성을 확보했다.

"빨리 가려면 혼자 가고 멀리 가려면 함께 가라"는 말이 있다. 당신이 창업과 사업을 할 때 '사회적 책임'을 고려한다면 '함께 보다 멀리 갈 수 있는' 기반을 마련하게 되는 셈이다. 중요한 것은 진정성과 훌륭한 목적을 갖고 CSR을 전략적으로 활용해야 효과를 볼 수 있다는 것이다.

CSV

CSV는 "기업과 사회가 함께 공유할 수 있는 공동의 가치를 만들어가는 것"으로, 기업이 수익 창출 이후에 사회공헌 활동을 하는 것이 아니라 기업 활동 자체가 사회적 가치를 창출하면서 동시에 경제적 수익을 추구할 수 있는 방향으로 이루어지는 행위를 말한다. 이는 하버드대학의 마이클 포터^{Michael Eugene Porter} 교수가 2011년에 발표한 '자본주의를 어떻게 치유할 것인가^{How to Fix the Capitalism}'라는 글에서 제기한 개념으로 자본주의로 인해 발생한 사회적 부작용을 가장 잘 해결할 수 있는 대안으로 주목받고 있다.

CSR과 CSV는 비슷한 것 같지만 CSR은 단순히 '선행 추구^{Doing Good}'를, CSV는 '가치 창출^{Value Creation}'을 한다는 점에서 차이가 있다. CSR은 선행을 통해 기업의 이윤을 사회에 환원하기 때문에 기업의 수익 추구와는 무관하지만, CSV는 기업의 비즈니스 기회와 지역사회의 니즈가 만나는 곳에 사업적 가치를 창출해 경제적·사회적 이익을 모

| 표 1-1 CSR과 CSV의 개념 차이 |

항목	CSR	CSV
무엇을 추구하나	· 선행	· 투입비용보다 높은 사회경제적 편익
왜 하나	· 기업의 독자적 판단이나 정부 시민단체 등의 외부압력 대응 · 평판관리 측면이 강하며 기업의 수익 추구와는 무관	· 수익추구 및 기업 경영 경쟁력 강화를 위한 필수 요소로 인식 · 기업의 자원과 전문 지식을 이용해 사 회적·경제적 가치 모두 추구
무엇을 하나	· 시민적 책임, 자선활동 등	· 기업과 공동체가 함께 가치 창출

[출처] "공유가치 창출, 자본주의의 새 장을 열다", 〈동아비즈니스리뷰〉 92호

두 추구할 수 있다. CSV는 그 자체가 비즈니스 전략인 셈이다.

CSV의 대표적인 사례는 스위스에 본사를 둔 세계 1위 식품업체 네슬레^{Nestle}다. 네슬레는 인도의 모가^{Moga}라는 지역에서 사업을 시작했다. 네슬레는 제품을 생산하기 위한 주요 원료인 신선한 우유의 안정적인 공급이 필요했다. 그러나 이 지역은 관련 시설과 위생의 취약으로 송아지 사망률이 60퍼센트에 달했고, 우유 공급자들이 기르는 젖소의 영양 상태가 좋지 않았기에 우유의 품질이 떨어졌다. 또 운반 수단도 열악해 고품질 우유를 공급받기 어려운 상황이었다. 이 상황을 타개하기 위해 네슬레는 해당 지역에 수의사와 관련 기술자들을 파견, 소를 과학적으로 기르는 방법을 교육하고 관련 인프라도 개선해 줬다. 또한 적당한 지점에 냉장 시설이 구비된 집합 장소$^{Collection Points}$를 설치해 농민들이 그 지점까지만 우유를 가져오게 하고, 그 다음부터는 네슬레가 트럭으로 직접 운반해 물류 시스템을 대폭 개선했다.

그 결과 원유 공급 농가는 180곳에서 7만 5,000곳으로 증가했고, 우유 생산성은 50배 증가했다. 과거 인도에서 가장 가난한 지역으로 꼽혔던 모가는 이제 인도 낙농 산업의 중심지로 변신했고, 네슬레도 품질 좋은 우유를 안정적으로 공급받을 수 있어 이윤이 크게 증가했다.

캡슐커피를 만드는 네슬레의 네스프레소 사업부도 CSV를 잘 활용했다. 네스프레소 사업부는 값싼 커피 원두를 찾아 전세계를 떠돌기보다는 커피 재배 농가의 기술력을 높이는 데 집중했다. 아프리카와 남미에 기반시설을 갖춘 클러스터를 조성, 이곳에 커피 소농가들을 입주시켰고, 입주한 소농가들에 대해서는 고품질 커피를 재배할 수 있도록 교육을 하고 필요한 자금도 지원했다. 그 결과 네스프레소는 2000년부터 매년 30퍼센트의 경이적인 성장률을 올렸다.

조동성 서울대 명예교수는 자본주의의 발전 과정을 [그림 1-3]을 통해 설명하면서 CSR을 자본주의 4.0, CSV를 자본주의 5.0으로 해석했다. 즉 CSV는 경제적 가치와 사회적 가치를 동시에 추구할 수 있는 가장 진화된 자본주의 모델이라는 것이다.

이런 관점에서 국내 기업들의 CSR 활동도 점차 CSV에 가까운 형태로 변화하고 있다. 예를 들어 기존 청소년 지원 프로그램들의 경우 장학금 등 물품이나 현금을 지원해왔는 데 반해, 최근에는 청소년들과 직접 소통하고 장기적으로 재능을 키워갈 수 있도록 지원해주는 활동을 펼치는 기업이 늘어나고 있는 것이다.

삼성증권의 경우 저소득층 아동과 청소년을 위한 경제 교육 프로그램 '청소년경제증권교실'을 진행하고 있다. 현대건설은 '힐스테이

| 그림 1-3 자본주의의 발전 과정 |

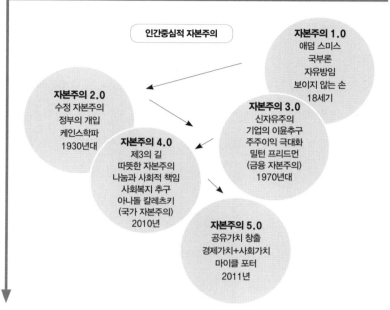

정부지배
공리주의

시장지배
자유주의

인간중심적 자본주의

자본주의 1.0
애덤 스미스
국부론
자유방임
보이지 않는 손
18세기

자본주의 2.0
수정 자본주의
정부의 개입
케인스학파
1930년대

자본주의 3.0
신자유주의
기업의 이윤추구
주주이익 극대화
밀턴 프리드먼
(금융 자본주의)
1970년대

자본주의 4.0
제3의 길
따뜻한 자본주의
나눔과 사회적 책임
사회복지 추구
아나톨 칼레츠키
(국가 자본주의)
2010년

자본주의 5.0
공유가치 창출
경제가치+사회가치
마이클 포터
2011년

[출처] 조동성, 2012

트 꿈키움 멘토링 봉사단'을 진행하고 있다. 미래의 경영자, 엔지니어를 꿈꾸는 지역 청소년들을 대상으로 경영, 이공 분야 직원과 건설 산업 분야로 진로를 희망하는 대학생이 함께 10개월간 진로설계를 도와주는 활동이다.

이 시점에서 질문을 하나 하겠다. 탐스슈즈의 비즈니스 전략은 CSR인가, CSV인가? 질문의 요지는 어느 쪽에 가까우냐는 것이다. 앞서 설명한 바에 따르면 CSR에 가깝다. 탐스슈즈의 비즈니스 모델은

전략을 혁신하라

신발 1켤레를 소비자가 구매할 때마다 다른 1켤레를 가난한 나라의 아이들에게 기부하는 모델로 '선행 추구'에 지나지 않기 때문이다. 만일 탐스슈즈가 네슬레처럼 현지에 인프라를 조성하여 지역사회와 회사 양측이 모두 성장했다면 이는 상호 윈윈하는 CSV에 해당된다. 즉 현지에 신발 공장을 설립해 일자리를 창출하고, 효율적 판매망을 구축해 비용을 절감하고, 절감한 부분만큼 지역사회에 돌려준다면 그게 바로 CSV 모델인 것이다.

초창기 탐스슈즈의 전략은 CSR이었다. 그러나 무상으로 제공된 신발이나 옷으로 인해 현지의 산업기반이 무너진다는 비판이 있었다. 실제로 나이지리아에 기부된 헌 옷 때문에 1992년부터 2006년까지 현지 일자리 54만 3,000개가 사라진 사례도 있었다. 또 탐스슈즈에 대해 '기부를 마케팅에 도입해 이익을 추구하는 기업일 뿐'이라는 비판도 나왔다. 결국 탐스슈즈는 이런 비판을 받아들여 기존 중국 공장 외에 에티오피아와 케냐, 아르헨티나에서 신발을 만들고 있다. CSV로 전략을 선회한 것이다. 물론 아직도 부정적인 시선이 없지는 않다. 그러나 시사점은 탐스슈즈 사례를 통해 CSR과 CSV를 구분하는 기준점을 이해하는 것이며, 전략을 수립할 때 명분과 실리를 동시에 추구하는 것이 얼마나 중요한지를 깨닫고, 당신의 비즈니스에 적용하는 것이다.

이제 당신에게 2가지 질문을 던져보겠다.

"당신의 비즈니스는 명분과 실리를 동시에 추구하고 있는가?"

"어떻게 하면 명분과 실리를 동시에 추구할 수 있을까?"

B O P 시 장 을 공 략 하 라

앞서 사업에서 명분과 실리를 동시에 추구하는 방법에 대해 설명했다. 그럼 이런 사업을 펼칠 수 있는 시장은 어디일까? 여러 시장이 있겠지만 글로벌이 대세인 요즘, BOP^{Bottom of Pyramid} 시장에 대해 언급하지 않을 수 없다. BOP는 직역하면 '피라미드의 밑바닥'이란 뜻이다. 소득계층의 최하층인 저소득층, 빈곤층을 의미하는데, 연간소득 3,000달러 미만의 최하위 소득 계층으로 세계 인구의 약 70퍼센트인 40억 명이 해당되고, 시장규모는 약 5조 달러^{약 6,000조 원}로 추산된다.

2010년 타계한 세계적인 경영 석학 프라할라드^{C.K. Prahalad} 전 미시간대학 교수는 〈저소득층을 위한 전략〉이라는 논문에서 BOP라는 용어를 처음 사용했는데, 이를 통해 전세계 최하위 소득계층을 대상으로 하는 BOP 비즈니스가 수익성과 사회공헌을 동시에 추구하는 사업모델로 부상하게 되었다.

BOP의 핵심은 기업들이 주로 구매를 감당할 수 있는 중산계층 소비자에게 초점을 맞춰 재화 및 서비스를 제공하고 이익을 창출해왔는데, 인구 피라미드에서 가장 아래 부분을 차지하는 저개발국가의 빈곤층 시장 진출을 통해 사회공헌뿐 아니라 경제적 성과도 거둘 수 있다는 것이다. 빈곤층에게 필요한 제품을 값싸게 제공하면 이들의 생활수준은 향상되고, 중장기적으로 이들이 중간계층인 신흥중산층으로 도약할 가능성이 커진다. 이는 사회 전반의 질적 측면을 개선하여 선순환 구조를 만들어낸다.

빈곤층은 소득수준이 낮은 반면, 40억 명이 넘는 인구와 5조 달러로 추산되는 거대한 시장규모를 형성하고 있다. 제품 1개를 팔아서 얻는 수익은 작지만 전체 판매량을 합치면 큰 수익을 거둘 수 있다. 이는 마치 80퍼센트의 비핵심 다수가 20퍼센트의 핵심 소수보다 더 뛰어난 가치를 창출한다는 롱테일$^{Long-tail}$ 전략을 활용한 것과도 같다.

BOP 계층은 향후 중간소득 계층으로 성장할 가능성이 높아 '넥스트 볼륨 존$^{Next\ Volume\ Zone}$', '넥스트 마켓$^{Next\ Market}$'으로 불리며, 많은 기업들을 이 시장으로 끌어들이고 있다. 특히 빠른 경제 성장을 보이는 중국과 인도 등에서 이 시장이 커지고 있다. 특히 인도 시장은 중국을 이어갈 '엘도라도$^{El\ Dorado\ :\ 황금의\ 땅}$'로 급부상하고 있어 글로벌 기업들의

'뭉칫돈'이 몰려들고 있다. 인도의 인구는 약 12억 3,600만 명으로 중국 다음으로 많다. 국제통화기금^{IMF}의 최신 통계에 따르면 인도의 1인당 국내총생산^{GDP}은 1,808달러^{약 202만 원}로 전세계 189개 국가 중 141위로 하위권에 속한다. 특히 인도는 전체 인구의 70퍼센트인 8억 명가량이 농촌 지역에 살고 있어 전세계 어느 곳보다 저소득층 시장이 발달했다.

이런 인도의 특수성을 활용해 성공한 대표적인 기업이 바로 '고드레지^{Godrej} 그룹'이다. 고드레지는 저소득층에 적합한 물건들을 개발하고 판매하는 기업으로, 비누의 경우 10일 정도 사용 가능한 분량을 10루피^{약 175원}에 판매하고 염색약, 살충제 등도 소량을 저가에 제공한다. 2010년에는 3,000루피^{약 5만 원}짜리 냉장고를 출시했다. 부피가 큰 컴프레서 대신 컴퓨터용 쿨링칩을 활용해 냉장 기능을 구현했고, 전원도 콘센트에 꽂을 필요 없이 배터리를 장착해 비용 부담을 절반으로 줄였다. 공간을 많이 차지하지 않으면서 이동이 편리하고 냉동기능은 필요 없는 농촌 소비자들의 수요를 정확히 파악해 성공한 제품이다. 이처럼 고드레지는 농촌 소비자들에게 꼭 필요한 제품을 공급해 일용품 시장의 선두 기업으로 성장했고, 2020년 매출액 목표는 2010년의 10배나 된다. 이를 위해 고드레지는 인도와 시장 환경이 비슷한 인도네시아, 남아프리카공화국 등 개발도상국을 공략하려고 계획하고 있다.

유니레버^{Unilever}의 경우 인도에 진출해 빈곤층을 대상으로 저가의 1회용 헤어 팩을 판매함으로써 연간 45억 달러를 벌어들였다. 네슬레는 인도의 빈곤층에게 요오드 결핍이 심각하다는 사실을 깨닫고, 요오드 성분을 추가한 매기라면을 저가로 출시해 큰 성공을 거두었다. 타타Tata자동차는 옵션을 제외한 초저가 소형승용차 '나노'로 인도의 BOP 시장을 공략했다.

BOP 전략은 기업뿐 아니라 빈곤계층, 더 나아가 지역사회 및 저개발국가에게까지 득이 될 수 있다. 기업은 새로운 시장 개척을 통해 경쟁력 확보 및 수익 창출을 촉진할 수 있고, 빈곤계층은 저가의 상품을 공급받음으로써 삶의 질을 개선할 수 있을 뿐 아니라 기업이 창출하는 일자리를 제공받을 수 있게 된다.

유니클로Uniqlo는 2010년부터 그라민은행과 함께 방글라데시에서 빈곤층이 구입 가능한 가격의 옷을 판매하고 있는데, 가난한 농촌 출신인 '그라민 레이디'를 고용해 상품을 판매하고 있다. 이를 통해 가난한 농민들은 저가로 옷을 구입할 수 있고 그라민 레이디들은 안정적인 일자리를 얻을 수 있게 되었다. 이는 지역사회와 저개발국가의 소비를 촉진함으로써 경제적 활기를 불러일으키는 데 기여하고 있다.

당신이 창업·사업 아이템을 생각하고 있다면, 시야를 국내로 한정 짓지 말고 BOP 시장을 고려해보라. 이때 중요한 점은 BOP 시장의 특수성을 제대로 파악하고 분석해야 한다는 것이다. 그래야 적중 아이템을 찾을 수 있다. 글로벌 기업, 보다폰Vodafone의 성공 사례를 통해 BOP 시장의 특수성을 파악해내는 통찰력을 얻어보자.

보다폰은 아프리카 케냐에 보급하는 휴대전화에 모바일 송금 서비스인 'M-pesa엠페사'를 기본으로 장착해 큰 성공을 거두었다. 케냐는 넓은 땅에 낮은 인구 밀도로 인한 저수익성, 국민들의 낮은 은행 신뢰도, 전산화 미비 등 금융 환경이 총체적 난국에 직면해 있었다. 이런 상황에서 케냐 국민의 80퍼센트 이상이 은행 계좌가 없다는 사실은 그리 놀라운 일이 아니다. 그럼 그들은 어떻게 금융거래를 했을까? 현금 뭉치를 들고 다니며 직접 거래를 했다. 때문에 고액 현금을 가지고 다니다 강도를 맞는 일이 부지기수였다. 이는 범죄율의 증가로 연결되어 경제 성장에도 악영향을 미쳤다. 돈을 안전하게 보관하고 거래하는 것은 생계에 직접적인 영향을 줄 뿐 아니라 아프리카 경제 성장을 가로막는 약점으로 작용하기까지 했다.

이때 영국의 통신회사 보다폰은 새로운 시장 접근 전략을 보여주었다. 메시지를 전송해서 송금, 출금, 대금결제, 심지어 택시비 결제와 같은 일상 업무까지 지원해주는 모바일 금융 서비스, M-pesa를 휴대폰에 기본으로 장착한 것이다. 이 서비스 덕분에 케냐 국민들은 은행에 가지 않아도 언제, 어디서나 청구서 요금 결제, 쇼핑, 송금 서비스 등 각종 금융 거래를 할 수 있게 됐다. 심지어 보다폰 가입자가 아니어도 누구나 M-pesa 서비스를 사용할 수 있어 그 파급력은 막강했다. 그 결과 케냐 국민들의 생활은 180도 변했다. 일차적으로 현금 이동이 전보다 안전하고 자유롭게 이루어지면서 현금 관련 범죄율이 감소했고, 화폐와 상품의 유통이 활발해지면서 경제활동이 활기를 되찾았다. 생산성이 향상된 것이다. 케냐의 통신회사 사파리콤Safaricom에서 실시한 조사에 의하면 M-pesa 서비스를 이용하는 가구는 이전보다 소득이 5~30퍼센트 증가했다.

전략을 혁신하라

보다폰이 얻은 성과는 어떠했을까? 보다폰은 3년 만에 1,400만 가입자를 유치하게 되었다. 보다폰은 M-pesa 서비스를 통해 소비자 편익을 증진하는 한편, 지역경제 활성화에도 기여했으며, 많은 가입자를 유치해 큰 성과를 거두었다. 결론적으로 BOP 시장을 기반으로 CSV 전략을 성공적으로 추진한 것이다. 현재 보다폰은 케냐 이외에 아프가니스탄, 탄자니아 등 타 국가로 서비스 영역을 확대해 나가고 있다.

〈한국경제신문〉에서는 첨단 기술업종이 발전하면서 두터워지는 빈곤층을 겨냥한 BOP 비즈니스가 유망 산업이 될 것으로 전망했다. 때문에 BOP 국가들의 특수성을 제대로 파악하여 창업과 사업을 한다면, 훌륭한 기업가정신과 기술력을 갖춘 국내 중소기업들이 BOP 시장에 진출해 현지의 사회문제 해결과 수익 창출을 동시에 실현할 수 있을 것으로 기대된다.

코이카KOICA: 한국국제협력단는 2015년 7월, '창의적 가치 창출 프로그램' 공모 설명회를 열어 예비 창업가, 벤처기업가 등 300여 명에게 "BOP 시장에 진출해 새로운 기회를 잡아라"라고 조언한 바 있다. 요지는 '창의적 가치 창출 프로그램'을 통해 예비 창업가, 신생 벤처기업, 기술집약적 중소기업, 사회적 벤처, 사회적 기업가를 대상으로 개도국의 개발문제 해결을 위해 혁신 기술 기반의 창의적 아이디어 발굴은 물론 사업화Seed1, 비즈니스 모델 개발Seed 2 등을 지원하겠다는 것이다. 그리고 혁신기업가, 투자자, 과학기술자, 국제기구, 시민사회, 개도국 정부와 수혜자 등을 연결해주는 국내 최대의 '과학기술 공적원조

^{ODA} 플랫폼' 역할을 한다는 것이다. 취지는 고소득 선진국가들이 개도 국을 비롯한 저소득 국가들을 오랫동안 도와줘야 할 나라로만 인식 해왔으나, 이제는 새로운 시장으로 봐야 한다는 BOP의 발상과 맥이 닿아 있다. 만일 당신이 BOP 시장 공략을 위한 아이디어와 기술력이 있다면, 코이카에 지원을 요청하는 것도 좋은 방법일 수 있겠다.

다시 한 번 강조하지만, 중요한 건 BOP 시장의 특수성을 제대로 파악하고 분석하는 일이다. 보다폰의 성공 사례에서 볼 수 있듯, 우 리나라에는 너무도 당연한 모바일 금융 서비스가 케냐에서는 범죄율 감소와 경제활동 자체에 큰 파급력을 미칠 수 있는 것처럼, 미비한 사 회기반 및 서비스 시스템, 낮은 교육수준 등 BOP 시장의 특수성을 간과하지 말고 전략적으로 활용해야 한다. 그리고 저소득층을 소비 자로만 대할 게 아니라, BOP 비즈니스 본래의 취지에 맞게 진정성을 가지고 사회공헌뿐 아니라 경제적 성과도 함께 이루겠다는 상호 원 원의 자세로 접근해야 훌륭한 목적이 어필되고 장기적인 성과로 연 결될 수 있을 것이다.

명분과 실리!

당신이 탁월한 비즈니스 전략가라면 이 2가지를 동시에 추구해야 한다는 사실을 절대 잊지 말자.

전략을 혁신하라

시장과 비시장을 동시에 고려하라

PURPOSE

05

이번에는 앞서 말한 훌륭한 목적, 명분과 실리의 동시 추구, CSR과 CSV, 그리고 BOP 시장을 시장 전략^{Market Strategy}, 비시장 전략^{Nonmarket Strategy}과 연결하여 보다 종합적이고 체계적인 시각으로 정리하고자 한다.

시장 전략은 간단히 말해 기업을 둘러싼 1차적인 '시장 환경'을 고려하여 수립한 전략을 말한다. 1차적인 시장 환경에는 주로 '고객', '경쟁자', '공급업체', '투자자' 등이 존재한다.

비시장 전략이란 1차적인 시장 환경 밖에 있는 규제기관, 정부, 시민단체, 비정부기구, 언론매체, 활동가 등을 고려해 수립한 전략을 말

| 그림 1-4 기업의 시장 & 비시장 환경 |

활동가　　　규제기관

고객

언론매체　　　정부

기업

경쟁업체　　공급업체

기업의 시장 환경

비정부 기구　　　시민

기업의 비시장 환경

[출처] 〈MIT 슬론 매니지먼트 리뷰〉, 2010년 봄호

한다. 비시장 전략이란 이러한 시장 외적 요소들을 활용해 지속가능한 경쟁우위를 달성하고자 하는 노력이라고 정의할 수 있다.

눈치가 빠른 분이라면, 앞서 설명한 이론과 사례들이 모두 시장 전략과 비시장 전략을 동시에 추구한 것과 연결되어 있다는 점과, 비시장 전략은 '명분'을, 시장 전략은 '실리'를 취하는 것과 연결되어 있다는 점을 알아챘을 것이다.

앞서 말했듯 사회가 존재하기에 기업이 존재한다. 따라서 창업가, 사업가, 경영자는 사회에 대한 책임을 질 수 있어야 한다. 기업은 시장 내 존재인 동시에 사회의 일부이기도 하기 때문에 시장 밖에 존재

전략을 혁신하라

하는 비시장 환경을 무시할 수 없다. 따라서 창업과 사업 초기부터 시장 환경과 비시장 환경이 어우러진 하나의 '통합 전략'을 만들어야 한다. 그리고 이 '통합 전략'이란 다름 아닌 훌륭한 목적을 가지고 명분과 실리를 동시에 추구하는 전략인 셈이다.

미국의 제36대 대통령인 린드 존슨은 이렇게 말했다.

"위대한 사회란 사람들이 자신이 가진 소유물의 양보다 자신이 가진 목표의 질에 더 관심을 갖는 곳이다."

당신이 '장사꾼'이 아니라 진정한 비즈니스 리더가 되고 싶다면 이 말을 명심하자. 이제 당신에게 다시 한 번 묻겠다.

- 당신이 하려는 비즈니스의 훌륭한 목적은 무엇인가?
- 그 목적은 세상과 고객에게 얼마나 가치가 있는 것인가?
- 그 목적은 세상과 고객에게 명확히 어필되고 있는가?
- 당신의 비즈니스는 명분과 실리를 동시에 추구하고 있는가?
- 시장 환경과 비시장 환경을 동시에 고려했나?

LEGO

kakao

NAVER

2장

스마트하게
포지셔닝하라

Positioning

스마트한 전략의 핵심을 이해하라

Positioning

06

홀륭하고 강력한 목적은 창업·사업·경영의 방향을 제시하고 의미를 부여한다. 이는 기업이라는 거대한 배를 움직이게 만드는 강력한 동인이 되고, 비즈니스를 지속시킬 수 있는 원동력이 되며, 개인에게는 동기부여의 원천이 된다. 그렇다면 홀륭하고 강력한 목적만으로 충분한가? 물론 대답은 '아니다'이다.

험난한 태평양을 건너 한 무인도에 표류한 사람들을 구하러 가겠다는 홀륭한 목적이 있다고 하자. 태평양을 횡단하겠다는 담대한 목적만으로 미션을 성공적으로 수행할 수 있을까? 암초가 없는 경로로 스마트하게 이동해야 목적지에 무사히 도착해 사람들을 구출할 수

전략을 혁신하라

있을 것이다. 따라서 '스마트한 항해술', 즉 '스마트한 전략'이 필요하다. 아무리 자본주의 5.0 시대에 훌륭한 목적과 공생이 중요하다 할지라도, 전략이 없다면 공생은커녕 스스로 생존하기조차 어려울 수 있다. 따라서 2장부터 5장까지는 스마트한 전략과 함께 생존을 넘어 지속가능한 경영을 위한 혁신의 방법에 대해서도 논하겠다.

그럼 스마트한 전략이란 무엇이고, 그 핵심은 무엇일까?

원래 '전략'이란 용어는 군사학에 뿌리를 두고 있다. 전쟁에서는 적과의 싸움이나 경쟁에서 이겨야 하니까 전략이 발달할 수밖에 없었다. 이순신 장군을 보라. 그는 물살이 센 울돌목^{명량}을 활용해 수적 열세를 극복하는 스마트한 전략을 택했다. 외나무다리에서는 홀로 수백 명을 대적하는 것이 가능하듯 이순신 장군은 울돌목 급물살 속으로 왜군을 깊숙이 끌고 들어와 12척으로 133척을 격침시켰다. 이처럼 군사 전략이 경영 전략으로 발전했고, '본부^{Headquarters}', '최고경영자^{Chief Executive Officer}'와 같은 경영 관련 용어들도 군사용어에서 왔다. 이런 군사용어가 현대 경영학에서 쓰이기 시작한 것은 전략 경영의 선구자로 알려진 이고르 앤소프^{Igor Ansoff}가 저서 《기업 전략^{Corporate Strategy}》에서 사용하면서부터였고, 그 후 전략은 다양하게 정의되어왔다.

세계적인 경영 구루로 꼽히는 오마에 겐이치^{大前研一}는 "전략은 한마디로 어떻게 하면 경쟁자에 비해서 경쟁우위를 점할 것인가의 문제"라고 말했고, 전략 경영의 대표적 학자인 마이클 포터^{Michael Porter}는 "전략은 기업의 경쟁우위를 구축하고 구체적인 경쟁방식을 선택하는 의

사결정"이라고 말했다. 또 자원기반 전략의 대표 학자인 제이 바니[Jay B. Barney]는 "전략은 기업의 한정된 자원을 효과적으로 배분하는 의사결정의 패턴"이라고 말했다.

여기서 눈에 띄는 단어들은 무엇인가? 경쟁우위, 선택, 한정된 자원, 의사결정 등의 단어들이다. 결국 전략은 한정된 자원의 선택과 집중에 관한 문제이며, 희소한 경영자원을 배분하여 기업에게 경쟁우위를 창출하고 유지시켜줄 수 있는 주요한 의사결정이라고 할 수 있다. 전략 수립에서 가장 중요한 것은 '트레이드오프[Trade-off]'를 이해하는 것이다. 트레이드오프란 '선택', '이율배반 관계' 또는 '손해-이익 관계'를 의미한다. 사업가는 비즈니스를 하면서 늘 트레이드오프를 고민해야 하며, 고민의 깊이가 깊을수록 자원을 적재적소에 활용하여 성공 가능성을 높일 수 있다.

- 비용우위 vs. 차별화우위
- 성장 추구 vs. 이익 추구
- 내수에 주력 vs. 글로벌 진출
- 본업에 집중 vs. 다각화 추진
- 유기적 성장[Organic Growth] vs. 비유기적 성장[Inorganic Growth]

  ※ 내부역량 개발을 통한 성장 vs. 전략적 제휴나 인수합병을 통한 성장

- 어느 고객층에 타깃팅할 것인가?
- 어떤 신규 사업에 진출하고 어떤 사업에서 탈퇴할 것인가?

　　　　　　　　　　　　　　　　　　전략을 혁신하라

마이클 포터는 전략에 대해 "전략의 요체는 무엇을 하지 않을 것인가를 정하는 것이다"라고 말했다.

빌 게이츠^{Bill Gates}는 마이크로소프트의 사업 분야에 대해 이렇게 말한 바 있다.

"우리는 텔레커뮤니케이션 네트워크나 텔레커뮤니케이션 회사를 인수하지 않을 것이다. 우리는 또 시스템통합 분야에 들어가지 않을 것이고, 정보시스템 분야의 컨설팅 사업도 하지 않을 것이다."

경영자는 자신의 기업이 무엇을 해야 하고, 무엇을 하지 말아야 할지 알아야 쓸데없는 곳에 눈을 돌리고 않고 집중하여 앞으로 나아갈 수 있음을 이미 매스코 사례를 통해 경험했다.

영화 〈머니볼^{Moneyball}〉을 보았는가? 나는 야구광이 아니지만 이 영화를 참 재미있게 보았다. 이유는 이 영화가 전략의 개념을 아주 잘 표현했기 때문이다.

〈머니볼〉은 오클랜드 애슬레틱스^{Oakland Athletics}의 단장, 빌리 빈의 일대기를 다룬 영화다. 주인공인 빌리 빈은 실제 인물로, 고교 시절 유망주였지만 프로에서는 실패한 야구선수다. 그는 은퇴 후 스카우터로 근무했고, 1998년 메이저리그에서 가장 가난한 구단 중 하나인 오클랜드 애슬레틱스 단장으로 임명된다. 가난한 구단이란 의미는 홈런과 안타율이 높은 스타플레이어를 영입하기 어렵다는 것을 뜻한다. 그런데 빌리는 애슬레틱스를 거의 매년 포스트시즌에 진출하는 강팀으로 변모시켰다. 애슬레틱스 선수들의 총 연봉을 합치면 뉴욕 양키스의 3분의 1 수준인데, 어떻게 이런 성과를 창출할 수 있었을까? 빌리는 우연히 예일대학 경제학과 출신의 뚱보 청년, 피터 브랜드를 영입하게 된다. 피터는 데이터에 근거한 머니볼 이론을 통해 과소평가되었던 선수들을 저가에 기용하자는 전략을 빌리에게 제안한다. 홈런과 안타율이 높은 값비싼 스타플레이어 대신, 출루율이 높은 선수들을 영입하자는 것이다.

"중요한 건 선수가 아닌 승리를 사는 거예요."

피터의 이 말은 그의 전략적 사고를 매우 잘 대변한다. 머니볼 이론을 적용해 시즌 초반에는 연전 연패하지만, 팀은 곧 연패에서 연승을, 그리고 역사상 최초로 20연승의 신화를 이루어낸다. 그리고 보스턴 레드삭스의 구단주는 우리나라 돈으로 약 125억 원을 제시하며 빌리에게 영입을 제안한다.

"자넨 400만 달러로 팀을 플레이오프에 진출시켰어. 이긴 경기 수는 양키스와 똑같지만, 양키스는 한 경기 이길 때마다 140만 달러를 썼고, 자넨 겨우 26만 달러를 썼어."

스마트한 전략이란 한정된 자원의 선택과 집중에 관한 문제이며, 희소한 경영자원을 배분하여 기업에게 경쟁우위를 창출하고 유지시켜줄 수 있는 주요한 의사결정이라는 것을 떠올려본다면, 빌리와 피터는 탁월한 전략가라고 할 수 있다. 또 포터의 "전략의 요체는 무엇을 하지 않을 것인가를 정하는 것이다"라는 말을 빌리면, 머니볼의 성공은 '스타플레이어를 영입하지 않는 것'이었다. 이게 바로 스마트한 전략의 요체다. 정말 멋지지 않은가?

케 이 퍼 빌 리 티 를　고 려 해　포 지 셔 닝 하 라

전략에서 중요한 2가지 개념이 있다. '포지셔닝[Positioning: 위치]'과 '케이퍼빌리티[Capability: 역량]'인데, 비즈니스가 성공하려면 이 2가지를 갖춰야 한다. 예를 들어 햄버거 가게를 창업해 성공하려면 '맛있는 햄버거'를 만드는 케이퍼빌리티도 중요하지만, 좋은 입지 또는 독점적 환경에 포지셔닝해야 성공할 수 있다.

케이퍼빌리티가 있다면 어떤 환경에서 경쟁하든 승리할 가능성이 높다. 시골에 살아도 공부 잘하는 아이는 명문대에 갈 가능성이 높다. 한편 승리할 가능성이 있는 곳에 포지셔닝하는 것도 중요하다. 왜 부모들이 대치동이나 분당의 좋은 학군[환경]으로 이사를 가겠는가?

케이퍼빌리티는 "내부역량이 중요하다. 자사의 강점이 보이는 곳에서 경쟁하면 승리할 수 있다"는 것이고, 포지셔닝은 "외부환경이 중요하다. 이익이 나는 시장에서 이익이 나는 위치를 차지해 경쟁에서 승리할 수 있다"는 것이다. 한마디로 케이퍼빌리티는 '오르기 쉬운 방법으로 오르라'는 것이고, 포지셔닝은 '오르기 쉬운 길을 찾아라'라는 것이다.

헨리 민츠버그$^{Henry Mintzberg}$는 2가지 개념을 "상황에 따라 조합하라"는 '컨피규레이션^{Configuration} 전략'을 주창했다. 즉 기업의 발전 단계인 '발전 → 안정 → 적응 → 모색 → 혁명'에 맞춰 전략과 조직의 형태를 조합하라는 것이다. 발전기에는 포지셔닝을 중시하고, 안정기에는 케이퍼빌리티를 강화해야 하며, 모색기에는 학습론으로 방향성을 모색하고, 혁명기에는 앙트레프레너^{entrepreneur}론으로 혁명을 지향해야 한다는 것이 요지다. 결론은 상황에 따라 적합한 전략을 활용해야 성공할 수 있다는 것이다.

케이퍼빌리티에 대한 자세한 이야기는 3장에서 다루기로 하고, 먼저 포지셔닝에 대해 이야기하겠다. 포지셔닝파의 대표 인물인 마이클 포터는 《경쟁 전략$^{Competitive Strategy}$》에서 "기업의 궁극적 목표는 성과^{performance}의 향상"이라고 말했다. 그리고 산업환경이 기업의 성과에 가장 큰 영향을 끼치며, 매력적인 산업환경에 위치해야 좋은 기업 성과를 얻을 수 있다고 주장했다. 그는 가장 매력적인 환경은 '독점적 환경'이라고 말했다. 스타트업 이야기를 담은 책,《제로 투 원$^{Zero To One}$》의 요지도 "경쟁하지 말고 독점하라"인데, 이는 포터의 주장을 스타트업의 성공 사례를 통해 각색한 것으로 볼 수 있다.

전략을 혁신하라

포터는 좋은 환경, 즉 "독점적 환경에 포지셔닝하는 것이 전략의 핵심이다"라고 말했다. 그리고 이를 위해서는 높은 진입장벽의 창출이 중요하다고 말했다. 실제로 높은 수익률을 보이는 산업들은 진입장벽이 높다. 막대한 비용이 들어 아무나 진입하기 어렵기 때문이다. 포터의 주장에 따르면, 기업 간 경쟁의 본질과 양상 및 그 강도는 기본적으로 경쟁관계에 있는 기업들이 형성하고 있는 산업의 구조적인 요인과 이를 반영한 개별 기업의 경쟁 전략에 의해서 결정된다. 즉 독점 산업은 경쟁자가 없어 산업의 수익성이 높고, 과점 산업은 경쟁자가 소수라서 수익성이 중간이며, 완전경쟁 산업은 경쟁자가 다수라서 수익성이 낮다.

예를 들면 2000년에는 미국에서 제약 산업이 수익률 1위[ROA 17.7, ROE 29.5]를 차지했다. 이유는 독점 상태에 있었기 때문이다. [표 2-1]과 같이 당시의 제약 산업을 포터의 '5Forces'를 통해 분석해보면 이유를 명확히 알 수 있다.

5Forces란 업계의 경쟁 상황을 좌우하는 5가지 경쟁요인으로 신규 진입자 위협, 경쟁자의 위협, 대체품의 위협, 공급자 파워, 구매자 파워를 말한다. 포터에 따르면 이 5가지 요인을 연구하면 기업이 속한 산업의 성격과 경쟁 상황 등 외부환경을 분석할 수 있고, 대응 전략을 수립할 수 있다.

5Forces에 대입한 결과, 2000년 당시 미국 제약 산업은 막강한 파워를 지니고 있었음을 알 수 있다. 실제로 당시 FTC[Federal Trade Commission : 연방거래위원회]는 제약 산업의 독점에 대해 큰 우려를 표명했다.

자동차 충돌 실험 인형인 '더미[Dummy]'가 '억소리 나는 비싼 몸'이라는

| 그림 2-1 마이클 포터의 '5 Forces' |

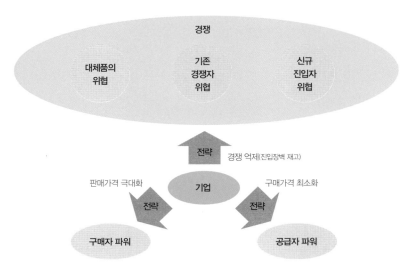

[출처] SERI CEO

| 표 2-1 2000년 미국 제약 산업의 5Forces 분석 |

5Forces	분석 결과	이유
신규 진입자 위협	낮음	높은 진입장벽—특허
기존 경쟁자 위협	낮음	잇단 대형 M&A
대체품의 위협	낮음	특허로 보호, 혁신적 상품 개발이 쉽지 않음
공급자 파워	낮음	많은 화학원료 제공자들 존재
구매자 파워	낮음	가격을 결정하는 대로 따를 수밖에 없음

전략을 혁신하라

뉴스 기사가 나온 적이 있다. 더미 1개당 가격은 평균 1억 원, 최대 10억 원으로 개발 비용이 자동차의 2~3배라고 한다. 이는 미국의 한 업체가 국제 시장을 독점하고 있기 때문이다. 더미 사업은 인체에 관한 수많은 통계자료, 사체 실험 등 고비용, 윤리적 문제, 비싼 연구 개발비 등 진입장벽이 높다. 게다가 그 종류는 남녀, 신생아부터 열 살까지 연령대별 6가지로 나뉘는 아동 더미와 함께 고령자, 임산부 더미 등으로 나뉘고, 머리와 목, 가슴, 복부, 치골, 대퇴부, 정강이, 발 등 우리 몸과 유사한 관절은 구현해내야 할 뿐만 아니라 각각에 충격 감지 센서를 부착해야 한다. '경쟁하지 말고 독점하라'는 것은 바로 이런 사례를 말한다.

각 산업이 표면상으로는 달라 보일 수 있지만, 수익을 내게 하는 근본적인 동인은 똑같다. 그리고 각 산업의 경쟁 구조와 수익성을 이해하기 위해서는 5Forces의 5가지 요인 측면에서 업계의 잠재적 구조를 분석하면 이해하기 쉬워진다. 즉 5가지 요인의 경쟁 강도가 낮으면 매력적인 투자수익률, 높으면 낮은 투자수익률을 기록하며, 중장기적 수익성을 결정짓는 것은 5Forces에 의해 결정되는 산업의 구조다. 예를 들면, 1990년부터 2010년까지 자기자본이익률을 토대로 분석한 산업의 평균수익률을 살펴보면, 담배 산업은 36.1퍼센트, 상용장비 산업은 -2퍼센트, 항공 산업은 -10퍼센트를 차지해 산업별로 수익성이 크게 다름을 알 수 있다.

여기서 질문을 하나 하겠다. 만약 당신에게 예산을 주고 콜라 음료 사업을 할 것인가, 콜라 용기캔이나 병 사업을 할 것인가라고 물으면 뭐라고 답할 것인가? 그리고 이유는 무엇인가?

2004년 탄산음료 산업에서의 음료 사업과 용기 사업의 매출, 비용, 이익을 비교 분석한 표에 따르면 탄산음료의 'Cost of Sales^{매출원가}'는 17퍼센트에 불과한 반면, 음료 용기는 60퍼센트나 된다. 즉 음료는 원가가 거의 들지 않고, 용기는 재료비 원가가 많이 든다. 이에 따라 매출에서 원가를 뺀 'Gross Profit^{매출 총 이익}'은 음료가 83퍼센트, 용기는 40퍼센트로 큰 차이가 나게 된다. 경비 지출을 살펴보면 음료는 광고 · 마케팅비가 43퍼센트나 차지한다. TV에서 코카콜라나 펩시콜라의 치열한 광고 장면을 연상하면 도움이 될 것이다. 그러나 용기는 광고 · 마케팅 비용을 많이 지출할 필요가 없다. 납품대상자가 정해져 있기 때문이다. 다만 판매 · 배달 비용이 25퍼센트나 든다. 'Pretax Profit^{세금 납부 전 이익}'은 음료가 30퍼센트, 용기는 9퍼센트이다. 이익에 있어 큰 차이가 나는 것을 알 수 있다.

이제 질문이 의도하는 바를 알겠는가? 무작정 음료 사업을 해야 한다는 것이 아니라, 당신이 사업을 하기에 앞서 업계를 이해하는 것이 선행되어야 한다는 것이다.

포터는 전략이란 독점적 환경을 창출하는 기업행동이라고 정의했다. 또 좋은 환경, 즉 독점적 환경에 포지셔닝하도록 하는 것이 전략의 핵심이라고 말했다. 그렇다면 요즘같이 경쟁이 치열한 환경에서 포터의 말을 실현하는 게 과연 가능한가? 미국의 '더미' 회사와 같이 완전한 독점체제를 창출하긴 무척 어려울 것이다. 그렇기 때문에 경쟁이 치열한 환경에서, 과연 어떻게 시장을 비집고 들어가 나만의 포지셔닝을 구축할 것인가에 대한 통찰을 얻는 것이 중요하다. 홈플러스 사례가 바로 그런 통찰을 제시한다. 홈플러스가 속해 있는 유통 사업은 전통적인 입지 산업이다. 제조업에서는 신제품과 서비스로 역전이 가능하지만, 유통업에서는 좋은 입지를 선점한 기업을 따라잡는 것이 매우 어렵다. 국내 대형 할인점은 이마트가 선도해왔다. 그러나 홈플러스는 이마트보다 4년이나 늦게 시장에 진입해 1위 이마트에 이어 2위로 올라섰고, 2015년 기준, 15퍼센트의 시장점유율을 유지하고 있다. 그렇다면 15개 국내외 할인점 브랜드가 40개 점포를 오픈한 춘추전국시대에 홈플러스는 가장 뒤늦게 합류하여 어떻게 이런 성과를 이뤄낼 수 있었을까?

국내 인구에서 서울, 경기, 인천을 합친 수도권은 전체 인구의 50퍼센트를, 대전, 광주, 부산, 울산, 대구 5대 지방광역시의 인구가 전체의 20퍼센트를, 나머지 강원, 경상, 전라, 충청, 제주는 30퍼센트를 차지한다. 선발주자 이마트는 가장 큰 시장인 수도권 선점을 위해 1993년 11월 서울 창동에 1호점을 열었고, 최초 10개 매장 중 6개를 수도권에 포진시켰다. 먼저 일산, 안산, 부평, 분당, 안양에 연달아 매장을 열었고, 멀리 제주, 남원, 부산, 김천에 지방형 매장을 실험했다.

반면 후발주자였던 홈플러스는 1997년 9월 초, 영업 중인 대형 할인점이 무려 40개에 달한 상황에서 1호점을 열었다. 이때 홈플러스는 이마트 매장이 주로 포지션한 수도권을 피해, 영남권에 포지셔닝했다. 수도권과 떨어져 경쟁을 피할 수 있고, 수도권에 비해 경쟁강도가 약하며, 안정적 배후인구를 가졌기 때문이다. 홈플러스는 영남지역에서 매장형태, 제품구색, 차별요인 등 새로운 한국형 할인점을 실험하고, 이를 추후 수도권에 적용한다.

이마트와 홈플러스의 포지셔닝 전략을 비교해보면 흥미진진하다. 이마트는 수도권을 수성한 후 중소도시로 진입하고, 홈플러스는 영남 거점을 확보한 후 수도권으로 차츰 진입한다.

이마트는 강한 브랜드 파워를 활용해 부동산 비용이 낮은 교외지역에 매장을 오픈하고 고객을 유인함으로써 스스로 상권을 만들어가는 전략을 펼쳤다. 반면 홈플러스는 부동산 비용이 높은 것을 감수하면서 도심 한복판 중심상업지구에 들어갔다. 비용은 높지만 고객 방문이 용이하고 면적당 매출액을 극대화하는 전략을 펼쳤다.

홈플러스는 매장 형태에서도 선택적 대형화를 추구한다. 서울의 첫 매장인 영등포점의 경우, 1만 5,030제곱미터로 할인점 평균 영업면적 1만 제곱미터의 1.5배를 선택했다. 넉넉한 주차장, 편안한 고객동선, 더 많은 제품구색^{SKU: Stock-Keeping Unit}으로 인접 할인점보다 경쟁우위에 서고자 노력했다. 기존의 창고형 할인점 분위기가 아닌, 문화센터, 레스토랑, 미용실, 치과, 약국, 세탁소를 도입하고 백화점 같은 매장 분위기를 조성함으로써 대형 마트의 표준이 됐다. 홈플러스 사례는 경쟁이 치열한 환경에서 어떻게 포지셔닝을 구축할 것인가에 관한 전략적 통찰을 제시한다. 한양^{서울}에 포지셔닝하겠다는 강박관념만 버리면 대안이 있기 마련이다. 이런 의미에서 잠시 부산·경남 지역에 대해 이야기해보겠다.

저도주 위스키 '골든 블루', 저도주 리큐르^{술에 과즙, 향료 등을 섞은 알코올 음료} '순하리' 모두 부산·경남 지역에 포지셔닝함으로써 큰 호응을 얻었다.

전략을 혁신하라

디아지오코리아가 수입하는 '윈저 W 아이스' 역시 처음 타깃을 부산으로 잡았다. 그리고 시장 반응이 기대 이상으로 나오자 전국 판매를 고려했다. 일본 수제 승용차 브랜드 '미쓰오카'는 2013년 국내 시장에 재진출하면서 서울이 아닌 부산을 교두보로 삼았고, 광안리에 매장을 열었다. 이렇게 부산이 소비재·유통업계의 '테스트베드testbed'로 각광받고 있는 이유는 부산 소비자들이 새로운 제품을 받아들이는 데 거부감이 적고 유행에 민감하며 구 단위 지역 간 격차가 비교적 적은 350만 단일 상권이기 때문이다. 이는 기업들이 새로운 상품이나 서비스를 포지셔닝하기 충분한 매력요소가 된다.

부산은 항구도시로 과거부터 새로운 문물을 받아들이는 데 적극적이었다. 또 일본과 지리적으로 가깝다는 점에서도 유행의 진원지가 됐다. 노래방, 편의점 문화도 부산에서 자리잡은 후 서울로 올라왔다. 이런 이유로 '부산 성공=전국 흥행 성공'으로 통한다. 이는 먹거리에서도 마찬가지다. 2013년 4월 부산 중구에 문을 연 빙수전문점 '설빙'은 폭발적 인기를 등에 업고 그해 10월부터 가맹점 모집을 시작해 현재 전국에서 490여 개 매장이 성업 중이다. 인기 김밥전문점, '고봉민김밥人'도 부산에서 사업을 시작했다.

만일 당신이 새로운 사업 아이템을 론칭하고자 한다면 부산·경남 지역을 먼저 고려해보기 바란다. 큰 행운을 만날지도 모른다.

이제 포지셔닝과 케이퍼빌리티에 대한 개념을 이해했으니, 한때 스타벅스Starbucks가 한국에서 고전한 이유를 분석해보자. 또한 2018년 마이크로소프트Microsoft가 애플을 꺾고 16년 만에 '전세계 시가총액

1위'를 탈환하면서 재조명을 받을 수 있었던 이유를 분석해보자.

먼저, 스타벅스에 관한 이야기다. 스타벅스의 영업이익률은 2005년 14.4퍼센트로 정점을 찍었고, 매년 하락세를 그리다 2015년 6.0퍼센트까지 내려갔다. 2014년 스타벅스의 매출액은 6,171억 원으로 업계 1위를 수성했지만, 수익성에서는 '이디야^{Ediya}'가 1위를 차지했다. 이디야는 주요 커피전문점 6개사^{스타벅스, 엔제리너스, 카페베네, 커피빈, 할리스, 이디야} 중 2014년 영업이익률이 가장 높은 곳으로 조사됐다. 매출액 1,162억 원에 영업이익 130억 원을 달성해 영업이익률은 11.2퍼센트를 기록했다. 즉 1,000원어치 팔아 112원을 번 것으로 커피전문점 6개 사 중 영업이익률이 10퍼센트를 넘는 곳은 이디야가 유일했다.

그럼 스타벅스는 어떨까? 매출액은 6,171억 원으로 6개사 중 가장 높았지만 영업이익률은 6.5퍼센트에 불과했다. 통상 차별화 전략을 추구하는 기업의 이익률이 더 높아야 하는데, 스타벅스의 이익률은 왜 계속 감소했을까? 그리고 이디야는 어떻게 수익성 측면에서 최강자가 된 것일까?

이유는 포지셔닝과 관련이 있다. 스타벅스는 주로 번화가에 포지셔닝한다. 반면 이디야는 약간 외진 곳에 포지셔닝한다. 스타벅스의 수익성이 떨어진 가장 큰 이유는 매장 임대료와 인건비 부담 때문이다. 실제로 스타벅스의 임대료는 신규 매장 개설과 기존 매장 자릿값 인상으로 매년 약 30퍼센트씩 늘고 있다. 2014년의 경우 임대료는 971억 원, 인건비는 883억 원으로 전년대비 각각 26.9퍼센트, 29.6퍼센트씩 올랐다. 또 모든 지점이 직영으로 운영되고 있으며

99퍼센트 이상이 정직원이다. 퇴직금과 교육비, 상·하반기 인센티브가 포함된 시급은 1만 원을 훌쩍 넘는다. 임대료와 인건비 증가가 영업이익 증가율인 25.3퍼센트를 웃돌고 있는 것이다.

반면 이디야는 임대료가 상대적으로 저렴한 곳에 포지셔닝한다. 광고를 많이 하지도 않는다. 따라서 낮은 임대료와 광고·마케팅비 때문에 수익성이 높다. 광고나 마케팅 비용을 본사 측에서 전부 부담하지만 기본적으로 대대적인 마케팅을 하지는 않기 때문에 수익성이 높은 편이다. 중요한 건, 이디야 또한 '맛'이라는 케이퍼빌리티를 갖췄다는 것이다. 가격도 스타벅스보다 착하다.

스타벅스는 2015년까지 한국에서 고전을 면치 못했다. 매출은 증가했지만 실속은 차리지 못했던 것이다. 몇 차례 있었던 가격 논란과 소위 말하는 호갱 논란도 있었다. 다행히 스타벅스는 각고의 노력 끝에 2016년 이후에는 실적이 개선되어 고성장을 하고 있다. 공격적인 확장 경영으로 영업이익률은 2016년 8.5퍼센트, 2017년 9.2퍼센트, 2018년 9.3퍼센트로 상승세를 그렸다. 영업이익률 상승 비결은 과연 뭐였을까? 스마트폰 주문 시스템인 '사이렌오더'의 안착으로 인한 비용 절감, MD 상품텀블러 등의 다양화로 인한 수익원 확대, 지속적인 시즌 한정 메뉴 출시를 통한 평균 판매 단가 상승 등으로 분석된다. 이런 전략은 소비자의 브랜드 충성도를 바탕으로 해야 하기에 타 브랜드가 따라 하기가 어렵다.

코로나19 영향으로 인한 스타벅스의 비대면 결제 이용객도 증가 추세다. 스타벅스코리아의 경우 2020년 1월부터 2월까지 드라이브

스루 매장을 방문해 차량에서 내리지 않고 주문하는 건수가 2019년 같은 기간 대비 32퍼센트 증가했다. 등록된 차량 정보와 연동해 결제 수단 제시 없이 자동 결제되는 시스템인 '마이 DT패스' 주문 건수도 30퍼센트 증가했다. 스타벅스의 대표적인 비대면 주문 서비스인 사이렌 오더 주문 건수는 2020년 1월부터 2월까지 800만 건을 넘어섰고, 2019년 대비 25퍼센트 증가했다.

2018년 11월, 마이크로소프트는 애플을 꺾고 16년 만에 '전 세계 시가총액 1위'를 탈환하면서 재조명을 받았다. 그렇다면 16년 만에 1위를 탈환한 마이크로소프트 재기의 비결은 무엇이었을까? 바로 '포지셔닝 전략'을 잘 활용했기 때문이다. 자사의 여러 소프트웨어를 클라우드와 연결하면 구글, 애플, 아마존 등을 앞서갈 것이라 판단했다. 물론 시장 초기, 클라우드 시장엔 강력한 경쟁자인 아마존의 AWS가 있었다. 하지만 하드웨어 진영으로 가서 애플, 삼성, 화웨이와 싸우거나, 소프트웨어 진영으로 가서 구글의 안드로이드와 싸우거나, 미디어 시장으로 가서 넷플릭스, 유튜브 등과 싸우는 건 승산이 없다고 판단했다. 때문에 강력한 경쟁자는 있지만, 시장 초기라서 정체성이 확립되지 않아 성장 가능성이 큰 클라우드 시장을 선택한 것이다. 마이크로소프트는 자사의 소프트웨어와 클라우드의 시너지를 내는 건 자신이 있었다. 그리고 클라우드 시장에 빠르게 포지셔닝함으로써 성공할 수 있었고, 16년 만에 과거의 명성을 되찾을 수 있었던 것이다. 경쟁하지 말고, 가급적 독점할 수 있는 빈 공간을 찾아 스마트하게 포지셔닝한 것이다.

경쟁우위를 구축하고 이익을 낼 수 있는 3가지 방법

포터는 '전략'을 통해 독점적 산업환경을 만들 수 있다고 했다. 그리고 '경쟁우위 전략^{경쟁 전략}'을 통해 이를 설명했다. 그에 의하면 이익을 낼 수 있는 경쟁우위의 원천이 되는 본원적 경쟁 전략은 3가지다. 첫째, 경쟁자보다 부가가치를 높이는 것으로 이를 '차별화 전략'이라고 한다. 둘째, 경쟁자보다 싸게 만드는 것으로 이를 '비용우위 전략^{원가우위 전략}'이라고 한다. 셋째, 경쟁자보다 시장을 좁히는 것으로 이를 '집중화 전략'이라고 한다.

차별화 전략과 비용우위 전략은 넓은 고객층을 타깃으로, 집중화 전략은 좁은 고객층을 타깃으로 하는 전략이며, 집중화 전략은 다시

| 그림 2-2 마이클 포터의 본원적 경쟁우위 전략의 3가지 방법 |

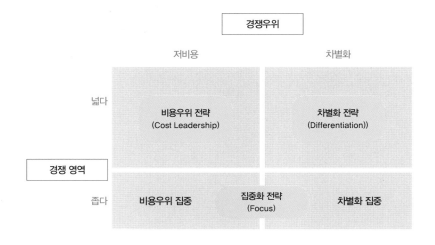

'차별화 집중'과 '비용우위 집중'으로 나뉜다.

이해를 돕기 위해 미국 자동차 시장을 예로 들어보겠다.

'차별화 전략 = 벤츠나 BMW', '비용우위 전략 = 현대자동차나 기아자동차', '집중화 전략 = 포르쉐나 람보르기니'. 그리고 포르쉐나 람보르기니는 굳이 따지면 '차별화 집중'에 해당된다. 특정 부유층 고객들을 타깃으로 하기 때문이다.

'차별화 전략'은 경쟁사들이 모방하기 힘든 차별화된 제품과 서비스를 만들어 경쟁사들보다 비싼 가격으로 판매하는 방법이다. 벤츠나 BMW의 자동차, 할리데이비슨^{Harley-Davidson}의 오토바이, 나이키의 신발, 프라다의 명품 가방은 비슷한 기능이나 디자인이라 할지라도 다른 기업의 제품보다 비싸게 팔린다.

전략을 혁신하라

'비용우위 전략'은 동일한 품질의 제품을 경쟁사보다 낮은 비용으로 생산해 저렴하게 판매하는 방법이다. 동일 품질의 TV를 A전자회사는 10만 원의 원가에, B전자회사는 13만 원의 원가에 생산해 A전자회사는 48만 원에, B전자회사는 50만 원에 판다면 A전자회사가 비용우위에 있는 것이다. 샤오미小米, 이케아, 제주항공, 그리고 코스트코COSTCO, 이마트와 같은 유통회사들이 비용-우위 전략을 추구하고 있다.

'집중화 전략'은 특정 구매자 그룹이나 제품, 서비스, 지역 등에 한정해 그곳에 경영자원을 집중적으로 투입해 경쟁우위를 확보하려는 전략이다. 포르쉐나 람보르기니와 같이 '차별화 집중'을 추구하는 회사가 있는 반면, 5,000원짜리 남성 전문 헤어숍으로 서비스 업계의 신화를 만든 블루클럽과 같이 '비용우위 집중'을 추구하는 회사도 있다. 사우스웨스트항공Southwest Airlines의 경우 대형 항공사들과의 정면승부를 피하고자 중소도시 간 직항 노선을 개척해 단거리 노선에만 집중하는 전략을 펼침으로써 창사 이래 30년 넘게 흑자 행진을 하고 있다.

우리 동네에 작은 서점이 하나 있는데, 대형 서점들 틈바구니에서 오랜 기간 명맥을 유지하고 있다. 비결이 뭘까? 참고서, 문제집, 학습서와 공부 잘하는 비결을 주제로 쓴 책들을 위주로 파는 집중화 전략을 추구하고 있기 때문이다. 그리고 학생들과 엄마들이 수시로 방문하기 편하도록 학교와 주택가가 밀집한 지역에 포지셔닝하고 있다.

예산, 인력 등 경영자원이 부족한 경우 처음에는 집중화 전략을 추구하는 것이 좋다. 한마디로 작은 시장에서 시작하라는 것이다. 이유는 간단하다. 큰 시장보다는 작은 시장을 지배하기가 더 쉽기 때문이다. 작은 시장을 지배하고 나면 큰 시장으로 뛰어들 여력이 생긴다. 아마존Amazon의 경우 초기에 온라인 소매점 사업에 뛰어들어 책을 파는 사업에서 성공한 후, 차츰 CD, 비디오, 소프트웨어 판매 등 인접 시장으로 사업을 확장했다. 페이스북facebook도 마찬가지다. 페이스매쉬닷컴Facemash.com이란 이름으로 하버드대학 내에서 돌풍을 일으킨 후 전세계 SNS 시장을 장악했다.

포터의 경쟁 전략은 전략을 수립할 때 어중간한 입장을 취하지 말라는 것이 핵심이다. 즉 전략을 수립할 때는 먼저 방향성을 정해야 한다. 차별화, 비용우위, 집중화의 3가지 전략은 기본적인 경쟁우위의 구축수단이기 때문에 이 중 어느 것도 제대로 구축하지 못하는 기업은 궁지에 몰리는 경우가 많다. 그렇다면 차별화와 비용우위 개념을 활용해 창업과 사업에서 성공한 사례를 살펴보자.

차별화 전략

차별화 전략은 경쟁사들이 모방하기 힘든 차별화된 제품과 서비스를 만들어 경쟁사들보다 비싼 가격으로 판매하는 방법이다. 고객들이 비싼 가격을 기꺼이 지불하게끔 그들이 원하는 가치 있는 제품이나 서비스를 제공하는 전략으로, 차별화 수단에는 제품, 서비스, 디자인, 브랜드 이미지, 기술, 품질, 광고 등 여러 가지가 있다.

우리가 아는 제품의 차별화는 무수히 많다. 앞서 말한 벤츠나 BMW의 자동차, 할리데이비슨의 오토바이, 나이키의 운동화, 프라다의 명품 가방 외에 기술 혁신 기반의 차별화를 이뤄낸 애플의 아이폰, 테슬라^Tesla의 전기자동차 '모델S', 다이슨^Dyson의 먼지봉투 없는 진공청소기와 날개 없는 선풍기 등을 들 수 있다. 해태제과의 허니버터칩도 제품의 차별화에 해당된다. 허니버터칩은 짭짤한 맛의 포화된 감자칩 시장에 '달콤한 맛'이란 차별화 전략으로 새로운 포지셔닝을 구축하여 출시 4개월 만에 1,300만 봉지를 판매, 매출 200억 원을 돌파할 정도로 폭발적인 인기를 끌었다. 비결은 무엇보다 차별화된 맛에 있다. 짠 맛이 기본 공식처럼 여겨지는 감자칩 시장에서 단 맛으로 승부하며 기존 감자칩의 고정관념을 뛰어넘은 것이다. 국산 아카시아 벌꿀에 일반 버터보다 맛과 향이 좋은 프랑스산 고메 버터를 사용해 단 맛과 고소한 맛은 높이고, 짠 맛은 줄인 것이 비결이었다.

허니버터칩의 차별화는 치밀한 연구개발과 철저한 시장조사가 이뤄낸 결과다. 개발 단계에서부터 기존의 감자칩과는 완전히 다른 차별화된 제품을 목표로, 200종이 넘는 감자칩을 조사하고 분석했고, 제품 출시 전, 통상 70~80명을 대상으로 진행하던 블라인드 테스트도 1,000명으로 대폭 늘리는 등 소비자 입맛에 꼭 맞는 차별화된 제품을 만들기 위한 연구에 매진했다. 이처럼 이미 포화된 시장에서도 차별화된 전략으로 새로운 포지셔닝 구축이 가능하다.

51년간 180억 병, 지구 53바퀴. 이 수치는 무엇을 말하는 것일까? 바로 '박카스' 이야기다. 박카스는 1963년 우리나라 최초의 자양강장제로 첫 선을 보인 후, 줄곧 선두자리를 지켜왔다. 그리고 '피로회복제=박카스'라는 완전히 차별화된 포지셔닝을 구축했다. '박카스

=5,000만 국민의 피로회복제'라는 등식이 오래 전부터 명확하게 소비자의 뇌리에 각인된 것이다. 전세계에서 박카스를 만날 수 있는 나라는 18개국이나 된다. 캄보디아에서는 피로회복제 시장 1위를 달리고 있다. 2014년 캄보디아에서 팔린 박카스는 1억 병이 넘는다. 캄보디아에서도 '피로회복제=박카스' 등식이 성립되었다고 한다.

광동제약의 '비타500'도 차별화된 포지셔닝을 구축한 대표 사례다. 광동제약은 '우황청심환', '쌍화탕' 등의 인기로 성장했으나 IMF 이후 자금 부도 위기에 처했고, 당시 어려운 회사 사정으로 유통사업부 폐지 이야기가 나올 정도였다. 하지만 이때 구세주처럼 광동제약을 살린 것이 바로 비타500이다. 비타500은 당시 분말, 정제 형태의 포화된 '먹는 비타민' 시장에서, '마시는 비타민'이라는 차별화된 전략으로 새로운 포지셔닝을 구축했다. 그리고 현재 1,500억 원대에 이르는 비타민드링크 시장에서 시장점유율 60퍼센트를 차지하면서 확고한 1위 자리를 굳히고 있다.

서비스의 차별화를 살펴보자. 1896년 문을 열어 창업 120년을 바라보는 일본의 지방은행인 오가키교리츠은행Ogaki Kyoritsu Bank: OKB은 일본 최초의 연중무휴 점포 개설, 이동 점포 운영, 불임·이혼 론loan 등 다양하고 차별화된 서비스와 상품을 출시하며 업계를 선도하고 있다. 행원 3,205명, 점포 146개의 이 지방은행은 주민들의 삶 속으로 파고드는 서비스로 고객 만족도를 높여 2011년 〈일본경제신문〉이 실시한 금융기관 랭킹 조사에서 내로라하는 일본의 은행들을 제치고 고객만족도 지역금융기관 1위, 서비스 만족도 종합 3위, 계속 거래하고 싶은 은행 1위를 차지했다. 오가키교리츠은행의 차별화된 서비스와 상품은 고객의 목소리를 반영한 직원들의 혁신적인 아이디어로부터 나오는데, 해마다 1,900건이나 올라온다고 한다.

'고객의 눈높이에서 서비스를 준비한다'라는 경영철학을 가진 이 은행은 실제로 다양한 '고객 눈높이 서비스'를 소프트웨어와 하드웨어 측면에서 두루 구현했다. 먼저 점포별 영업시간을 지역 특성에 맞춰 오전 7시부터 오후 9시까지, 오전 7시부터 밤 12시까지, 24시간 내내 등 3단계로 나누었다. 연중무휴 점포도 운영하는데, 은행 일을 보기 위해 회사원이 휴가를 내는 일이 없도록 하기 위해서다. 수수료를 줄이기 위한 노력과 은행을 찾는 즐거움을 높이기 위한 아이디어도 다양하다. 현금인출기의 모니터에 게임 기능을 첨가해 현금카드를 넣으면 모니터에서 룰렛게임이나 777 슬롯게임이 시작된다. 그림이나 숫자가 일치하면 시간외 수수료가 무료거나 모양에 따라 현금 1,000엔을 받을 수 있다. 당첨되지 않을 경우 '유감'이라고 기재된 거래 명세표 10장을 모아 은행창구에 제시하면 500포인트를 적립해 편의점 등에서 사용할 수 있다. 현금인출 시 주사위 눈 1이 나오면 행운의 현금을 얹어주는 주사위 게임도 인기다.

드라이브 스루drive-through 현금인출기도 개설했다. 차에서 내리지 않고 은행 업무를 처리하려는 고객을 위해 설치했는데, 자동차의 정차 위치와 운전석의 높이 등에 맞춰 자동으로 현금인출기가 이동하도록 설계했다. 현금인출기에 외부기업의 광고를 붙이기 시작한 것도 일본에서는 처음이다. 스폰서 기업으로부터 받은 광고수입을 시간외 수수료 50퍼센트 할인 등의 형태로 고객에게 환원하고 있다. 2000년에 운영을 시작한 이동식 점포 '수퍼히다 1호'는 금융서비스에서 소외된 산간지역과 농업지역의 고객을 위한 순회 서비스다. 위성통신을 이용한 현금인출기 기능은 물론 음료 코너를 마련해 외곽지역의 주민들에게 인기가 높다. 여성과 고령자를 위한 서비스도 특별하다. 고령자를 위한 각종 상품 중에는 1995년부터 시작한 '스마일구락부'가 대표적이다. 연금 관련 계좌를 개설한 고객을 대상으로 무료 건강 세미나를 개최하고, 이벤트에 초대하는 등 다양한 행사를 기획했다.

지역사회와 더불어 성장한다는 지역친화적 경영 또한 주목할 만하다. 세련된 거리에 어울리도록 은행 간판을 달지 않은 지점이 있는가 하면, 지역 특성에 맞춰 1층에 이탈리안 레스토랑을 입점시킨 지점, 고풍스러운 거리에 맞춰 지점 외관을 모두 나무로 장식한 지점 등이 있다. 2011년에는 와세다대학 이공학부와 업무협약^{MOU}을 체결하여 공동 세미나를 개최했다. 기술과 산업동향에 대한 최신 정보에 뒤처지기 쉬운 지방 중소기업에 첨단 정보를 제공하고 대학 전문가들의 기술적 조언을 얻어내기 위해서다. 빠른 서비스를 위해 '편의점식 점포'도 열었다. 퀵 카운터를 설치해 간단한 업무를 신속히 처리할 수 있도록 하는 한편, 업무를 처리해줄 직원을 선택할 수 있도록 했다. 자신에게 맞는 직원을 모니터로 선정함으로써 과거의 용무를 다시 설명하지 않아도 되어 업무 처리의 연속성이 있고, 고령자나 여성 고객이 안심하고 이용할 수 있다. 또한 잡지가 진열되어 있는 무료 음료 코너를 마련해 용무가 없는 사람도 들어와 차를 마시면서 무료로 잡지를 읽을 수 있도록 했다. 상담 부스를 세 종류로 나눠 가정주부를 위해 부엌을 그대로 재현한 '키친 룸', 가족 방문자를 위한 '거실 룸', 고령자를 위한 '일식 룸'을 마련해 마치 집에서 금융 상담을 받는 것 같은 편안함을 느끼도록 했다.

평범했던 지방은행을 혁신적인 은행으로 탈바꿈시킨 데에는 스치야 행장의 경영철학이 큰 몫을 했다. 전 직원을 대상으로 한 아이디어 공모를 처음 시행했을 때 시큰둥하던 행원들은 아이디어가 하나씩 상품화되고 구현되는 것을 보면서 태도가 달라졌다. 이러한 실천적 활동과 변화는 지역주민들에게 그대로 전달되었고, 지역과 함께하는 고객을 위한 은행이라는 인식이 굳어졌다. 만족스러운 고객의 시선은 직원들의 동기부여로 이어졌고, '우리는 최고의 서비스를 제공하는 은행원'이라는 선순환으로 확대 재생산되었다. 오가키교리츠 은행은 자본주의 5.0 시대에 서비스의 차별화를 통해 지역주민과 공생하는 전략과 혁신을 펼쳐내 선도적으로 업계를 리딩하고 있다.

지금까지의 사례를 통해 얻을 수 있는 통찰은 포화된 시장, 차별화가 불가능할 것 같은 시장과 업계에서도 차별화는 가능하다는 것이다. 물론 차별화가 말처럼 쉽지는 않다. 허니버터칩과 오가키교리츠 은행의 사례처럼 각고의 노력이 있어야 하겠다. 그리고 중요한 건 극단적이고 완전한 차별화를 이뤄내야 하며, 고객이 그 가치를 인정해주어야 한다는 것이다. 피처폰으로 승부하던 모바일 시장에서 애플은 아이폰이라는 스마트폰을 출시해 극단적이고 완전한 차별화를 이뤄냈고, 소비자들은 아이폰이 제공하는 가치에 열광했다.

고객 가치에 대한 내용은 4장에서 자세히 설명하겠으나, 고객 가치를 잘 파악해 이를 광고에서 차별화로 활용해 성공한 사례를 소개하겠다. 'V8' 야채주스 사례이다.

V8은 8가지 다른 채소 영양분 제공을 약속하는 주스인데도, "와, V8 주스 먹고 싶다!"라는 후렴구를 쓰면서 광고를 했다. 그 결과 사과주스, 소프트드링크, 게토레이 등과 같은 청량음료를 대체하는 상품으로 판매되었다. 하지만 다른 청량음료들과 비교했을 때 실제로 V8을 더 선호한 고객은 소수에 불과했다. V8 제조업체 임원들은 제품과 세분 시장을 정의함으로써 얻는 장점들을 쓴 주제의 논문을 읽고, 개선할 포인트를 찾아냈다. 사람들은 대개 독립할 때 엄마에게 건강을 유지하기 위해 채소를 먹겠다고 약속하는데, 그 약속을 지키기 위한 과정은 매우 힘들다. 매번 채소를 사서, 씻고, 껍질을 까고, 자른 다음에 삶거나 굽거나 다른 식자재와 섞어서 음식을 준비한다. 그런데 이 모든 일은 별로 좋아하지 않는 채소를 먹기 위해 해야 한다.

V8 제조업체의 한 임원은 '고객들이 V8 주스를 마심으로써 약간만 시간을 들여 노력해도 엄마에게 섭취하겠다고 약속했던 모든 영양분을 얻게 되었다'는 통찰을 얻었다. 그리고 V8이 어떻게 일일 채소 권장량을 제공하는지를 중점적으로 부각시킨 광고로 바꿨다. 그 결과 매출은 4배가 늘었고, 비로소 V8의 진정한 경쟁제품인 먹기 불편한 채소와 경쟁할 수 있게 되었다.

이제 최근의 차별화 추세를 살펴보자. 요즘 차별화는 한마디로 극과 극을 달리고 있다. 어중간한 차별화는 자리매김하기 어렵다. 국내

전략을 혁신하라

명품 시장에서도 페라가모, 프라다와 같은 고가 브랜드들보다는 초고가 브랜드인 에르메스, 샤넬이 선전하고 있다. 페라가모, 프라다와 같은 고가 브랜드들이 고전하는 이유는 중산층의 몰락과 무관하지 않다. 부익부 빈익빈 현상은 더 뚜렷해졌고, 세상이 더 살기 어려워졌다는 이야기다. 최상위 부유층이 즐겨 찾는 에르메스, 샤넬 같은 초고가 브랜드는 경기 둔화 여파가 크지 않은 반면, 중산층 고객 비중이 고가 브랜드들은 이들의 소비 위축과 함께 직격탄을 맞았다. 이제 몰락한 중산층은 가격이 싼 SPA 제품인 유니클로나 자라^{ZARA} 매장을 찾고 있다. 비용우위 전략 상품으로 이동하고 있는 것이다. 이제 명품 시장에서도 어정쩡한 전략은 살아남기 힘들다.

명품 시계와 주얼리 브랜드에서도 IWC, 까르띠에, 롤렉스 등 고가 브랜드들은 불황 없이 영업이익이 확대되는 추세다. 또 비싼 수입차가 더 잘 팔리는 이상 현상이 두드러지고 있다. 명품 의류는 불황에도 잘 팔린다는 베블런 효과$^{Vevlen effect}$가 자동차 시장에서도 나타나고 있는 셈이다. 실제로 저소득층이나 젊은 층을 위한 국산 경·소형차의 판매량은 계속 줄고 있어 대조를 이룬다. 풍요의 시대, 흔히 구할 수 있는 것보다 비싼 물건이 잘 팔리고, 하나를 사더라도 나를 차별화할 수 있는 제품을 사는 게 대세다.

여기서 얻을 수 있는 통찰은 무엇인가? 어중간한 차별화로는 명함도 내밀기 힘들다는 것이다. 포터의 경쟁우위 전략이 다시 빛을 발하는 것일까? 전략은 독특하고 가치 있는 포지션의 창출이며, 전략적 포지셔닝의 핵심은 경쟁자와는 다른 차별화된 활동들을 선택하는 것이다. 그러나 독특한 포지션을 선택하는 것만으로는 지속적인 경쟁우위를 보장하지 못하며, 가치 있는 포지션은 기존 경쟁자가 모방하기 어려운 것이어야 한다.

고객들은 기존과 완전히 다른 새로운 차별화를 원한다. 이런 이유로 요즘 '체험'의 가치가 매우 중요하게 부각되고 있다. 기업들은 이를 위해 '플래그십 스토어Flagship Store'를 도입하고 있고, 국내에서도 다양한 체험과 서비스를 제공하는 초대형 플래그십 스토어가 대거 오픈하여 쇼핑과 문화 체험, 휴식, 놀이 등 브랜드 체험과 휴식 공간으로 인기를 끌고 있다. 이제 소비자들은 운동화 매장에서 나이키 러닝화를 신고 곧바로 러닝머신에서 뛸 수 있는 체험을 할 수 있고, 자동차 매장에서는 직접 자동차를 몰아볼 수 있다.

아시아 최초로 우리나라 영종도에 건립된 BMW 드라이빙 센터는 단순한 트랙이 아닌, 가족, 연인 등이 함께 찾는 자동차 테마파크의 개념으로 지어진 복합문화 공간으로 신차 전시는 물론 헤리티지 공간, 레스토랑, 카페, 주니어 캠퍼스, 키즈 드라이빙 스쿨 등을 갖춰 누구나 즐길 수 있는 체험의 공간으로 조성되었다. 이곳은 2014년 8월 개장 이후 85만 명 이상2019년 기준이 방문했다고 한다.

이처럼 체험적 가치는 차별화의 중요한 요소가 되었다. 당신의 사업은 어떠한가? 체험적 가치를 제공하고 있는가? 꼭 오프라인 공간에서의 체험일 필요는 없다. 온라인에서도 충분히 체험의 가치를 제공할 수 있으니 말이다. 고객에게 체험적 가치를 제공하는 구체적인 방법도 4장에서 자세히 설명하겠다.

비용우위 전략

"비용우위 내지는 비용절감이 왜 중요한가?" 너무도 당연한 답을 요구하는 질문임에도 쉽게 답하는 이는 많지 않다. 정답은 이익을 내기 위해서다. 다음 공식을 살펴보자.

- 매출 – 비용 = 이익

통상 매출이 커지면 이익도 커진다. 그러나 비용이 많이 들어가면 이익이 적게 나거나, 심지어 적자가 나기도 한다. 이익이 매출의 10퍼센트라고 가정해보자. 매출이 10억 원 발생하면, 이익은 1억 원이다. 이익이 2억 원이 되기 위해서는 매출이 20억 원은 발생돼야 한다. 그런데 과연 10억 원을 더 버는 게 쉬울까? 매출이 10억 원이고, 비용이 9억 원일 경우에도 이익은 1억 원이다. 매출이 10억 원으로 고정된 상태에서 2억 원의 이익을 얻기 위해서는 비용을 1억 원 더 절감하여 8억 원으로 만들면 된다. 그래서 매출이 발생되지 않는 어려운 시기에는 경영자들이 직원들에게 비용절감을 하자고 지겹게 말하는 것이다. 비용절감액은 바로 이익으로 돌아오기 때문이다.

창업과 사업에서 성공의 관건은 수입 없이 비용만 발생하는 '데스밸리^{Death Valley: 죽음의 계곡}'를 어떻게 잘 건너가느냐에 달려 있다. 데스밸리를 잘 건너가기 위해서는 자금 조달도 중요하지만 비용절감을 철저히 실행해야 한다. 최저가 온라인 쇼핑 플랫폼 '쇼핑의 신'을 운영하는 심규석 대표의 경우, 가장 저렴한 사무실을 확보하기 위해 1년간 이사만 두 차례 했다. 또 클라우드 호스팅 서버를 사용하면서 이전에 서버를 직접 구입해 24시간 돌릴 때보다 비용을 10분의 1로 줄였다.

당신이 창업가, 사업가라면 작은 비용이라도 대수롭게 생각해선 안 된다. 잘나가는 글로벌 기업들도 이익을 내기 위해 비용절감을 처절하게 실행하고 있다.

대표적인 비용우위 전략 회사인 이케아도 예외는 없다. 이케아의 최대 장점은 '가격 경쟁력'이다. 부지는 도심에서 30분 정도 떨어진, 넓고 싼 교외에 포지셔닝한다. 필요하면 고객이 직접 찾아올 것이라는 판단에서다. 그리고 국내 가구들이 원목을 고집하며 고급화를 꾀하는 데 반해 이케아는 철저히 저가 전략으로 승부한다. 최저가로 만들기 위해 1970년대부터 소나무를 사용했고, 인공목재인 MDF^{중밀도 섬유판재}를 사용한다. 또 뭉툭한 볼트 대신 끝을 뾰족하게 다듬은 볼트를 사용하여 쇠 사용량과 무게를 줄여 운반비용을 절감한다. 플라스틱 나사 역시 홈을 깊게 파서 연간 플라스틱 사용료 100만 크로나^{약 1억 5,300만 원}를 절감하고 있다.

가구 제작 과정도 일반 가구 회사들과 정반대다. 제품 개발 단계에서 판매가격을 먼저 결정하고 그 한도 내에서 재질과 디자인, 제작 방법을 결정한다. 이를 '전략적 가격 책정^{Strategic Pricing}'이라고 하는데, 4장에서 자세히 설명하겠다. 또 분업화를 통한 대량 생산으로 원가를 절감한다. 스웨덴의 엘름홀트^{Almhult} 공장에서는 장식장의 문만 생산하고, 임금이 싼 터키 공장에서는 장식장의 몸체를 생산하고, 볼트와 너트는 중국이나 베트남 등에서 생산해 판매처에 각자 공급한다. 조립된 제품이 아닌 DIY^{자가제작} 형태로 판매하기 때문에 가능한 정책이다. 또 제품을 납작하게 포장하는 플랫팩을 활용해 운반비를 최소화한다. 높이가 60센티미터인 탁자도 구입할 때는 높이가 10센티미터로 줄어들고, 가로, 세로, 높이가 각 33센티미터인 수납함도 납작한 종이 형태로 포장된다.

저비용항공사의 비용절감 노력도 기발하다. 제주항공은 원래 두 기종의 비행기를 운항했으나 정비나 부품 구입 등에 비용이 중복되자 사우스웨스트항공처럼 기종을 단일화했다. 또 국내선 운항이 불가능한 야간 시간대에 동남아 지역 노선을 확대해 항공기 가동률을 높였다. 국내 저비용항공사 1위인 제주항공은 2011년에 흑자 전환에 성공해 연속 흑자를 기록하고 있으며, 2015년에는 3분기까지 매출이 4,534억 원으로 전년 3,780억 원 대비 20퍼센트 증가했고, 영업이익은 475억 원으로 전년 197억 원보다 140.6퍼센트 증가했다.

진에어는 탑승객 좌석이 지정돼 있지 않다. 앞에서부터 좌석이 A, B, C 구역으로 나뉘어 있을 뿐이다. 이로 인해 승객들은 좋은 좌석에 앉으려고 일찍부터 줄을 서서 대기하게 되었고, 탑승 시간은 크게 줄었다. 이는 원가절감뿐 아니라 지연 및 결항까지 예방한다. 발권대에서 좌석 지정 때문에 걸리는 시간이 줄어들면서 탑승 수속 시간 자체가 줄어든 데다 공항에 내는 발권대 임대비용도 절감된다. 이런 노력으로 진에어는 2010년 저가항공 업계 최초 흑자 전환에 성공했다.

에어부산은 당일 신문 가운데 25퍼센트가량을 재활용한다. 또 예약센터와 정비인력 등을 아웃소싱^{outsourcing}해 몸집을 줄였고, 인터넷 판매를 원칙으로 정해 여행사나 대리점에 판매수수료도 주지 않는다. 대신 인터넷 연중할인제도, 얼리버드^{Early Bird} 요금제 등을 운영해 인기를 끌고 있다. 인터넷 판매 비중이 국내선 60퍼센트, 국제선 50퍼센트로 올라선 것도 이런 이유에서다. 이스타항공은 서울 동대문 상가와 손잡고 승무원 유니폼을 제작했다. 이 밖에 물과 감귤주스 등 기본 서비스만 무료로 제공하고, 다른 기내식은 유료화하고 있다.

이런 노력으로 국내 저비용항공사는 가파른 속도로 성장하고 있다. 국제선 여객 점유율을 보면, 2013년 9.4퍼센트, 2014년 12.1퍼센트, 2015년 13.2퍼센트로 꾸준히 증가하고 있다. 같은 기간 대형 항공사의 점유율은 56.5퍼센트→53퍼센트→49.2퍼센트로 떨어졌다. 승객 수도 2015년 1분기에 전년대비 대한항공이 8.2퍼센트, 아시아나항공이 10.1퍼센트 늘어나는 데 그친 반면, 저비용항공사 5개사^{제주항공·진에어·에어부산·이스타항공·티웨이항공}는 28.4퍼센트 증가했다. 그동안 대형 항공사들은 중장거리 노선에 집중해왔으나, 저비용항공사가 중국·동남아 노선까지 보폭을 넓히자 '안방 시장'을 더 이상 빼앗길 수 없다는 위기감까지 느끼고 있다.

저비용항공사의 전략에 대응하기 위해 대형 항공사는 어떻게 해야 할까? 대한항공의 경우 2015년 6월에 차세대 항공기 100대를 도입하는 내용의 양해각서를 체결했다. 항공기 대당 가격은 1,000억 원대로, 최대 운항거리가 5,634~5,904킬로미터에 이르는 중단거리 전용 항공기다. 이 항공기는 최신 엔진 기술을 적용해 동급 항공기 대비

연료소모를 15~20퍼센트 줄였다. 대한항공은 항공기를 대규모로 들여오면서 '규모의 경제'를 가동시켰고, 차세대 신형 기종으로 프리미엄 항공사 이미지에 걸맞은 차별화 전략을 구사하기 위해 효율성·안전성·편의성을 더욱 갖추려고 노력하고 있는 것이다. 저비용항공사의 '비용우위 전략'에 '더욱 강한 차별화 전략'으로 대응하고 있다.

비용절감 전략의 대표주자 월마트Walmart는 어떠한가? 세계 최대의 유통업체로 성장한 월마트의 성공은 "Every Day Low Price모든 상품을 매일 싸게: EDLP"라는 슬로건을 가능케 한 비용우위 전략에 기인한다. 월마트는 기존 경쟁자 대비 4.5퍼센트의 비용우위를 보이고 있는데 이유는 다음과 같다.

초기 성장기에 월마트는 매장을 지방에 포지셔닝함으로써 임대료 부담을 줄였다. 그리고 EDLP 정책을 일관되게 유지함으로써 광고비 부담을 줄이고 브랜드 인지도를 높일 수 있었다. 또 종업원의 충성심을 높일 수 있는 인사관리정책을 통해 인건비와 제품 도난으로 인한 비용을 동시에 줄일 수 있었고, 효율적인 통합물류 시스템은 재고비용과 구매단가를 줄이는 데 크게 기여했다. 그런데 월마트보다 더 강적이 있다. 바로 코스트코다. 코스트코는 상품 판매 마진이 거의 없다. 일반 마트의 마진율이 30퍼센트 이상인 데 비해, 코스트코는 14~15퍼센트 정도다. 그리고 모든 직원을 정규직으로 채용한다. 코스트코의 사업 모델이 기존 유통업의 사업 모델과 다른 점은 바로 '연회비'이다. 제품가격이 워낙 낮은 코스트코는 연회비 수입이 순이익 규모와 비슷한 추이를 보인다. 5년간 코스트코의 연회비 수입과

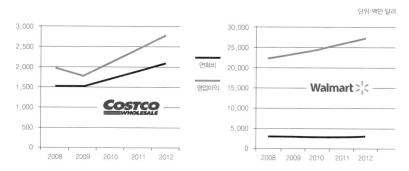

| 그림 2-3 코스트코와 월마트의 연회비 및 영업이익 추이 |

단위:백만 달러

[출처] 각 사의 연간 리포트

영업이익을 분석해보면 이를 알 수 있다. 월마트의 경우는 매출과 영업이익의 규모에 비하면 수수료 수입이 차지하는 비중은 미미한 수준이다.

코스트코와 월마트가 똑같은 물건을 원가가 100이라는 가격에 납품받아 판매한다면, 코스트코는 비용을 11달러 정도를 쓰고, 월마트는 25달러 넘게 쓴다. 코스트코는 마진도 훨씬 적게 붙인다. 100달러에 들여온 물건에 대해 연회비까지 감안해도 3.2달러밖에 붙이지 않는다. 반면 월마트는 7.9달러를 남긴다. 결과적으로 100달러에 납품받는 동일한 제품의 판매가는 코스트코가 114달러, 월마트가 133달러가 된다. 중요한 건, 마진의 구성이 확연히 다르다는 점이다. 코스트코는 3.2달러의 마진 중 75퍼센트에 달하는 2.4달러를 연회비 수입을 통해서 얻는다. 그리고 상품에 붙이는 마진은 0.8달러에 불과하다. 반면, 월마트는 7.9달러의 마진 중 89퍼센트를 상품 마진에서 얻

전략을 혁신하라

는다. 월마트처럼 전통적인 유통업에서 이익의 원천이 '상품 마진'이라는 점을 감안하면 코스트코는 연회비를 통한 특이한 수익 구조를 가지고 있는 것이다. 코스트코는 월마트와 동일한 비용우위 전략을 추구하면서, 한편으론 '연회비'를 통한 '영업이익' 획득이라는 차별화 전략을 구사하고 있는 셈이다. 흥미롭지 않은가?

애플과 삼성을 긴장하게 만드는 회사, '샤오미'의 비용우위 전략은 더욱 흥미롭다. 샤오미는 2011년 8월에 스마트폰을 출시했고, 시장 진출 3년 만에 중국 시장 1위, 세계 시장 3위에 올랐다. 샤오미의 제품은 성능, 가격, 디자인 측면에서 모두 인기가 높은데, 특히 싼 가격은 압도적이다. 같은 성능의 스마트폰은 삼성의 3분의 1 가격이고, 웨어러블 밴드인 '미 밴드'는 1만 3,700원, 스마트 체중계는 1만 9,900원, 공기청정기는 14만 9,000원 등 출시하는 제품마다 충격적인 가격이었다. 샤오미가 1,999위안^{35만 원}짜리 전동스쿠터 '나인봇 미니'를 내놓자 전세계가 가격대비 경쟁력에 열광했다. 비슷한 사양을 갖춘 세그웨이 제품이 1만 4,900위안임을 고려할 때 시장 파괴적인 가격이라 할 수 있다. TV도 마찬가지다. 11.6밀리미터 두께의 60인치와 55인치 UHD^{초고화질} TV인 'Mi TV3'도 각각 4,999위안^{89만 원}과 3,999위안^{71만 원}으로 군더더기 없는 깔끔한 디자인과 엄청난 기능을 감안할 때, 국내에서 판매되고 있는 60인치 UHD TV의 가격^{인터넷 최저가 230만 원}과는 견줄 수 없는 가격대이다. 그럼 샤오미는 팔아서 남는 게 있을까? 과연 샤오미에게 어떤 전략이 숨어 있을까? 비밀은 다음과 같다.

부품값의 비밀

Mi TV3의 경우 부품 원가는 157달러^{약 18만 원}다. 출시가는 1,499위안^{약 28만 원}이므로 10만 원 정도의 마진이 생긴다. 13만 원의 가격에 내놓았던 홍미^{HongMi} 노트의 부품값은 86달러^{약 9만 원} 정도로 4만 원 정도의 마진이 남는다. 테크인사이트에 따르면 갤럭시S6의 부품값은 275.5달러^{약 30만 원}, 아이폰6는 227달러^{약 25만 원} 정도다. 샤오미는 한 번에 하나의 모델만 내놓음으로써 부품의 대량구매를 가능하게 하여 부품비를 낮춘다. 차별화 전략을 추구하는 애플이 원 모델 전략을 쓰는 이유는 이익률의 극대화에 있지만, 비용우위 전략을 추구하는 샤오미는 제품 가격을 낮추는 데 있다. 샤오미는 패키징에서도 비용을 줄였다. 대부분의 제품은 종이로만 되어 있고, 소재도 모두 비슷하다. 가장 값싼 소재로 변형이 쉽기 때문에 공통적으로 쓸 수 있는 장점이 있다.

제품생산비와 디자인의 비밀

샤오미는 스마트폰 생산 설비도, 공장도, 능력도 없는 회사지만, 중국과 대만의 OEM, ODM 인프라를 활용한다. 폭스콘^{Foxconn}과 잉화디^{Inventec Appliances Corporation}라는 회사를 통해 생산을 하는데, 두 회사는 EMS^{Electrical Manufacturing Service} 방식 위탁생산의 귀재다. EMS는 부품의 구매부터 조립, 생산, 포장, 배송까지를 모두 맡는 턴키 방식의 제조를 말하는데, 폭스콘은 설계도만 갖다 주면 한정된 예산 하에서 최고 품질의 제품을 소비자에게 바로 배송해준다. 소니^{Sony}, 애플, 아마존,

전략을 혁신하라

델^{Dell} 모두 폭스콘에 일을 맡기고 있다. 샤오미는 이런 방식을 통해 제품생산비에서 5~10퍼센트를 절감하는 것으로 추정된다.

샤오미는 디자인에서도 비용절감을 한다. 이어폰 본체는 좌우구분이 없고, L^{좌}, R^{우}을 새기지도 않는다. 하나의 금형으로 공정을 최소화하는 것이다. 케이블은 최대한 짧게 만들고, 색상도 하나뿐이다. 볼륨 버튼도 만들지 않는다. 블루투스로 조절이 가능하기 때문에 AUX단자나 기타 단자도 모두 뺐다.

유통 비용과 마케팅 비용의 비밀

샤오미는 통신사 유통과 일반 소매점 유통도 최소화하는 전략을 폈다. 샤오미는 2000년 초반 PC 판매 1위를 기록했던 델의 온라인 주문생산방식을 벤치마킹하여 통신사를 거치지 않고 소비자에게 직접 판매한다. 제조사가 통신사에 스마트폰을 판매하고 통신사가 다시 사용자에게 판매하는 현재의 유통 구조는 판매가격 40퍼센트의 유통 비용이 발생한다. 샤오미는 샤오미닷컴, T-mall, 위챗을 통해 전체 물량의 80퍼센트 이상을 온라인으로 유통하고, 일부 액세서리는 거의 온라인으로만 판매한다. 이를 통해 경쟁사 대비 유통 비용을 50분의 1 수준으로 절감했다. 이는 미샤가 직영점, 가맹점 형태의 화장품 브랜드숍 직판체제로 유통 과정을 단축해 유통 비용의 거품을 줄인 것과도 같은 방식이다. 유진투자증권 보고서에 따르면, 단말기 1대 당 재고관리 및 유통 비용이 샤오미는 20위안, 화웨이는 1,000위안이 든다. 그리고 샤오미는 독특한 마케팅으로 판매혁신을 이뤄냈다.

디자인, 아이콘, 소프트웨어를 애플을 따라 만들고, CEO인 레이쥔雷軍은 애플의 스티브 잡스^{Steve Jobs}와 옷도 비슷하게 입고 프레젠테이션까지 따라 했다. 비싼 아이폰을 살 수 없었던 중국인들에게 샤오미의 스마트폰은 대리만족을 주었다. 또 샤오미는 '헝거 마케팅^{Hunger Marketing}'을 통해 제품을 완전 판매함으로써 재고비용 등을 절감했다. 수량을 일부러 부족하게 내놓아 소비자들의 구매심리를 자극함으로써, 'Mi1' 10만 대는 3시간, 'Mi3' 10만 대는 86초 만에 완전 판매를 이뤄냈다.

또한 고객과의 꾸준한 커뮤니케이션을 통해 마케팅 비용을 절감했다. 운영체제를 매주 업데이트하고, 온라인 서포터인 미펀米粉과 항상 대화를 시도하며 고객에게 귀를 기울였다. 그 결과 2015년 기준 1,000만 명이 넘는 온라인 서포터가 온라인에서 활동하며, 샤오미가 제품을 출시한다는 기사에 수만 개의 댓글을 달고, 각종 SNS를 통해 퍼뜨리는 역할을 한다. 삼성전자의 경우 마케팅 비용을 연간 12조 원^{2013년 기준} 지출했고, 애플은 2억 달러^{약 2조 2,000억 원} 이상 쓰는 것으로 알려져 있지만, 샤오미는 수조 원의 마케팅 비용을 절감하고 있는 셈이다. 이는 결국 판매가 인하로 이어진다.

애플이 대량으로 생산해 생산비를 낮춘 후 제품을 프리미엄으로 포장해서 비싸게 판매하는 '차별화 전략'을 추구한다면, 샤오미는 원가 또는 원가에 근접한 가격에 판매하는 '비용우위 전략'을 추구한다. 애플 '아이폰6'가 5,288위안^{약 92만 원}인 반면, 샤오미의 주력 모델 'Mi4'의 가격은 1,999위안^{약 35만 원}이다. 이런 이유로 2013년 샤오미의 매출은 총 43억 달러^{4조 7,000억 원}, 이익은 5,600만 달러^{약 615억 원} 수준이었다.

같은 해 중국에서 애플의 매출은 254억 달러[27조 9,000억 원], 이익은 85억 달러[9조 3,400억 원]였다. 샤오미의 매출은 애플의 6분의 1, 이익 면에서는 150분의 1 수준을 기록한 셈이다.

그런데 샤오미가 이렇게 적은 이익을 내면서 스마트폰 외에 수많은 가전제품들까지 저가에 파는 이유를 단순히 비용-우위 전략 때문이라고 말할 수 있을까? 그렇다면 향후 샤오미보다 더 시장 파괴적인 저가 전략을 추구하는 회사가 등장한다면 샤오미의 경쟁력은 순식간에 위태로워질 수도 있다. 하지만 "샤오미의 행보가 예사롭지 않다", "샤오미의 전략이 치밀하다", "이젠 대륙의 실수가 아닌 대륙의 실력이다"라고 말하는 데는 다 이유가 있다. 바로 샤오미의 야심이 향후 모바일 생태계 장악에 있기 때문이다. 쉽게 말하면 하드웨어가 아닌, 소프트웨어에서 수익을 내겠다는 전략이다. 샤오미가 스마트폰을 파는 것은 아마존이 킨들을 파는 것과 비슷하다. 싼 값에 하드웨어를 보급한 뒤 자체 개발한 플랫폼에서 게임을 팔고 영화를 팔고 전자책을 팔아 수익을 내는 것이다. 아마존이 태블릿PC 킨들 파이어를 저렴하게 판매한 후 전자책, 비디오 등 콘텐츠와 서비스를 판매해 이윤을 남기는 것처럼 샤오미도 게임이나 온라인 서비스를 판매해 수익을 얻는다는 것이다. 스마트 TV를 저가에 출시한 것도 같은 맥락이다.

샤오미의 이러한 전략은 사물인터넷[IoT] 시장을 장악하겠다는 의도도 깔려 있다. 원가에 가깝게 판매한 하드웨어들을 자체 운영체제인 MiUI로 묶는다면 스마트홈을 비롯한 사물인터넷 시장을 충분히 장악할 수 있기 때문이다. 13억 인구의 중국 시장만 제대로 공략해도 승산이 있지 않겠는가? 예를 들어 13억 중국인들이 퇴근 또는 외출 후 현관문을 열고 집에 들어오면 손목에 차고 있는 '미 밴드'를 인식한 샤오미 스마트전등이 자동으로 켜지고 샤오미 공기청정기와 정수기가 작동하기 시작한다. 또 샤오미 블루투스 스피커에서 음악이 흘러나오고, 샤워를 마치고 샤오미 체중계에 오르자 몸무게 데이터가 실시간으로 샤오미 스마트폰에 연동된다. 침대에 누워서도 샤오미 스마트폰으로 모든 것을 조작할 수 있는 세상이 도래하는 것이다.

　샤오미가 비용우위 전략을 추구하는 이유를 제대로 이해하려면 샤오미의 본질이 하드웨어가 아닌, 소프트웨어 회사라는 점을 기억하면 된다. 샤오미는 창업자 레이쥔이 구글과 마이크로소프트 출신의 기술자들과 만든 회사로 태생적으로 소프트웨어 개발회사다. 레이쥔도 중국 소프트웨어 기업 '킹소프트' CEO 출신이며, 샤오미가 안드로이드 UI를 기반으로 다시 개발한 MiUI는 안드로이드보다 더 아름다운 UI라는 평가를 받고 있다. 결국 애플, 구글, 아마존을 합한 회사라고 할 수 있는 샤오미의 비용우위 전략의 목적은 저가의 하드웨어를 보급해 사용자 기반을 빠르게 확산시킨 후 소프트웨어를 통해 수익을 확보하고 사물인터넷 시장을 포함한 ICT^{Information and Communications Technology} 생태계를 장악하겠다는 치밀한 전략으로 볼 수 있다. 샤오미는 값싼 중국산 스마트폰 제조업체로 치부하기엔 너무 빠른 발전 속도와 무시할 수 없는 품질 경쟁력을 갖추었다.

스마트한 시장 리더가 되기 위한 3가지 방법

마이클 포터의 3가지 경쟁우위 전략^{차별화, 비용우위, 집중화}과 유사하게, 마이클 트레이시^{Michael Treacy}와 프레드 워스마^{Fred Wiersema}가 주창한 시장 리더가 되기 위한 3가지 방법이 있는데 그 내용은 다음과 같다.

- 제품 리더십^{Product Leadership}

 ※ 서비스 회사의 경우, 서비스 리더십

- 운영적 탁월함^{Operational Excellence}

- 고객 친밀도^{Customer Intimacy}

'제품 리더십'은 차별화 전략과 같다고 보면 된다. 차별화된 최고의 제품을 만드는 것이다. 운영적 탁월함은 비용우위 전략과 같다고 보면 된다. 최고의 운영 프로세스나 시스템을 갖춰 비용우위를 갖는 것이다. 고객 친밀도는 고객응대나 고객관계관리 시 최상의 서비스를 제공하는 것이다. 이것도 차별화에 가깝다.

제품 리더십이 뛰어난 회사들은 애플, 삼성, 샤넬 등을 예로 들 수 있다. 애플의 아이폰, 삼성의 갤럭시노트, 샤넬의 명품 가방 등을 생각해보라.

'운영적 탁월함'이 뛰어난 회사들은 사우스웨스트항공, 월마트 같은 회사들이다. 물론 애플과 삼성 같은 회사들은 운영적 탁월함도 뛰어나다. 사우스웨스트항공의 경우 단 46개의 공항으로 하루에 2,000회 이상 운항하는 경이적인 결과를 만들어냈다.

유니클로는 운영적 탁월함을 높이기 위해 무인정산제를 도입했다. 쇼핑 후 오랜 시간을 기다려야 하는 대기줄을 줄이기 위해 무선으로 가격정보를 읽어 빠르게 계산할 수 있는 IC태그를 매장에 도입한 것이다. IC태그가 부착되면 장바구니를 계산대에 올려놓는 순간 총액이 단말기에 뜬다. 바코드를 읽느라 일일이 상품을 꺼낼 필요가 없어 통상 2분 정도 걸리던 계산 시간이 1분으로 단축된다. IC태그를 부착하면 운영적 탁월함을 높일 뿐 아니라 생산 이력과 고객의 구매 행동을 상세히 파악할 수 있는 장점이 있다.

'유아더디자이너'라는 회사는 앱을 통해 소비자의 선호도를 반영해 구두 디자인을 15분 이내로 줄여 운영적 탁월함을 이뤄냈다. 보통 구두 디자이너들이 작업지시서를 작성하는 데에는 60~90분이 걸리지만, 이 회사는 구두코, 굽, 높이, 장식, 색상, 가죽 등 구두 각 부분을 여러 가지 모양으로 제공해 소비자는 앱 화면에 끌어다 놓기만 하면 원하는 구두를 직접 디자인할 수 있을 뿐만 아니라 실제 주문까지 할 수 있다. 이 회사는 2014년 8월에 설립된 스타트업으로 '고객 모두가 디자이너가 될 수 있다'가 회사의 모토다. 앱을 통해 조합 가능한 구두 디자인 수만 약 30억 가지에 달한다. 스마트폰 화면을 보고 레고 블록을 맞추듯 구두굽, 가죽 등을 떼었다 붙였다 하는 방식으로 자신만의 구두를 만들 수 있고, 실제 주문도 가능하다.

유아더디자이너는 제화업에 관습적으로 존재하고 있는 '비효율적 요소'를 ICT라는 신기술로 개선하여 운영적 탁월함을 높였다. 또 소비자가 직접 구두를 디자인함으로써 재미, 소통, 친밀도를 높일 수 있었다. 2015년 5월 말 기준, 유아더디자이너에 등록된 디자인 개수는 60억 개에 달한다. 일반인도 손쉽게 구두 디자인을 할 수 있는 덕택에 '2030' 여성을 중심으로 페이스북 회원은 약 5만 1,000명, 홈페이지 가입자도 5만 명 정도에 이른다. 회사는 소비자들이 만든 구두 디자인을 바탕으로 직접 소규모 제화 공장에서 구두를 제작해 다시 소비자에게 판매re-sell한다. 구두 제작을 위해서는 서울 성수동에 있는 소규모 소상공인들과도 협약을 맺고 구두 판매량에 따라 로열티를 지급한다. 즉 소상공인들과의 공생을 하고 있는 셈이다.

그렇다면 '고객 친밀도'가 뛰어난 회사들은 어디일까?

리츠칼튼호텔, MK택시와 같은 회사들이 있다. 요즘 전 세계적으로 서비스업의 비중이 확대되고 있는 만큼, 고객 친밀도 전략은 서비스업에 있어 매우 중요한 전략이다.

리츠칼튼호텔은 고객관계에 있어 투자비용 대비 효과가 가장 큰 기업으로 평가된다. 휠체어를 사용하는 고객이 해변으로 갈 수 없다고 푸념하자 다음날 그 고객을 위해 해변길에 나무 통로를 만든 사례로 유명한 리츠칼튼호텔은 오래 전부터 모든 직원들에게 고객들의 만족을 위해 윗선에게 허락을 받지 않고도 2,000달러까지 사용할 수 있게 하는 제도를 운영하고 있다. 리츠칼튼호텔 고객들의 브랜드 충성도는 동종업계 최고로 평가된다.

1995년 〈타임TIME〉에 '세계 제일의 서비스 기업'으로 선정된 MK택시의 서비스는 친절이 몸에 배었다는 일본인들도 충격을 받을 정도다. 늦은 밤 여성 고객이 하차하면 걸어가는 골목길을 전조등으로 비춰주는 것은 당연한 일이고, 소나기가 쏟아지면 공짜로 우산도 준다. 승객을 태울 때 기사가 직접 나와 90도로 깍듯이 인사하며 문을 열어준다.

국내 시계제조업체 '크리스챤모드'의 감동적인 고객 서비스에 네티즌들이 감탄한 적이 있는데 사연은 다음과 같다.

한 고객이 18~19년 정도 사용했던 시계가 있는데 성능에는 문제가 없지만 도금이 벗겨지는 등 많이 낡아서 크리스챤모드 사이트에 접속해 카톡으로 AS와 비용 등을 문의했다. 담당자는 고객의 시계 사진을 살펴본 뒤 시계를 택배로 보내주면 수리해주겠다고 답변했다. 업체 담당자가 오랫동안 시계를 사용한 이유를 묻자 고객은 "집사람이 사준 것"이라며 "모양도 무난하고 유행을 안 타는 스타일인 데다 고장이 없으니 오래 쓸 수밖에요"라고 대답했다.

업체 담당자는 이후 시계 처리 상황 등에 대해 카톡으로 상세히 설명해줬다. 단종된 제품 한 점을 공장에서 처리해야 하니 시간이 걸릴 수 있다는 점 등을 친절하게 알리기도 했다. 드디어 시계가 고객에게 발송됐고, 업체 담당자는 뜻밖의 사실을 알렸다.

"드디어 오늘 시계가 고객님 품으로 돌아갑니다. 헐거워진 부품은 교체해드렸습니다. 예전보다는 새 상품 느낌이 나실 거예요. 사모님을 위한 조그마한 선물도 함께 보냅니다. 새롭게 론칭한 브랜드 시계입니다. 오랫동안 착용해주신 고객님께 감사의 말씀을 드립니다."

단종되어 AS를 제대로 해줄 수조차 없는 시계를 싹 고쳐주고 오래 써줘서 감사하다며 선물까지 보낸 것이다. 네티즌들은 이렇게 고객을 소중히 생각하는 이 회사에 큰 박수를 보냈다. 고객은 이후 상황을 카톡 대화를 캡처한 사진으로 설명했고, 네티즌의 반응이 폭발적이자 크리스챤모드 관계자도 직접 인터넷 게시판에 글을 남긴 것이다.

당신의 회사는 어떠한가? 이렇게 감동적인 서비스를 제공하고 있는가? 고객은 작은 것에 감동한다. 과거 존 록펠러가 10센트짜리 동전을 주머니에 가득 넣고 다니다가 사람들에게 아낌없이 나눠주면서 '무정한 억만장자' 이미지에서 주위 사람들에게 헌신하는 '다정한 할아버지' 이미지로 호감을 얻은 것처럼, 작은 친절은 고객들을 크게 감동시킬 수 있다.

고객 친밀도 전략을 펼칠 때 유의할 점이 있다. 어중간한 고객 친밀도는 별 도움이 안 된다는 것이다. 예를 들어 한 식당의 직원들이 친절하다고 할 때, 항공사의 승무원과 비교해 얼마나 친절한지, MK택시와 비교해 얼마나 친절한지 말할 수 있어야 한다. 동종업계만 가지고 비교하면 도토리 키 재기 내지는 우물 안 개구리가 되기 십상이라 대안 산업이나 이종업계가 어떻게 하고 있는지 살펴볼 필요가 있다.

아마존 최고경영자 제프 베조스Jeff Bezos는 열 살 때 할아버지로부터 "똑똑한 것보다 친절한 것이 더 어렵다"는 원칙을 배웠다고 한다. 고객 친밀도 전략은 단기간에 이루기는 어렵지만, 문화로 자리 잡는다면 강력한 경쟁우위의 한 축이 될 수 있다.

결론은 어중간한 전략은 가치가 떨어진다는 것이다. 확실한 차별화 전략과 고객 친밀도를 취할 게 아니라면, 비용우위 전략과 운영적 탁월함으로 가는 게 맞다.

우리 동네에 미용실이 하나 있다. 가격도 저렴하고8,000원 잘 깎아준다는 소문에 궁금해서 가보았다. 머리를 다 자르고 머리를 감기까지 15분 정도 걸렸다. 이 미용실은 머리 감겨줄 때가 압권이다. 나는 웃음을 참느라 정말 혼났다. 머리를 다 깎고 나면 미용사아주머니가 고무장갑을 낀다. 그리고 고무장갑에 샴푸를 뿌린 후 의자에 앉은 채로 머리를 박박 긁어준다. 다음 순서는 머리 감는 세안대로 가서 바로 헹구는 것이다. 거의 사우스웨스트항공을 능가하는 운영적 탁월함을 갖춰 15분 만에 서비스를 종료한다. 박리다매지만 운영적 탁월함을 통해 회전율을 높인 전략이다.

통상 고급 미용실은 남성 헤어컷의 경우도 2만 5,000원 이상으로 비싸지만, 한 잔의 커피와 비스킷, 마음을 편안히 해주는 음악, 여유로움, 그리고 다양한 서비스를 제공해 1시간 이상이 소요된다. 그 1시간은 마치 귀족이 된 느낌이다. 가끔 모발 케어도 무료로 서비스해준다. 시사점은 고급 미용실과 동네 미용실 전략 모두 나름의 가치가 있고, 어중간한 전략은 취하지 않는다는 것이다.

비즈니스에서 운영적 탁월함은 기본이다. 운영적 탁월함 위에 제품^{서비스} 리더십이 나올 수 있고, 그 위에 고객 친밀도까지 더해진다면 금상첨화다.

이제 당신에게 묻겠다.

- 당신의 사업 아이템의 경쟁우위^{차별화 · 비용우위 · 집중화} 전략은 무엇인가?
- 제품 리더십, 운영적 탁월함, 고객 친밀도 중 당신은 어떤 전략을 취하고 있는가?

LEGO

kakao

3장

Nestle.

NAVER

Microsoft

핵심역량에
답이 있다

Core Competence

성 공 은 핵 심 역 량 에 달 려 있 다

Core Competence
10

사업에서 성공하기 위해서는 '케이퍼빌리티'를 가장 잘 발휘할 수 있는 분야에 뛰어들어야 한다. 한번 실패하면 재기하기 어려운 현실에서 케이퍼빌리티와 핵심역량 기반의 창업과 사업은 더욱 중요해지고 있다.

박상진 엑스바엑스$^{X-X}$ 대표는 대학교 2학년 1학기를 마치고 동아리 친구들과 의기투합해 창업의 세계로 뛰어들었으나 실패의 쓴맛을 경험해야 했다. 그는 첫 사업이 실패한 이유를 적어봤는데 50개가 넘었다고 한다. 특히 잘 알지도 못하는 아이템^{디자이너 패션 판매 앱}을 선택해서 창업 멤버 중 제품 개발하는 법을 아는 사람이 아무도 없었다는 사실

전략을 혁신하라

이 실패의 주된 원인이었다는 것을 알게 되었다고 한다.

3장에서는 창업·사업·경영의 성공을 위해 케이퍼빌리티와 핵심역량이 얼마나 중요한지, 개념은 무엇이고 활용법은 어떻게 되는지 살펴보겠다.

"혼다는 세계 자동차 산업에 뛰어들어야 할까?"

1977년 하버드 비즈니스 스쿨의 리처드 루멜트^{Richard Rumelt} 교수가 MBA 과정의 학생들에게 던진 질문이다. 그는 "네"라고 답한 학생들에게 낙제점을 주었다. 그 이유는 다음과 같다.

- 시장은 이미 포화상태다.
- 강력한 경쟁상대가 이미 미국과 일본, 유럽에 있다.
- 혼다는 자동차에 관한 경험이 전무에 가깝다.
- 혼다는 자동차의 유통 채널을 보유하고 있지 못하다.

루멜트의 결론은 한마디로 혼다가 포지셔닝 전략을 취하기 어렵다는 것이었다. 비집고 들어갈 빈틈도 없지만, 충분한 경험도 인프라도 갖추지 않았다는 것이다. 그러나 같은 해 혼다는 65억 달러를 투자해 일본 기업 최초로 오하이오에 오토바이 생산 공장을 건립했다. 또 1982년에는 자동차를 생산하기 시작했다. 혼다는 '혼다 웨이'를 앞세워 압도적인 고품질과 높은 생산성을 달성했다. 혼다는 이미 로봇을 사용한 용접과 신속한 금형 교환 등을 통해 포드 자동차 등의 낡은 생산 방식을 뛰어넘고 있었다. 루멜트가 섣부른 결론을 내리고 8년이 지난 1985년, 그의 아내 차는 혼다 자동차였다고 하니 재미있는 일이 아닐 수 없다.

혼다는 자동차뿐 아니라 미국 오토바이 시장에도 진출하여 성공했다. 그 이유를 살펴보자.

1959년 당시, 미국의 거리를 달리는 오토바이는 전부 500씨씨 이상의 중대형 오토바이였다. 그 대부분은 미국산 할리데이비슨이었고, 일부는 트라이엄프Triumph 같은 유럽산 오토바이였다. 일본에서 높은 기술력을 갖춘 혼다는 1960년대에 미국 오토바이 시장을 공략하기로 했다. 처음에는 할리데이비슨, 트라이엄프와 같은 대형 오토바이들과 경쟁할 계획만 세웠지만, 슈퍼 커브Super Cub라는 간편하고 저렴한 고성능 소형 오토바이도 함께 내놓았다. 행운은 슈퍼 커브로부터 왔다. 전통적인 장거리 여행의 교통수단인 중대형 오토바이에 관심이 없었던 수백만 미국 소비자들은 동네 어디서나 편하게 타고 다닐 수 있는 슈퍼 커브에 관심을 갖게 되었다. 덕분에 미국의 오토바이 딜러들은 동력 장비와 스포츠용품 판매 매장을 통해 오토바이를 판매하는 전략을 세웠고 큰 성공을 거둘 수 있었다.

할리데이비슨의 4분의 1 가격으로 책정된 슈퍼 커브는 이른바 '오프로드 오토바이족'이라고 불리는 전혀 새로운 집단의 고객들에게 팔렸다. 그 결과 수입 오토바이 중 최고인 영국의 트라이엄프는 소멸했고, 본가인 할리데이비슨까지도 정상에서 끌어내렸다. 1964년에는 미국에서 팔리는 오토바이 두 대 중 한 대가 혼다 제품이었다.

혼다가 진출할 당시 시장은 이미 포화상태였고, 강력한 경쟁상대가 있었음에도 혼다는 성공했다. 이는 혼다의 높은 기술력과 사람의 능력을 핵심으로 삼은 생산·개선 활동 때문이었는데, 이 '혼다 효과'를 시작으로 케이퍼빌리티의 중요성이 부각되었다.

즉 산업환경이 열악하더라도 내부역량을 통해 높은 성과의 창출이 충분히 가능하다는 것이다. 1975년 BCG 리포트에 따르면, 혼다는 경험 곡선에 바탕을 둔 코스트 리더십 전략, 즉 비용우위 전략으로 새로운 시장^{소형 오토바이}을 창조하는 데 성공했고, 이후 그 경험 곡선을 이용해 기존 시장^{중대형 오토바이}도 석권했다고 전해진다. 혼다는 '엔진'이라는 핵심역량을 오토바이와 자동차에 잘 이전했고, 기술력을 바탕으로 틈새시장을 공략하여 인지도를 얻은 후 시장 범위를 넓혀 나갔다. 처음부터 의도된 전략은 아니었으나 슈퍼 커브로부터 얻은 우연한 행운을 전략적으로 잘 활용했다. 슈퍼 커브의 성공은 다른 이유 때문이기도 했다. 바로 고객도 몰랐던 가치를 충족시킨 '가치혁신적' 접근이다. 슈퍼 커브는 클러치가 없어 소바 배달원이 한 손으로도 운전을 할 수 있고, 스커트 입은 여성도, 초보자도 탈 수 있도록 편하게 디자인되었다. 가치혁신적 접근법에 대해서는 4장에서 자세히 다루겠다.

혼다뿐 아니라 사우스웨스트항공, 월마트 등도 기존 포화시장에서 내부 핵심역량을 토대로 수익을 내고 성공할 수 있었다. 이는 기업 내부의 독특한 역량^{자원}, 경쟁력 있고 희소성 있는 역량에 기인한 것으로, 핵심역량이라는 용어 사용의 시발점이 되었다. 즉 독특한 내부자원 개발이야말로 전략의 핵심이며, 우수한 생산설비, 유리한 지리적 위치, 창의성 있는 종업원, 유연한 조직문화 등의 유무형 자원들은 내부 핵심역량으로서 고수익 창출의 원동력이 된다는 것이다.

핵심역량의 주창자인 프라할라드와 게리 하멜Gary Hamel 교수는 "기업은 단순히 사업부의 집합이 아니라 역량의 집합이다"라고 말했다.

나무 한 그루로 예를 들면, 나무의 뿌리가 기업 경쟁력의 원천인 핵심역량이 되고, 줄기와 가지는 기업의 사업부이며, 나무의 꽃과 열매가 사업부의 최종 제품이라는 것이다. 따라서 기업이 성공하기 위해서는 최종 제품에 집중하는 것이 아니라 나무에게 지속적으로 영양분을 공급하는 핵심역량뿌리을 창출, 유지, 개발해야 한다는 것이다.

핵심역량은 기업이 보유하고 있는 내부역량으로 경쟁사와 차별화된, 사업 성공의 핵심으로 작용하는 경쟁우위의 원천을 말한다. 다양한 형태의 유무형 자원과 조직 능력을 말하며, 사용해도 없어지지 않고 지속적인 학습과 공유를 통해 더욱 향상되는 역량이라고 할 수 있다. 핵심역량의 조건으로는 4가지가 제기되고 있다.

- 가치 창출력Value Creation: 고객에 대한 가치를 높이거나 그 가치가 전달되는 과정을 더 효율적으로 만들 수 있어야 한다.
- 차별화 능력Distinctive & Superior: 단순히 기업이 잘하는 활동을 의미하는 것이 아니라 경쟁사에 비하여 우월한 상대적 능력을 의미한다.
- 확장력Leverageable to other businesses: 다른 사업으로의 적용 가능성이 있어야 한다.
- 희소성과 복사 불가능Scarce & Difficult to imitate: 경쟁사가 쉽게 모방할 수 없는 희소성이 있어야 한다.

1980년대에 기업의 성공요인에 대한 이유를 기업 내부의 특수한 자원으로 설명하려는 'RBV^{Resource-Based View: 자원 기반의 전략론}'가 등장했다. 추후 '핵심역량'론의 이론적 기초가 되기도 한 RBV의 핵심은 "경영 자원은 지속적인 경쟁우위의 원천이기에 자원을 효과적으로 사용해야 한다"는 것이다. 제이 바니와 같은 RBV 주창자들은 같은 업계에 있는데도 기업 간에 실적 차이가 생기는 이유는 기업마다 경영자원을 사용하는 효율에 차이가 있기 때문이라고 생각했고, 자원을 효과적으로 사용한다면 지속적인 경쟁우위로 이어진다고 주장했다. 바니는 경영자원이 '지속적인 경영우위성의 원천'이 될 수 있는지 판단하는 기준으로 4가지를 꼽았다.

- 경제 가치^{Value}: 고객에게 가치가 있는가?
- 희소성^{Rarity}: 타사는 손에 넣기 어려운가?
- 모방 곤란성^{Inimitability}: 흉내내기 어려운 것인가?
- 비대체성^{Non-Substitutability}: 다른 자원으로 대체될 수 있는가?

이렇게 핵심역량과 RBV에 대한 연관관계를 설명하더라도 '핵심역량'이란 단어를 머릿속에 명확히 정의하기란 쉽지 않다. 나는 핵심역량을 다음과 같이 정의하며 기억하고 있다.

- 핵심역량 = 이전 가능한 역량^{Transferable Skill}

'이전 가능한 역량', 이 말도 무슨 말인지 쉽게 와 닿지 않는다. 하지만 스토리를 들어보면 쉽게 기억할 수 있을 것이다.

나는 미시간대학에서 MBA를 수학할 때 전략 과목을 거의 다 수강했다. 그러나 수강하지 못한 과목이 있었다. 핵심역량의 주창자인 프라할라드 교수가 가르치는 'BOP^Bottom Of Pyramid'라는 과목이었다. 나는 당시 '세계에서 가장 영향력 있는 경영 사상가'인 프라할라드 교수의 수업을 들을 수 있다는 생각으로 꿈에 부풀어 있었고, 그의 수업을 신청했다. 그러나 기쁨도 잠시, 수업을 듣기 한 달 전에 프라할라드 교수는 세상을 떠났다. 미시간대학 전체가 슬픔에 잠겼다. 나는 슬픔을 뒤로한 채 까르나니 교수가 가르치는 '성장 전략^Strategy for Growth'이라는 과목을 수강했다. 프라할라드와 쌍벽을 이루는 그는 프라할라드와 같은 인도인으로 '성장 전략' 수업에서 핵심역량의 개념에 대해 설명했다. 그는 프라할라드에 대한 연민이 담긴 슬픈 눈빛과 동시에 카리스마 넘치고 책임감 있는 목소리로 학생들을 향해 핵심역량을 정의해보라고 말했다. 많은 학생들이 손을 들고 대답했다. 그때마다 그는 "틀린 답은 아니지만 내가 원하는 답은 아니다"라고 말했다.

나도 손을 들고 말했다. "핵심역량이란 경쟁사가 모방할 수 없는 차별화되고 희소성이 있는 내부역량"이라고. 그는 이것도 자신이 원하는 답이 아니라며 인도인 특유의 구르는 영어 발음으로 단 한마디로 정리했다. 그는 꼭 말 끝머리에 '야'를 붙이는 습성이 있었다. 그는 "Core Competence is Transferable Skill^핵심역량은 이전 가능한 역량이다. Ya!"라고 정의내리며, 혼다의 모터 사례를 설명했다.

전략을 혁신하라

"혼다는 원래 모터 회사로 출발해 '모터 기술'이라는 핵심역량을 모터사이클, 자동차, 제트스키, 스노모빌, 잔디 깎는 기계, 로봇 산업에 이전하여 성공했다. 핵심역량은 바로 혼다의 모터처럼 '이전 가능한 역량'을 말한다."

당시 이 설명을 들었을 때 나는 무언가가 내 머리를 강타하는 느낌을 받았다. 그리고 마음속으로 다음과 같이 감탄했다.

'어려운 걸 쉽게 설명하는 사람이 바로 대가Guru구나!'

내가 대답한 정의도 틀리지는 않았으나 어찌 보면 나는 피상적으로 알고 있는 걸 대답했던 것이다. 이제 '핵심역량은 이전 가능한 역량'이라는 정의는 내 머릿속에 명확히 각인되었다. 당신은 어떠한가? 핵심역량이란 용어가 조금 더 쉽게 와 닿는가?

'핵심역량은 이전 가능한 역량'이라는 정의에 부합하는 또 다른 사례들을 살펴보자. 샤프Sharp는 1915년 세계 최초로 기계식 필기도구인 샤프 펜슬을 발명한 회사다. 이 회사는 1964년 세계 최초로 전자 계산기를 출시하면서 계산기 화면을 표시하는 핵심기술인 액정 기술에 눈을 뜨게 된다. 그리고 액정 기술에 대한 집중적인 연구개발과 투자를 통해 세계 최고 수준의 액정 기술을 보유하게 되었고, 전자수첩, 노트북 컴퓨터, LCD, TV 등 액정 기술이 필요한 다양한 분야로 제품을 다각화하여 성공했다. 혼다의 모터, 샤프의 액정 기술처럼 캐논의 제조기술, 월마트의 물류 시스템, 아우디의 엔진, 도요타의 JIT적기 생산 방식 등도 핵심역량의 예로 들 수 있다.

월마트와 아마존의 성공도 물류 시스템이라는 핵심역량 덕분에 가능했다. 월마트는 비용우위 전략으로 성공했으나, 물류 시스템이라는 핵심역량 덕분에 장기적으로 경쟁우위를 누리고 있다. 월마트의 성공을 비용우위 전략으로 설명하는 데는 한계가 있다. 경쟁자인 K마트는 1979년에 약 1,891개의 점포를 가지고 있던 반면, 월마트는 229개의 점포밖에 없었는데, 정확히 10년 후에 월마트는 매년 25퍼센트의 성장률을 보이면서 최고의 재고 회전율, 최고의 운영 수익률, 그리고 K마트의 2배에 가까운 ROS^{Return On Sales: 판매수익률}를 올리는 회사로 변모했다.

당시 다른 기업들은 물류비용을 낮추기 위해 3PL^{3rd Party Logistics: 제3자} ^{물류}을 활용하던 때였지만, 월마트는 내부 물류 시스템을 고집했다. 유통소매업에서 물류가 얼마나 중요한지 간파하고 있었기 때문이다. 그래서 관리도 힘든 큰 트럭을 구입하고 트럭 기사들을 채용해 운영했다. 샘 월튼^{Sam M. Walton} 회장은 트럭 기사들에게 스톡옵션을 제공하면서 "여러분들은 이제 우리 회사의 주주이고, 여러분들이 얼마나 신속, 정확하게 우리 제품들을 각 월마트 점포에 배달하는가에 따라 우리 회사의 가치가 변하게 됩니다. 여러분들이 우리 회사의 주인입니다"라고 독려했다.

월마트는 효율적인 공급망 관리로 다른 경쟁사에 비해 약 2~3퍼센트의 물류비용을 줄일 수 있었다. 소매업에서 2~3퍼센트는 어마어마한 비용 차이다. 이것은 월마트로 하여금 EDLP 정책을 가능하게 했고, 이 정책은 고객의 수요를 정확히 파악하는 데 도움을 주었다.

아마존의 핵심 경쟁력도 물류 시스템에 있다. 대규모 투자를 통해 미국 곳곳에 대형 물류센터를 구축한 아마존은 무인자동화 로봇 생산업체인 키바시스템즈^{Kiva Systems}를 인수해, 키 40센티미터, 무게 135 킬로미터의 로봇을 각 물류센터에 배치해 효율성을 높였다. 물류센터에는 로봇들이 주문받은 상품을 찾아 이를 포장센터로 운반해주고, 직원들은 해당 제품을 택배용 상자에 담아 포장한 뒤 컨베이어 벨트로 옮기기만 하면 된다. 광활한 미국 대륙에서 당일 배송이라는 유통 혁신을 이끌어낸 것도 이런 노력 덕분이다. 2015년 초에는 뉴욕 맨해튼에서 '프라임 나우^{Prime Now}'라는 시범 택배 서비스도 시작했다. 아마존 프라임 회원에게 7달러의 배송료로 1시간 내 제품을 배달해준다. 2시간 이내 배송은 무료다.

아마존은 핵심 경쟁력인 물류 시스템에 지속적으로 투자하면서 언택트 시대의 수혜자로 떠오르고 있다. 특히 아마존의 1일 배송 본격화는 코로나19로 인한 이커머스의 구조적 성장 가속화와 제대로 맞물렸다. 실제로 아마존과 넷플릭스 주가는 코로나 사태와 맞물려 사상 최고치를 경신하였다. 코로나19 사태가 한창인 2020년 4월 16일 뉴욕증시에서 아마존 주가는 2408.19달러에 장을 마쳤다. 사상 최고치다. 당시 아마존은 바깥으로 나갈 수 없는 미국인들의 온라인 주문이 폭증하자 물류·배송 직원 17만 5,000명을 신규 채용하겠다고 발표했다.

자라와 유니클로의 성공 뒤에도 뛰어난 공급사슬 관리^{SCM: Supply Chain Management}가 있다. 물론 성공의 가장 큰 원인은 두 브랜드 모두 품질이 좋고 낮은 가격에 제품을 판매하는 비용우위 전략을 추구한다는 것이다.

| 그림 3-1 가치사슬의 개념 |

Support Activities : 보조적 활동

| Firm Infrastructure: 기업 하부구조 |
| Human Resource Management: 인적자원 관리 |
| Technology Development: 기술 개발 |
| Procurement: 조달 활동 |

Margin 이윤

| Inbound Logistics: 내부 물류 | Operations: 제조, 생산 | Outbound Logistics: 외부 물류 | Marketing & Sales: 마케팅, 영업 | Services: 서비스 |

Primary Activities : 본원적 활동

[출처] 마이클 포터, 《경쟁 전략》

　공급사슬 관리 개념은 마이클 포터가 주창한 '가치사슬Value chain'의 개념을 확장한 것이라고 보면 된다. 가치사슬은 고객에게 가치를 주는 기업의 활동들activities이 연결된 과정process이라고 정의할 수 있는데, 포터는 가치사슬 내 기업 활동을 본원적 활동Primary Activities과 보조적 활동Support Activities으로 분류했다.

　가치사슬은 한 기업의 내부적 활동에 초점을 둔 개념이지만, 공급사슬은 가치사슬 개념을 확장해 원자재부터 최종 제품의 판매 과정에서 가치를 창출하는 많은 기업의 협력적 활동을 포괄한다. 이는 정보기술의 발달과 세계화라는 시대 조류의 영향이 크다. 이러한 변화

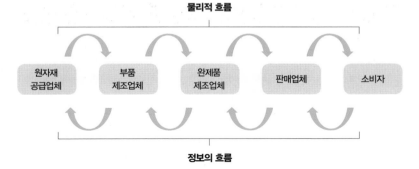

| 그림 3-2 공급사슬의 흐름 |

물리적 흐름

원자재
공급업체 → 부품
제조업체 → 완제품
제조업체 → 판매업체 → 소비자

정보의 흐름

[출처] 김진백(중앙대 경영경제대학 경영학부 부교수), 〈자라와 유니클로의 공통점은? 성공 브랜드를 위한 핵심전략, 공급사슬 관리〉

에 따라 기업들의 가치사슬 내 활동을 전세계로 아웃소싱하고 있다. 그 결과 기업이 경쟁에서 이기기 위해서는 내부 활동의 효율적인 운영뿐 아니라 공급사슬 전체를 잘 경영해야 하는 시대가 된 것이다. 이처럼 공급사슬 전체를 잘 관리하는 일련의 활동을 '공급사슬 관리'라고 한다.

자라와 유니클로는 모두 훌륭한 공급사슬 관리 방식을 취하고 있으나, 반대의 생산 방식을 취하고 있다. 자라는 '다품종 소량 생산' 방식을 추구하고, 유니클로는 '소품종 대량 생산' 방식을 추구한다. 그리고 각 회사의 전략에 따라 매장의 진열 방식이 다르다. 실제로 자라 매장을 가보면 다양한 품목의 아이템들이 각기 다른 공간에 조금씩 진열되어 있고, 유니클로 매장에 가보면 수요의 변동성이 크지 않은 베이직 아이템들이 각 공간마다 수북이 쌓여 있다.

| 표 3-1 유니클로와 자라의 전략 비교 |

	유니클로(UNIQLO)	자라(ZARA)
공급사슬 초점	효율	속도
주요 고객층	남녀노소	젊은 여성
제품 전략	기본적인 아이템	패션 흐름에 민감한 아이템
생산 전략	소품종 대량생산	다품종 소량생산
아웃소싱 전략	제품 포함 많은 기능을 아웃소싱	디자인-제조-판매의 수직계열화
연구개발 전략	기능성 소재	트렌디한 디자인
재고 전략	높은 재고 수준, 긴 보충 주기	낮은 재고 수준, 짧은 보충 주기

[출처] 김진백(중앙대 경영경제대학 경영학부 부교수), 〈자라와 유니클로의 공통점은? 성공 브랜드를 위한 핵심전략, 공급사슬 관리〉

일반적으로 의류의 판매가격은 원가보다 훨씬 높게 책정된다. 재고가 남을 때의 비용에 비해 재고가 부족해서 판매를 못할 때의 기회손실이 더 크기 때문이다. 충분히 재고를 보유하면 이러한 문제를 해결할 수 있다고 생각할 수 있지만, 사이즈가 다양하고 소비자의 취향도 변화가 심하기 때문에 쉽지 않은 문제다. 게다가 공간의 제한도 있어 재고를 충분히 갖추기는 쉽지 않아 문제는 그리 단순하지 않다. 그래서 의류 시장에서는 시즌마다 잘 팔리는 제품은 재고가 없어 못 팔면서도, 안 팔리는 제품은 할인을 해서라도 처분해야 한다. 재고는 가격 할인 이외의 문제도 일으킨다. 재고로 남은 제품이 매장의 공간을 차지해서 판매 하락의 원인이 될 수 있는 것이다. 이는 브랜드 이미지에도 부정적인 영향을 미친다. 그렇기 때문에 잘 팔리는 제품의 재고를 충분히 확보하고, 안 팔리는 제품의 재고를 최소화하는 것이 가장 중요하다. 자라와 유니클로는 제품을 팔릴 만한 장소에 팔릴 시간에 비치해놓는 뛰어난 재고관리 능력을 갖추고 있다. 그럼 구체적으로 어떠한 방식으로 재고 관리를 하는지 알아보자.

자라의 경우 '다품종 소량 생산'의 스피드 있는 실행에 역점을 둔다. 정보시스템을 적극 활용해 어떤 지역에서 어떤 스타일의 제품이 잘 팔리는지를 재빨리 간파하고, 최대한 빠른 시간 내에 비슷한 스타일의 제품을 디자인하고 생산해서 매장까지 갖다 놓는 것에 집중한다. 이를 위해 가치사슬 내의 활동을 아웃소싱하기보다는 직접 수행하고, 물류도 항공편을 활용한다. 또 시즌에 한두 번 신상품을 입고하는 일반 의류 브랜드와는 달리 일주일에 두 번씩 신상품을 입고하는 식으로 보충 주기도 빠르게 진행하고 있다. 패션에 민감한 고객층을 주 타깃으로 하는 자라의 전략과 잘 조율된 공급사슬 관리다.

유니클로는 '소품종 대량 생산'의 효율적인 실행을 강조한다. 자라와는 반대로 단일 품종을 대량 생산하고 가치사슬 내의 활동을 아웃소싱함으로써 비용을 최대한 줄인다. 대신 수요의 변동성이 크지 않은 베이직 아이템 위주로 제품을 판매해 느린 공급사슬 실행속도의 단점을 보완한다. 또한 제품에는 의도적으로 레이블을 겉으로 드러나지 않게 하여 청소년부터 노인층까지 폭넓은 고객층을 공략한다. 대량 수요를 꾸준히 유지하기 위한 전략적인 선택인 셈이다. 매장도 대형화하고 매장 내 재고도 많이 보유함으로써 판매 시기를 최소화한다. 그리고 자사 브랜드만의 특수 기능성 소재를 연구하고 개발하기도 한다. 가격에 민감하지만, 품질을 중요시하는 일반 대중을 주요 타깃으로 하는 전략과 잘 조율된 공급사슬 관리 방식인 것이다.

공급사슬 관리 분야에서 가장 저명한 펜실베이니아대학 와튼 스쿨의 피셔Fisher 교수는 1997년에 〈하버드 비즈니스 리뷰Havard Business Review〉에 쓴 '당신의 제품에 적합한 공급사슬은 무엇인가What is the right supply chain for your product'라는 글에서 공급사슬 관리의 형태는 크게 물리적으로 효율적인Physically Efficient 방식과 시장반응적인Market-Responsive 방식의 2가지로 나뉜다고 설명했다. 이 관점에서 보면 유니클로는 물리적으로 효율적인 방식을, 자라는 시장반응적인 방식을 채택한 것이라 할 수 있다.

전략을 혁신하라

핵심역량을 기반으로 사업 아이템을 다각화하라

Core Competence

11

사업 초기에 성공을 거두고 돈을 벌게 되면 딴 생각이 들기 마련이다. 그러면서 케이퍼빌리티, 핵심역량과 동떨어진 사업을 벌이기 시작한다. 이는 자금의 고갈로 이어지고, 결국 캐쉬카우^{Cash Cow} 역할을 하는 초기 사업에 악영향을 미친다.

  사업의 다각화는 핵심역량을 기반으로 이루어져야 한다. 앞서 말한 혼다나 샤프처럼 핵심역량을 이전하여 사업 다각화를 해야 성공 가능성이 높아진다. 디즈니도 만화영화 주인공이라는 핵심역량으로 영화 사업과 캐릭터 사업에 진출했고, SAAB는 엔진에 대한 경험과 기술적 노하우를 타 사업에 공유했다.

디즈니의 성공비결은 한마디로 'Relevance^{적합성/관련성}'다. 디즈니의 핵심역량은 '사람들을 즐겁게 만드는 콘텐츠'인데, 의인화된 동물과 그 동물이 등장하는 만화영화, 그리고 각종 캐릭터 상품 매장으로 이어지는 콘텐츠 산업, 디즈니랜드 등은 모두 콘텐츠를 기반으로 확장되어 있다.

월트디즈니그룹은 이제 만화영화와 영화 산업은 물론 TV·홈비디오 제작과 유통, 테마파크^{디즈니랜드} 사업, 출판과 음악 등 문화·콘텐츠 산업 전반을 선도하는 세계적인 기업으로 자리잡고 있다. 이는 사람들을 웃게 만드는 콘텐츠라는 핵심역량을 기반으로 하며, 이를 위해 디즈니는 질 높은 브랜드 콘텐츠를 지속적으로 생성해내고 있다.

다시 강조하지만, 핵심역량을 통한 사업 아이템을 다각화해야 성공 가능성이 높아진다. 이를 간과한 채 무리하게 비관련 다각화를 추진하면 실패의 길로 들어선다.

잘나가던 카페베네의 경우, 레스토랑·드럭스토어·제과점 사업에 무리하게 진출했다가 연이어 실패했다. 그리고 2015년 12월 30일, 경영권이 김선권 회장에서 토종 사모펀드로 넘어갔다. 2008년 1호점을 시작으로 2010년대 초 커피 프랜차이즈 1위 자리까지 올랐던 한국 토종 프랜차이즈의 성공신화가 7년 8개월 만에 막을 내린 것이다.

카페베네 감사보고서에 따르면 카페베네의 2014년 말 부채비율은 1,401.5퍼센트로, 같은 해 3분기 393.8퍼센트에 비해 1,007.7퍼센트포인트 폭등했다. 또한 매출과 영업이익은 2013년 대비 각각 21.9퍼센트, 21퍼센트 감소했다. 이는 2011년과 2012년 매출증가율이

| 그림 3-3 월트디즈니 컴퍼니의 핵심역량 기반의 사업 확장 |

월트디즈니 컴퍼니

월트디즈니 스튜디오	미디어 네트웍스	디즈니 인트렉티브 미디어그룹	디즈니 컨슈머 프로덕트	파크 앤드 리조트
• 월트디즈니 픽처스 • 할리우드 레코드	• 디즈니 – ABC 텔레비전 그룹 • 디즈니 채널 • 라디오 디즈니 네 트워크	• 온라인 • 모바일 • 비디오게임	• 옷, 장난감 등 캐릭터 상품 • 책, 잡지 등 출판물	• 디즈니랜드 • 디즈니크루즈 • 디즈니월드

[출처] "디즈니의 성공비결은 'Relevance'", 〈매일경제신문〉 2011년 10월 21일자

각각 65.9퍼센트, 31.7퍼센트에 육박했던 것과 상당히 대조적이다.

카페베네가 위기를 맞은 주요 이유는 '전략의 부재'와 '욕심'에 있다. 차별화 전략으로 프리미엄 이미지를 선점한 스타벅스나 비용우위 전략으로 저가 시장을 잡은 이디야처럼 독특한 포지셔닝을 구축하지 못하고 어중간한 전략을 취했다. 가장 중요한 커피의 맛에서도 높은 평가를 받지 못했다. 한국소비자원이 2015년 10월 소비자 1,000명을 대상으로 한 커피전문점 만족도 조사^{매출 상위 7개 커피전문점}의 맛 항목에서 카페베네는 5위를 차지했다.

카페베네는 욕심을 부려 무리하게 론칭한 레스토랑 · 드럭스토어 · 제과점 브랜드에서도 모두 실패했다. 한 우물을 파지 못하고 기다리지 못하는 것이 카페베네의 약점으로 지적되었다. 이는 신메뉴 출시 때도 드러났다. 설빙의 경우 신메뉴를 하나씩 내놓기 때문에 소비자들의 평가는 긍정적이든 부정적이든 하나에 집중된다. SNS를 통해 언급되는 것 자체가 홍보가 되는 요즘, 이는 소비자들로 하여금 설빙에서 어떤 신메뉴가 나왔는지 쉽게 인지하게 만든다. 반면 카페베네는 신메뉴를 출시할 때 하나만 출시하는 법이 없다. 잘 외워지지 않을 만큼 많은 종류를 출시한다. 소비자들의 다양한 입맛을 사로잡고자 하는 의도겠지만 오히려 소비자들은 무엇이 출시됐는지도 모르는 사태가 발생한다. SNS 이벤트를 해도 언급 단어가 분산되는 탓에 효과도 적다. '빙수' 하면 '설빙', '아이스크림' 하면 '배스킨라빈스'와 같이 머릿속에 떠올라야 하는데 그런 연상작용이 안 되는 것이다. 카페베네는 결국 실패를 교훈 삼아 커피 사업에 집중하기로 전략을 수정했으나 결국 지속되는 수익성 악화와 높은 부채 비율 때문에 경영권마저 바뀌게 된 것이다.

소니와 야후가 내리막길을 걷게 된 것도 비슷한 이유다. 소니는 원래 하드웨어에 강한 회사였다. 그런데 소프트웨어도 강한 기업을 목표로 삼고 엔터테인먼트 분야에 집중적으로 투자했다. 1989년 미국 콜롬비아픽처스엔터테인먼트를 사들여 영화 사업에 뛰어들었고, 2004년에는 MGM을 인수하는 등 거액을 쏟아 부었다. 하지만 자금이 계획대로 돌지 않아 재무상황이 나빠지기 시작했다. 이는 연구개발 투자 감소로 이어지면서 결국 소니의 자부심이던 '기술력'을 끌어내렸다. 이 때문에 소니는 "타 사업 진출이 수익성 악화는 물론 기업의 정체성마저 애매하게 만들었다"고 평가받고 있다.

1990년대 인터넷 세계를 주름잡았던 야후도 미디어 분야에 한눈을 팔다가 내리막을 걸었다. 야후는 검색업체에서 콘텐츠 중심의 미디어 기업으로 탈바꿈하기 위해 무리하게 기업을 인수했다. 그 결과 본업인 검색 사업에 소홀하면서 구글에 검색 시장의 왕좌를 내주고 말았다.

이런 기업들의 공통적인 특징은 '주객이 전도'되었다는 것이다. 주객전도主客顚倒란 모두 알다시피 '주인과 손님이 뒤바뀌었다'는 뜻으로, 중요도에 따라 주主가 되는 것과 부수적附隨的인 것의 순서나 앞뒤의 차례가 바뀐 경우를 말한다. 결국 비핵심사업이 주가 되어 핵심사업의 경쟁력까지 악화시키는 상황을 만들었던 것이다. 물론 타 사업 진출이 무조건 나쁘다는 이야기는 아니다. 그리고 무조건 핵심역량의 기반만 다각화해야 한다는 것도 아니다. 세상 일이 모두 이론대로 돌아가지는 않기 때문이다. 그러나 훌륭한 이론은 비즈니스에서나 우리의 인생 전반에서 좋은 결정을 내리도록 도와준다. 근시안적 결정을 피할 수 있도록 말이다.

이쯤에서 핵심역량을 기반으로 사업을 다각화해 성공한 사례를 소개하겠다.

국내기업 GMMC의 핵심역량은 '글로벌 영업력'이라고 할 수 있다. 이 회사는 글로벌 영업력을 '채혈기'라는 새로운 사업에 이전하여 성공했다. 처음에 이 회사는 '의료기기 만물상'이었다. 현지에서 입찰 공고가 뜨면 나라별로 가격과 성능을 최적화한 제품을 수소문하는 식이었다. 가령 미국 병원에서 중환자실용 의료기를 찾으면 한국에서는 전자의료기를, 멕시코에서는 소모성 자재를 찾아 공급했다. 심지어 앰뷸런스, 헬리콥터까지 팔았다. 그런데 어느 날 미국 측 에이전시

한테 의료기 유통회사를 만들어보자는 제안을 받았고, 2003년 4월, GMMC라는 간판을 걸고 회사를 시작했다. 전체 직원은 한국 사무소 1명을 포함해 4명뿐이었지만 나름 '다국적 기업'으로 출발한 셈이다.

GMMC는 2006년에 본격적으로 채혈기 시장에 뛰어들었다. 채혈기는 환자가 스프링식 볼펜처럼 버튼을 눌러 손수 피를 뽑는 의료기구로, 혈당 측정기에 달려 있는 보조 의료기기라서 시장이 얼마나 크겠나 싶지만 전세계 판매량이 한 해 2억 개가 넘는다. GMMC가 시장에 뛰어들 당시, 시장의 95퍼센트를 로슈, 존슨앤드존슨, 바이엘, 애보트 등 4대 글로벌 제약사가 점유하고 있었다. 남은 '5퍼센트 시장', 당신이라면 도전하겠는가?

GMMC는 역발상으로 메이저들도 차지하지 못한 5퍼센트의 시장, 즉 '틈새'를 공략한다면 한 해 1,000만 개, 금액으로 치면 1,000만 달러^{약 100억 원}를 벌 수 있다는 계산을 하고 과감히 뛰어들기로 결정했다. GMMC의 핵심역량인 글로벌 영업맨들은 고객 요구에 재빠르게 대응했다. 멕시코에 있는 직원은 한 손으로 사용하기 불편하다는 소비자 불만을 반영해 기존 120밀리미터이던 제품 길이를 짧게 줄이자는 아이디어를 냈다. 이탈리아 근무 직원은 외형·포장 디자인을 맡았다. 이들과 아이디어를 공유하면서 홍관호 대표는 한국과학기술정보연구원^{KISTI}과 협업해 길이가 106밀리미터, 바늘 지름이 0.6밀리미터로 가늘면서도 통증이 덜한 채혈기를 개발했다. 손수 피를 뽑아야 하는 당뇨 환자에게 채혈은 고역인데, 주삿바늘의 각도와 피부를 뚫고 들어가는 깊이의 조절, 부품의 유기적 결합 등에 관한 핵심기술을 개발하여 11개의 세계 특허를 획득했다. GMMC는 '세계에서 가장 덜 아프게 채혈을 하는 회사'로 주목받게 되었고, 전량 수입에 의존하던 국내 채혈기 시장은 GMMC가 거의 100퍼센트 장악했다. 1명이던 GMMC의 국내 임직원은 38명으로 늘어났다. 2013년 생산량은 350만 개, '5퍼센트 시장'에서 점유율 35퍼센트로, 연 400만 개를 공급하는 중국 업체에 이어 세계 2위로 도약했다.

혼다가 '엔진'이라는 핵심역량으로 미국 오토바이 시장에서 성공한 것처럼, GMMC는 당뇨 환자용 채혈기 시장에서 '글로벌 영업력'이라는 핵심역량으로 고객의 가치를 충족시키고 시장의 빈틈을 공략함으로써 시장을 넓혀나갈 수 있었다.

만일 당신이 신규 사업에 진출하고자 한다면, 먼저 핵심역량이 무엇인지 검토해보길 바란다. 핵심역량이 무엇인지 명확히 정의할 수 있다면, 신규 사업에 진출할 때도 통찰을 얻을 수 있을 뿐 아니라, 기존 사업에서 위기를 맞을 때도 거뜬히 헤쳐 나갈 수 있다.

에이스침대의 경우 핵심역량을 명확히 인지하고 이를 광고에 활용함으로써 위기를 기회로 바꿨다. 1990년대 종합가구업체들은 불황타개 전략으로 자금력을 이용해 주로 젊은 층을 대상으로 혼수 시장을 공략하고 침대와 여타의 가구를 끼워서 파는 패키지 상품을 판매했다. 사회 전반적인 가격 파괴 바람과 더불어 시장이 흔들리기 시작했고, 에이스침대 입장에서는 자사의 핵심역량인 침대의 다양한 구색과 침대의 전문성, 기능성을 강조할 것인지, 아니면 종합가구업체의 물량 공세에 맞대응할 것인지를 결정해야 했다. 종합가구업체의 가격

파괴 전략에 맞대응하자니 자금력이 부족하고 오랫동안 유지해온 브랜드의 명성도 잃을 수도 있었다. 반면 기존 이미지를 고수할 경우 혼수 시장과 패키지 시장에서 밀려날 가능성이 있었다. 에이스침대는 핵심역량에 집중하기로 결정했다. 그러면서도 고객의 니즈로부터 벗어나지 않았다.

"침대는 가구가 아닙니다. 과학입니다."

우리나라 광고 역사상 가장 탁월한 한 문장에 속할 것이다. 결국 침대 선택 시 기능성을 중요시하는 사람의 비율이 22퍼센트에서 43퍼센트로 증가했다. 에이스침대의 시장점유율은 18퍼센트에서 27퍼센트로 증가했다. 2014년 결산을 기준으로 에이스침대는 여전히 침대 시장점유율 30퍼센트를 넘는다.

중요한 건 핵심역량 기반의 사업 아이템을 다각화하기 전에 핵심역량이 무엇인지 규정하는 것이다. 또 그 핵심역량은 에이스침대처럼 고객의 니즈로부터 벗어나지 않아야 한다. 그래야만 핵심역량 기반으로 사업을 다각화했을 때 성공을 이어나갈 수 있다.

당신의 핵심역량은 무엇인가? 그리고 당신 회사의 핵심역량은 무엇인가? 그 핵심역량은 고객의 니즈와 연결되어 있는가? 그렇다면 다각화가 가능한 사업 아이템은 무엇인가?

무 형 자 원 을 증 강 하 라

Core Competence

12

핵심역량 기반의 사업 다각화로 성공하려면 내부 자원을 잘 활용해야 한다. 자원의 종류는 인적, 물적, 금전적 자원 또는 무형자산, 유형자산 등으로 구분할 수 있는데, 일반적으로 유형자원보다는 무형자원의 공유가 전략적으로 유리하다. 이유는 무형자원은 모방이 어렵고, 상황에 맞게 융통성 있는 활용이 가능하기 때문이다.

디즈니는 캐릭터라는 무형자원을 만화영화, 디즈니랜드, 캐릭터 상품 등에 다양하게 활용하고 있고, 혼다는 축적된 엔진 기술의 노하우를 모터사이클, 자동차, 제트스키, 스노모빌, 잔디 깎는 기계, 로봇에 공유했다.

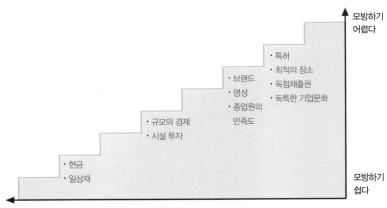

| 그림 3-4 자원의 유형에 따른 모방 용이성 |

모방하기
어렵다

· 특허
· 최적의 장소
· 독점채출권
· 독특한 기업문화

· 브랜드
· 명성
· 종업원의
  만족도

· 규모의 경제
· 시설 투자

· 현금
· 일상재

모방하기
쉽다

[출처] 데이비드 콜리스, 신시아 몽고메리 외, 《기업전략》

하버드대학의 데이비드 콜리스[David J. Collis]와 신시아 몽고메리 교수는 특허, 독특한 기업문화, 브랜드 등 무형자원들이 가장 모방하기 어렵다고 주장했다.

인텔[Intel]이라는 회사를 보라. 펜티엄 프로세서[Pentium Processor], 센트리노[Centrino] 등 각종 브랜드를 특허로 잘 관리하고 있는 이 회사는 특허로부터 창출되는 수입이 어마어마하다. 중요한 것은 어느 누구도 이 특허들을 함부로 모방할 수 없다는 것이다. 아니 정확히 말하면, 모방해서는 안 되는 것이다.

자원은 일반적으로 유형과 무형으로 구분할 수 있다. 일부 물적자원과 인적자원 등은 유형자원에 해당되며, 브랜드 이미지, 기업문화, 지적재산권, 팀워크, 기술력, 조직관리력, 자금조달능력 등은 무형자원에 해당된다. 케이퍼빌리티파의 대표적 인물인 제이 바니는 자원의 종류를 다음과 같이 구분했다.

- 인적자원: 우수한 CEO, 중간관리자, 종업원
- 물적자원: 우수한 생산설비, 유리한 지리적 위치
- 금융자원: 자금조달능력, 유보이익
- 조직차원의 자원: 기업문화, 브랜드, 조직구조

무형자원의 중요성을 사례를 통해 실감해보자. 국민모기약 '에프킬라'는 삼성제약이 1960년 일본기업 긴죠의 기술을 도입해서 만든 제품이다. 그런데 1998년 IMF 때 삼성제약은 '에프킬라' 브랜드와 살충제 생산 공장을 387억 원에 한국존슨에 매각했다. 이 중 공장부지와 기계대금은 90억 원, 나머지 297억 원은 '에프킬라'라는 브랜드 값이었다. 한국존슨이 에프킬라를 인수한 이유는, 인터넷도 없던 당시에 소비자의 입을 통해 이미 대명사화된 에프킬라를 도저히 이길 수 없다는 결론을 내렸기 때문이다. 인수대금은 많이 들었으나 한국존슨의 결정은 현명했다. 인수 후 다양한 에프킬라 자매품을 만들어 살충제 시장의 선두 기업으로 급부상하게 되었기 때문이다.

2004년 4월, 삼성제약은 삼성킬라 시리즈로 다시 살충제 시장에 도전장을 내밀었다. 기존의 경험과 노하우, 에프킬라를 만들어낸 삼성제약의 명성으로 충분히 승산이 있을 거라는 판단에서였다. 결과는 어땠을까? 예상대로 성과가 없었다.

삼성제약은 에프킬라를 버리지 말았어야 했다. 두고두고 효자 노릇을 할 든든한 자식을 버린 값을 톡톡히 치른 것이다.

코카콜라도 무형자원이 많은 회사다. 2000년 코카콜라의 기업가치는 약 187조 원. 이 중 장부가치는 약 12조 원, 브랜드 가치는 약 94조 원, 나머지 81조 원은 노하우, 영업권 등의 무형가치였다.

우성아파트도 마찬가지다. 1980년부터 1990년대까지 최고의 아파트 브랜드였던 우성아파트는 우성건설 부도로 다른 건설사에 매각되었다. 그러나 매수회사는 '우성'이라는 브랜드를 여전히 사용하고 있다. 서울 강남의 '우성아파트 사거리'는 매우 친근한 이름이다.

아마존이 온라인 미국 1위 신발판매회사인 자포스^{Zappos}를 최고가에 인수한 이유가 뭘까? 자포스는 2009년 7월, '모든 것을 팝니다'라는 공룡 아마존에 12억 달러라는 최고가에 인수되었다.《보랏빛 소가 온다^{Purple cow}》의 저자이자, 21세기의 가장 영향력 있는 비즈니스 전략가, 세스 고딘^{Seth Gordin}은 아마존의 자포스 인수에 대해 독특한 기업문화와 고객과의 끈끈한 유대관계, 탁월한 비즈니스 모델, 전설적인 서비스 정신, 리더십 등 자포스만이 갖고 있는 무형의 기업자산을 취득하기 위해 그만 한 비용을 지불한 것"이라고 평가했다.

당신의 무형자원은 무엇인가? 나의 경우 내가 쓰는 책과 칼럼, 그리고 차별화된 강의 콘텐츠다.

무형자원을 지속적으로 증강하라. 무형자원은 당신과 회사의 가치를 지속적으로 높여줄 뿐 아니라, 회사가 어려울 때도 효자 역할을 톡톡히 해줄 것이다.

전략을 혁신하라

히 든 챔 피 언 이 되 라

Core Competence

13

'히든챔피언^{Hidden Champion}'은 규모는 작지만 차별화된 경쟁력을 바탕으로 세계 시장을 지배하는 우량 기업을 의미한다. 독일의 경제학자인 헤르만 지몬^{Hermann Simon} 교수가 《히든챔피언^{Hidden champions des 21}》이라는 책에서 주창한 용어로, 혁신적 기술이라는 독특한 내부자원을 바탕으로 그들이 진출하는 틈새시장에서 확고한 위치를 차지하고 있다. 헤르만 지몬 교수는 미국 경제규모^{GDP} 5분의 1에 불과한 독일이 세계 수출 1위를 차지할 수 있었던 것은 독일 내 1,300여 개 히든챔피언의 힘이 원인이라고 분석했다. 즉 독일의 지속성장 비결은 세계 최고 수준의 제품으로 글로벌 시장에서 활약하는 독일 강소기업들 덕분이라는 것이다.

독일의 숨은 챔피언들로는 플렉시^{Flexi}와 델로^{Delo}, 뷔르트^{Wurth,} 고트샬크^{Gottschalk}, 파버카스텔$^{Faber-Castell}$ 등이 있다.

플렉시는 애완동물 목줄 부문의 세계 챔피언이다. 독일에서 제품을 생산해 세계 시장의 70퍼센트를 점유하고 있다. "우리는 한 가지에만 집중하지만, 이 한 가지는 누구보다 잘한다"가 플렉시의 모토다.

델로는 산업용 접착제를 전문으로 생산하는, 접착제 분야의 히든 챔피언이다. 에어백 센서, 디스플레이, 스마트카드 칩 등에 쓰이는 접착제 분야에서 세계 시장의 80퍼센트를 점유하고 있다. 종업원은 300명에 불과해도 연매출$^{2012년 기준}$만 4,400만 유로$^{632억 원}$에 달하는 우량 기업이다.

고트샬크는 유럽에서 유일한 압정 생산업체다. 하루 1,200만 개의 압정을 생산해 전세계 300개 브랜드로 수출하고 있다.

윈터할터는 산업용 식기세척기 분야의 챔피언이다. 기술과 품질로만 승부하며 제품 기대수명이 20년인 데다 애프터서비스를 위한 부품을 40년 동안 공급하며 신뢰를 쌓아왔다.

'육각 색연필'로 유명한 필기구 회사 파버카스텔은 250년 된 장수 기업이다. 한 자루 1,000원 남짓인 값싼 연필이라도 파버카스텔 브랜드가 붙으면 신뢰를 준다.

뷔르트는 나사못 하나로 세계 시장을 제패했다. 1945년 작은 나사못 대리점에서 출발해 지금은 80여 개국 400여 개 현지법인과 6만 6,000여 명의 직원을 거느린 매출 100억 유로$^{15조 원}$의 글로벌 기업이

전략을 혁신하라

됐다. 나사못 종류 구분을 위해 새긴 번호를 고객들이 식별하기 힘들어하자 색깔로 구분하도록 할 만큼 작은 부분에까지 집중한 결과다. 뷔르트의 핵심역량은 '조립assembly'과 '고정Fastening', '체결Fixing, Connection'에 전문화된 부품을 공급하는 것이다. 그러나 1958년부터는 나사못을 직접 생산하고, 1975년부터는 자체 브랜드 제품을 내놓는 등 오래 전부터 제품 위주 확장 전략을 추진해왔다. 그 결과 현재는 무려 10만 종의 제품을 판매하고 있다. 차량, 금속, 철강, 기계, 건축, 목재, 주택, 배관 등 거의 모든 산업 분야에서 제조, 보수, 정비, 관리 등에 필요한 소모품과 장비, 공구 일체를 팔고 있다. 나아가 이 제품들을 기반으로 한 종합적인 문제 해결형 유지보수 서비스를 제공하고 있다. 고객군은 차량 분야를 예로 들면 자동차 제조회사의 정비센터에서부터 중대형 정비업체, 소규모 정비소, 판매대리점 및 전시장 등이다. 뷔르트는 나사못 대리점에서의 핵심역량을 이전하여 토털 유지·보수 솔루션 기업으로 진화한 것이다.

한국의 히든챔피언으로는 어떤 회사가 있을까? 체성분 분석기 '인바디'를 제조·판매하는 '인바디'를 들 수 있다. 원래 사명은 바이오스페이스였으나 사명보다 제품명인 인바디가 더 많이 알려져 사명을 바꿨다. 세계 시장에서 '체지방 측정기=인바디'라는 브랜드 포지셔닝을 제대로 확립한 것이다. 이 회사는 세계 시장에서 '체지방 측정기=인바디'라는 브랜드 포지셔닝을 제대로 확립했다. 그 결과 국내 시장 1위, 세계 시장 2위를 점유하고 있고, 해외 시장 수출 비중은 80%에 달한다. 매출과 영업이익은 매년 지속 상승하고 있다.

| 그림 3-5 인바디 매출액, 영업이익 순이익 추이 |

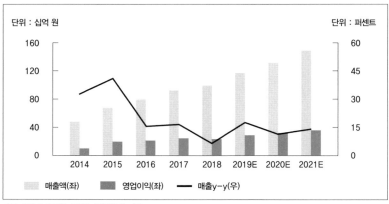

자료: 인바디, NH 투자증권 리서치본부 전망

인바디의 성공비결은 일본업체들도 인정한 뛰어난 기술력이다. 인바디는 체성분 분석기의 표준을 고안하고 각종 승인과 세계 특허를 획득하는 등 글로벌 시장에서 진가를 인정받았다. 세계 최고 수준의 기술력으로 정면 승부한다는 철칙 하에, 적극적으로 연구개발에 투자했고, 이는 작지만 강한 회사를 만드는 핵심 원동력이 되었다.

히든챔피언이 되고 싶다면, 특정 분야의 작은 아이템이라도 눈여겨보는 것이 중요하다. 또 기술력이 남다르다고 생각한다면 그 분야에서 입지를 쌓은 후, 세계 시장에 끊임없이 도전해야 한다.

　　　　　　　　　　　　　　　　　　　　　전략을 혁신하라

핵심에 집중하고 핵심을 확장하라

1장에서 착한기업 탐스슈즈의 훌륭한 목적에 대해 이야기했다. 탐스슈즈는 소비자가 신발 1켤레를 구입하면 다른 1켤레를 제3세계 어린이들에게 기부하는 '일대일 기부공식One for One' 비즈니스 모델을 통해 창업 3년 만에 연 매출 4억 6,000만 달러약 5,000억 원의 기업으로 성장했다.

그러나 최근 탐스슈즈는 위기를 겪고 있다. 연 매출은 3억 달러약 3,500억 원 수준까지 곤두박질쳤고, 국제신용평가회사 무디스는 탐스슈즈에 대해 채권 평가에서 'Caa3' 등급으로 '투자 부적격' 판정을 내리기도 했으며, 파산 소문까지 들렸다. 그렇다면 탐스슈즈의 위기는 어디에서 비롯된 것일까?

　문제는 히트상품이 하나였다는 것에서 시작됐다. 끈 없이 편하게 신는 '슬립온' 슈즈로 인기를 끌었지만, 후속 제품의 부진으로 인기가 사그라진 것이다. 탐스슈즈 매출 절반 이상은 '알파르가타'라는 이름의 단일 모델에서 나오고 있었다. 신상품은 있었지만 특색이 없었기 때문에 사실상 제품이 1개뿐인 원 프로덕트^{one-product} 회사가 되었다. 또한 '미투^{me-too}' 제품들이 여기저기서 등장했다. 스케쳐스는 탐스를 모방한 밥스^{BOBS}를 출시했고, 기부시스템마저도 똑같이 따라했다. 그것도 1켤레를 사면 2켤레를 기부했다. 타겟, 페이리스 슈소스 등 대형할인매장마저 모방제품을 출시했다.

　더 큰 문제는 창업자이자 CEO였던 블레이크 마이코스키에 있었다. 그는 스스로를 'Chief Shoe Giver^{최고신발기부자}'라고 부르며, 공공연히 CEO에 흥미가 없다고 말했다. 그는 "나는 자동적으로 CEO가 됐지만 CEO였던 적은 없었다. 내 말은 나는 '창업자'라는 뜻이다. 나는 어떤 일의 '시작'을 사랑한다. 하지만 회사 경영은 결코 내가 잘하는 것이 아니다"라고 말했다. 그렇기 때문에 그는 늘 '흥미로운 일'을 찾아다녔다. 안경을 하나 살 때마다 빈곤국 안과질환 환자 1명을 치료해주는 '탐스안경'을 창업^{2011년}하였고, 커피 한 잔 살 때마다 식수 한 병을 기부하는 '탐스커피'를 창업^{2014년}하였으며, 가방 하나 살 때마다 빈곤국 산모 출산을 지원하는 '탐스가방'을 창업^{2015년}하였다. 이런 방식으로 탐스는 안경, 커피, 가방 등으로 사업 다각화를 이루려 했지만, 매출의 95% 이상이 '신발'에서 나오고 있는데다, 절반 이상이 '알파르가타' 단일모델에서 발생하고 있다. '새로운 것'이 없는 탐스의 구매력이 떨어진 셈이다. 결국 탐스는 '착한 소비'도 본연의 제품 경쟁력과 핵심역량 없이는 지속 가능하기 어렵다는 것을 보여주고 있다. 신발에서 확고한 경쟁우위와 핵심역량을 갖춘 후 다각화를 추진했어야 했는데, 그러지 못하고 실패한 사례라고 볼 수 있겠다.

핵심역량 기반의 사업 다각화를 성공적으로 추진하려면, 먼저 핵심에 집중해야 한다. 세계 50대 경영 사상가 중 한 명이자 베인앤컴퍼니B^ain & Company의 파트너인 크리스 주크^Chris Zook는 그의 저서 《핵심에 집중하라^Profit from the Core》에서 다음과 같이 역설했다.

- 많은 경우 핵심사업^Core Business의 영역이 제대로 정의되지 않음.
- 한 가지 놀라운 점은 대부분 핵심사업이 최대 잠재력^Full Potential보다 낮은 수준으로 운영되고 있다는 것임.
- 핵심사업의 잠재력에 대한 이해 부족과 핵심사업을 조기에 포기하므로 핵심사업에 대한 충분한 투자가 일어나지 않음.
- 핵심사업의 최대 잠재력 달성을 위해 투자될 수 있었던 자원을 관련이 없는 저성과 사업에 낭비함.

앞서 카페베네, 소니, 야후가 내리막길을 걷게 된 사례와 이유를 설명하면서 '주객이 전도'되면 안 된다고 강조했다. 탐스슈즈가 위기를 겪고 있는 것도 비슷한 이유로 볼 수 있다. 크리스 주크가 강조한 것도 같은 맥락이다. 다행인 것은 탐스슈즈가 재기를 위해 노력하고 있다는 점이다. 결국 창업자인 마이코스키는 물러갔고, 탐스 본사는 대주주를 변경했으며, CEO 자리에 매건스 웨드해머$^{Maguns\ Wedhammer}$를 영입해 재무구조를 탄탄히 하는 데 주력하고 있다.

웨드해머는 글로벌 스포츠웨어 브랜드 나이키 등 여러 글로벌 브랜드의 요직을 두루 거친 인물이다. 또 탐스는 글로벌 스포츠&라이프스타일 브랜드 반스^{VANS} 출신의 브라이언 이스트만$^{Bryan\ Eastman}$이 상품기획 및 디자인 담당 부사장으로서 탐스슈즈의 제품력 강화에 주력할 계획이다. 기존의 주력 아이템인 알파르가타 슬립온뿐 아니라 탐스슈즈의 가장 큰 강점인 편안함과 스타일을 살린 컴포트 슈즈, 샌들, 스니커즈 등 사계절에 맞는 새롭고 다양한 제품을 선보인다는 방침이다. 또 진정성 있는 브랜드 철학을 극대화한 다양한 마케팅 활동을 통해 국내 고객들에게 업그레이드된 브랜드 가치를 제공한다는 계획이다. 한마디로 '신발'이라는 '핵심사업'을 강화하기 위한 노력에 주력하고 있는 것이다.

그렇다면 크리스 주크가 말한 '핵심사업'이란 무엇일까?

- 회사 매출의 대부분을 창출하는 사업$^{Growth-led}$
- 매력적인 산업$^{Attractive\ Industry}$에 속한 사업
- 지속적인 경쟁우위$^{Sustainable\ Competitive\ Advantage}$를 갖고 있는 사업
- 기존의 다른 사업 단위와 시너지^{Synergy} 혹은 관련성이 많은 사업
- 신규 사업 분야에 이전할 수 있는 핵심역량을 갖고 있는 사업

전략을 혁신하라

베인앤컴퍼니 자료에 따르면, 지속적인 성장을 구가한 회사들의 기반은 하나의 강력한 핵심사업이 78퍼센트, 다수의 강력한 핵심사업이 17퍼센트를 차지한다. 핵심사업에 집중하는 것이 왜 중요한지 사례를 통해 살펴보자.

세기의 라이벌이라고 하는 코카콜라와 펩시콜라의 싸움은 도전과 응전의 역사라고 할 수 있다. 콜라 시장에서 늘 선두를 지키고 있던 코카콜라에 맞서, 후발주자 펩시콜라가 초반에 꺼내 든 건 저가 전략이었다. 1934년 펩시콜라의 가격을 코카콜라의 반값에 내놓은 것이다. 시장점유율은 순식간에 14퍼센트선까지 높아졌다. 그 후 펩시콜라는 다양한 마케팅 전략을 구사하며 끈질기게 코카콜라를 추격했다. 젊은 소비자의 감성에 호소하는 광고 전략을 구사하면서 '짝퉁 콜라' 이미지를 벗어 던지고 젊은 브랜드로 변신을 시도했다. 코카콜라에 대한 펩시콜라의 공세가 절정에 다다른 것은 1973년 TV광고에서다. 펩시콜라는 소비자들에게 눈을 가리게 하고, 자사 콜라와 코카콜라를 시음하도록 했고 그 과정에서 펩시콜라가 더 맛있다는 쪽에 손을 든 소비자의 모습을 내보냈다. TV 광고 역사에 한 획을 그은 이 광고는 코카콜라에 뼈아픈 한 방이 됐다.

그러나 펩시는 코카콜라의 벽을 넘지 못했다. 그러자 우회 전략을 택했다. 전체 사업에서 콜라가 차지하는 비중을 줄이고 대신 각종 주스와 스낵류로 사업을 다각화하며 종합식음료 기업으로 변신을 시도한 것이다. 1998년 트로피카나를 인수한 데 이어 2001년에는 게토레이로 유명한 퀘이커오츠와 합병했다. 2006년 10월 펩시코 PepsiCo,

^{Inc.}의 CEO로 취임한 인두라 누이^{Indra Nooyi}는 과일주스와 건강음료 사업에 힘을 실어주며 이 같은 변신에 속도를 더했다. 그런 노력의 결과 펩시는 2004년에는 매출액, 2005년에는 시가총액과 순이익에서 코카콜라를 앞질렀다. 당시 신문에는 '펩시가 코카콜라를 앞지른 비결'이라는 제목의 기사들이 쏟아져 나왔다.

하지만 펩시콜라의 이 같은 전략은 주객을 전도하게 만들었다. 펩시는 2010년 탄산음료 시장에서 코카콜라에 1위^{코크·17.0퍼센트}와 2위^{다이어트코크·9.9%} 자리를 모두 내주고 20년 만에 3위^{9.5%}로 추락했다. 대표제품의 위상 추락은 펩시의 주가에도 악영향을 끼쳤다.

이런 상황에 펩시가 내놓은 전략은 무엇이었을까? 다시 본업인 콜라에 집중하는 것이었다. 펩시콜라는 비핵심사업을 분리시킨 후 주요 사업에만 집중한다는 경영 전략을 재수립했다.

여기서 얻을 수 있는 통찰은 무엇인가? 비핵심분야가 '주객전도'되어 핵심사업 경쟁력까지 악화되는 상황을 사전에 방지해야 한다는 것이다. 펩시콜라가 다각화에서 다시 집중 경영방식으로 회귀한 사례는 다각화 전략을 추진하고 있는 기업들에게 큰 시사점을 주고 있다.

레고도 마찬가지다. 10여 년 전 파산 직전에 이르렀던 레고는 현재 성장을 거듭하며 승승장구하고 있다. 2013년도 매출은 46억 달러^{약 4조 9,200억 원}, 순이익은 11억 3,000만 달러^{약 1조 2,000억 원}로, 매출은 세계 2위지만 순이익에서 1위인 9억 800만 달러인 마텔을 꺾었다. 그러나 레고도 파산 직전까지 간 뼈아픈 기억이 있다. 레고는 1990년대 말까지 잘나갔으나, 1998년에 위기가 왔다. 디지털 시대가 열리면서 첫

전략을 혁신하라

적자를 기록했고 회사는 추락을 거듭했다. 2003년과 2004년 적자는 5억 달러를 넘겼고, 구조조정이 시작됐다. 이 상황에서 레고의 경영진은 레고를 '장난감이 아닌 강력한 가족 브랜드'라며 브랜드 기업으로 전환을 시도했다. 레고는 이후 테마파크, 의류, 시계, 책 등 수많은 브랜드 사업에 진출했다. 레고의 성장은 멈추고 핵심은 쇠퇴해 세전 20퍼센트에 달했던 영업이익률이 마이너스 21퍼센트로 급락했다.

고심한 레고는 처음으로 가족 밖에서 CEO를 선임했다. 인력을 감축하고 레고랜드도 팔았다. 1만 2,900가지에 이르던 부품 종류도 7,000가지로 줄였다. 2004년 CEO가 된 요르겐 비크 크누트슈토르프Jorgen Vig Knudstorp는 수렁에 빠진 레고를 건지기 위해 '브릭으로 돌아가라Back to the Brick'는 전략을 마련했다. 레고의 영화 제작 역시 '브릭으로 돌아가라'의 연장선에 있다. 레고가 영화를 만든 궁극적인 목적은 영화 수익이 아니다. 흥행을 통한 제품 판매다. 레고가 핵심사업, 즉 '본업'에 집중한 효과는 빛을 발했다. 자녀들이 게임과 스마트폰에 빠지는 걸 걱정하는 부모들에게 레고는 훌륭한 교육용 놀이로 받아들여졌고, 중국에도 생산 공장을 지음으로써 레고는 10년 안에 중국에서 6억 명의 신규 소비자를 확보할 것으로 기대하고 있다. 플라스틱이 주재료인 레고의 원가는 킬로그램당 1달러가 채 안 되지만, 올록볼록한 레고로 태어나는 순간 가치는 킬로그램당 75달러로 껑충 뛴다. 레고 역시 본업에 집중함으로써 재기의 발판을 마련한 셈이다.

2013년에서 2015년에 7분기에 걸쳐 맥도날드의 성장에 제동이 걸린 적이 있다. 2012년 3분기 1.8퍼센트 성장률을 기록한 이래 한

번도 1퍼센트 성장률을 넘기지 못했다. 2013년 4분기부터 2015년 2분기까지는 7분기 연속 마이너스 성장률을 기록하기도 했다. 이유는 전략이 중구난방이고, 업의 본질을 잃었기 때문이다. 2014년도 성적표는 맥도날드 60년 역사상 최악이었다. 〈티타임즈^{TTimes}〉에 따르면 매출과 순이익이 각각 전년대비 2.4퍼센트, 15퍼센트나 감소했다. 또 2015년에는 전세계 3만 6,000여 매장 중 700여개 매장을 폐점했다. 맥도날드는 이러한 상황을 타개하기 위해 새로운 조치를 취했다. 수제햄버거처럼 소비자가 직접 재료를 선택하고, 다양한 종류의 번빵을 고를 수 있도록 한 것이다. 또 유리 볼에 담긴 샐러드를 아침 메뉴로 내놓기도 했고, 맥카페는 스타벅스를 겨냥해 라떼류와 베이커리를 판매하기 시작했다. 하지만 결과는 모두 실패로 돌아갔다.

〈비즈니스인사이더^{Business Insider}〉, 〈월스트리트저널^{Wall Street Journal}〉 등에 따르면 실패의 주요 이유는 다음과 같이 크게 4가지로 분석되며, 4번째 이유가 핵심이다.

- 고객분석에 실패
  : "맥도날드는 전체 매출의 70퍼센트가 드라이브 스루 고객에게서 나온다는 것을 간과하고 매장 중심의 메뉴들을 내놔 실패했다."
- 시간이 오래 걸려 실패
  : "주문 후 햄버거를 수령하는 시간이 평균 7분 이상으로 늘어났다."
  (패스트푸드 시장에서는 '영접'에 가까운 시간이다.)
- 가격이 올라 실패

전략을 혁신하라

: "스테이크 버거, 수제 버거 등 프리미엄 버거들을 내놓았다."

(햄버거의 가격이 평균 10달러 이상을 호가하면서 저렴한 버거를 찾던 고객들

의 발길마저 끊어졌다.)

- 메뉴가 늘어 패스트푸드 본질까지 위협

  : "1948년 9개이던 메뉴는 현재 121개로 늘어났다^{미국 기준}."

  : "복잡한 메뉴 때문에 대기시간이 길어지고 효율성이 떨어졌다."

  : "'빠른 서비스'의 장점이 사라졌다."

이런 와중에 신임 CEO인 스티브 이스터브룩^{Steve Easterbrook}은 2015년 5월 27일에 있었던 투자설명회에서 "빵 굽는 방식부터 변화를 줄 것이다", "고기 굽는 방식도 바꿔 육즙이 덜 빠지도록 할 예정이다", "현재 메뉴에 1.5~3달러의 중간가격 메뉴를 추가하겠다" 등의 새로운 전략을 내놓았다.

그는 '메뉴가 적어서 문제가 아니라 너무 많아서 문제'라는 비판과 함께 "정신 못 차렸다"는 비아냥을 들어야 했다. 한국 맥도날드에는 '장난감 사니 햄버거 주더라'는 말이 나올 정도다. 슈퍼마리오, 헬로키티, 미니언즈 장난감을 받기 위해 부모들은 아이들에게 해피밀 세트를 사줘야 하는 것이다.

다행히 맥도날드는 2015년 4분기에 성장세로 턴어라운드했다. 5.7퍼센트의 성장세를 보이며 2012년 이후 줄곧 하락하던 매출이 성장세로 돌아선 것이다. 비결이 뭘까? 바로 '더 저렴하고, 더 빠르게'라는 '패스트푸드 업의 본질'로 되돌아갔기 때문이다. 맥도날드는 메뉴

판을 싹 정리하고 고객들이 맥도날드를 찾는 이유였던 저렴한 메뉴 중심으로 개편했다. 특히 고객의 요구를 수용해 '맥머핀' 등 인기 아침식사 메뉴를 2015년 10월부터 24시간 판매하기 시작했다. 또 빠른 서비스를 제공하기 위해 드라이브 스루에서도 주문 내역 확인을 한 번 더 받는 시스템을 도입해 주문이 잘못 전달돼 대기시간이 길어지는 문제를 해결했다. 2016년 1월 실적공개 행사에서 스티브 이스터브룩은 "이번에 우리가 거둔 성과들은 원래 맥도날드가 추구하던 근본적인 가치로 다시 되돌아간 것의 결과이다"라고 말했다. 세상 일이 모두 이론대로 돌아가지는 않지만, 훌륭한 이론은 비즈니스에서나 우리의 인생 전반에서 좋은 결정을 내리도록 도와준다. 근시안적 결정을 피할 수 있도록 말이다.

전략을 혁신하라

인 접 분 야 를 탐 색 하 라

Core Competence

15

사업의 성공적인 다각화를 위해서는 인접사업으로 진출해야 한다. 인접사업이란 핵심사업 주변에 있는 새로운 사업이면서 핵심사업과 관련된 사업을 의미한다. 인접사업으로 확장을 검토할 때는 신중해야 한다. 핵심사업이 강력할수록 수익성 있는 인접영역으로 이동할 가능성이 커지는 동시에 사업의 초점을 잃게 될 가능성도 커지게 되기 때문이다.

핵심사업 이동의 첫째 원칙은 '인접사업으로 이동'이다.

세계적 운송업체 UPS는 1907년 작은 지역 운송센터로 시작했다. 그러다가 1918년 지역 포장배달, 1950년 넓은 지역의 상품배달,

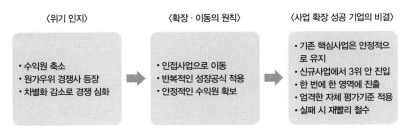

| 그림 3-6 핵심사업 확장 · 이동 전략 |

〈위기 인지〉

- 수익원 축소
- 원가우위 경쟁사 등장
- 차별화 감소로 경쟁 심화

〈확장 · 이동의 원칙〉

- 인접사업으로 이동
- 반복적인 성장공식 적용
- 안정적인 수익원 확보

〈사업 확장 성공 기업의 비결〉

- 기존 핵심사업은 안정적으로 유지
- 신규사업에서 3위 안 진입
- 한 번에 한 영역에 진출
- 엄격한 자체 평가기준 적용
- 실패 시 재빨리 철수

[출처] 크리스 주크,《핵심에 집중하라》

1953년 전국 네트워크를 갖춘 항공화물운송, 1988년 여러 항공기를 이용한 익일 항공운송서비스로 이동했다. 다음 목표는 전문화된 물류 · 정보 사업으로 이동하는 것. UPS는 이미 물류과정 추적관리 소프트웨어를 만들어 포드에 납품했다. 2~4시간 안에 각종 산업설비 수리에 필요한 부품을 운송하고 추적 관리해 회수하는 서비스부품 물류 사업에도 진출한 상태다.

국내의 한진그룹도 마찬가지다. 한진그룹이 설립하거나 인수한 기업들, 예를 들면 항공^{대한항공, 진에어, 한국공항, 에어코리아}, 해운^{한진해운, 한진에스엠}, 육운^{㈜한진, 한진드림익스프레스} 사업은 거의 수송과 직접적인 관련이 있거나 사업 보조에 필요한 기업들이었다. 즉 핵심사업에 집중하면서 인접사업으로의 관련 다각화를 추진한 것이다.

핵심사업 이동의 두 번째 원칙은 '반복적인 성장공식'이다. 1963년 육상선수용 운동화로 시작한 나이키는 농구와 테니스에 이어 1990년 대에는 야구, 미식축구, 사이클, 배구, 하이킹, 축구로 진출했으며 1996년에는 골프까지 영역을 확장했다. 나이키의 사업확장 공식은

전략을 혁신하라

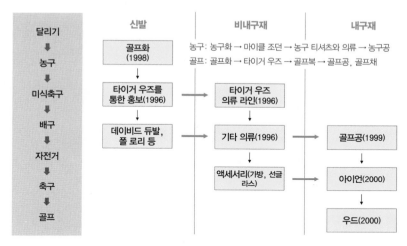

| 그림 3-7 나이키의 반복적인 성장공식 |

[출처] 크리스 주크, 《핵심을 확장하라》

'신발[핵심제품] → 스타 마케팅 → 비내구재[1차 인접제품] → 내구재[2차 인접제품 진출]'
다. 농구의 경우 농구화, 마이클 조던, 농구 티셔츠와 의류, 농구공 순
서였다. 골프에서는 골프화[1988년], 타이거 우즈와 골프복[1996년], 골프공
[1999년], 골프채[2000년] 순이었다.

반면 1989년까지만 해도 규모, 상품군, 브랜드 인지도 면에서 나이
키와 대등한 수준이었던 리복은 일관성이 결여된 중구난방 전략으로
사업을 확장해 결국 2006년 아디다스에 매각되었다. 리복은 핵심사
업인 스포츠웨어에서 눈을 돌려 랄프 로렌 신발, 보스턴 웨일러 보트,
웨스턴 부츠, 골프웨어 등에 손을 대기 시작하면서 두 회사 간의 경쟁
구도가 사실상 종료되었다. 리복은 스포츠웨어의 핵심역량을 다른 사

업에서 활용하지 못하면서 반복 가능한 성공 모델을 구축하는 데 실패했다.

핵심사업 이동의 세 번째 원칙은 '안정적인 수익원 확보'다. 미국 도메틱Dometic은 보트나 레저용 차량에 냉장고를 공급하던 업체다. 하지만 1970년대 들어 매출 부진에 빠졌다. 도메틱의 새로운 최고경영자 스벤 스토크는 위기 돌파를 위해 레저용 냉장고 외에 레저용 차량에 특화된 에어컨 발전기, 조리기구, 조명, 위생설비, 정수기를 판매했다. 냉장고와 관련이 없어 보이지만 이들 제품은 모두 같은 딜러를 통해 유통됐다. 그 결과 2005년 도메틱은 매출 12억 달러 기업으로 성장했으며 전세계 레저용 차량 내부시스템 시장의 75퍼센트를 점유하고 있다.

크리스 주크가 1,850개 기업을 대상으로 연구한 결과 계속 성장하면서 수익도 증가한 기업은 전체 기업 중 18퍼센트였다. 이들의 공통적인 특징은 모두 한두 가지 강력한 핵심사업을 갖고 있으며 이를 바탕으로 핵심사업과 인접한 영역으로 진출했다. 기업들이 새로운 사업에 진출해 성공할 확률은 25퍼센트 정도지만, 나이키처럼 성장공식을 활용한 기업들은 성공률이 50~80퍼센트에 이른 것으로 평가됐다. 성장공식은 학습곡선 효과를 통해 만들어진다. 처음에는 어림짐작과 시행착오를 거치지만 점차 하나의 공식이 되면서 사업 확장 과정의 혼선과 비용을 줄여주는 것이다. 보다 신속하고 신뢰성 있는 의사결정을 하게 해주며, 직원 및 투자자들에게 전략적 명확성을 부여해준다.

전략을 혁신하라

성 장 을 위 한 공 식 을 활 용 하 라

Core Competence

16

지속가능한 성장을 하기 위해서는 성장 방향과 성장 모드를 고려해야 한다. 성장 방향에는 아래와 같이 5가지가 있다.

- 기존 시장에서의 점유 확대 전략
- 지역적 시장 확대인 글로벌 진출 전략
- 가치사슬 상 사업 중심의 전후방 시장 확대 전략
- 기존 사업과 연관된 사업으로 영역을 확장해가는 시너지 전략
- 전혀 새로운 사업영역으로 진출하는 대기업형 확장 전략

또한 성장 모드에는 아래와 같이 3가지가 있다.

- 내부성장
- 전략적 제휴
- 기업 인수합병

성장동력 발굴에는 내부역량 개발에 의존하는 자생적 · 유기적 성장방식과 전략적 제휴 · 인수합병을 통해 외부자원을 활용하는 비유기적 성장방식이 있다.

그럼 5가지 성장 방향에 대해 조금 더 자세히 살펴보겠다.

기존 시장 점유 확대

기존 시장 내에서 점유율을 높이는 방안이다. 도요타가 차별화된 브랜드 렉서스로 유럽 자동차 회사들이 독점하던 고급승용차 시장에서 점유율을 늘린 것이 대표적인 예다. 이동통신 사업의 경우 다양한 신규 요금제와 부가서비스를 통해 가입자 수를 늘리고 시장점유율을 확대하는 것을 말한다.

글로벌 진출

현대자동차나 삼성전자가 해외로 진출한 것을 말한다. 만일 식음료 사업을 할 때 미국에 진출할 경우 사업체를 직접 설립하면 내부성장, 미국의 특정 식음료 체인과 제휴하면 전략적 제휴, 식음료 사업체를

                                                       전략을 혁신하라

인수합병하는 경우 인수합병에 해당된다. 이것이 3가지 성장 모드에 해당된다.

전후방 시장 확대

제조업을 예로 들면, 부품이나 원재료 사업으로 확장하거나 유통·판매업으로 영역을 확장하는 경우를 말한다. 기존의 산업과 같은 가치사슬 내에서 사업영역을 확장하는 것으로, 공급자 방향의 후방 확대와 고객 방향의 전방 확대가 있다. 쉽게 설명하면 헬스클럽이 대형 프랜차이즈가 되었을 때 각 센터마다 세탁물이 나오게 되는데, 세탁물을 아웃소싱하는 것이 아닌, 세탁 사업을 직접 하는 것을 말한다. 이게 공급자 방향으로의 후방 확대다. 고객 방향으로의 전방 확대는 회원모집을 대행하는 마케팅·영업 전문 자회사를 차리는 것이다.

유관 산업으로 영역 확장

은행의 카드사 인수나 영화사의 테마파크 운영처럼 한 사업 분야의 핵심역량을 다른 분야로 이전하는 사례를 말한다. 헬스클럽의 경우 유관 사업인 요가 사업으로 진출할 수 있다. 성장 모드를 활용하여 이를 내부적으로 키우거나, 제휴하거나, 인수합병하는 3가지 방법이 있다.

대기업형 확장

위험분산이라는 명목으로 한 기업이 현 사업과 전혀 관계없는 분

| 그림 3-8 앤소프 매트릭스 |

	기존 제품	신규 제품
기존 시장	시장 침투	제품 개발 (관련 다각화)
신규 시장	시장 개척	다각화 전략 (비관련 다각화)

야로 진출하는 방법이다. 대기업의 제과점과 외식업 진출 등이 이에 해당한다. 이 방법은 최근 자본시장에서 가장 많은 비판을 받는 전략이다. 따라서 전혀 관계없는 분야로 진출하기보다는 핵심역량과 관련된 사업에 진출하는 것이 성공가능성도 높고, 주변의 시선으로부터도 안전하다.

이번에는 성장 전략 공식과 연관성이 있으면서 더 간단한 '앤소프 매트릭스Ansoff Matrix'와 그 활용법을 통해 후지필름의 성공 사례를 설명하겠다.

시장 침투

시장과 제품을 현행대로 유지하면서 기존 제품의 매출액과 시장점유율을 높여가려는 성장 전략이다. 제품 및 서비스 강화와 가격 우위성 확보, 판매촉진 강화, 유통채널 확대 등을 통해 기존 고객의 수요를 늘리거나 동일 시장 안에서 새로운 고객을 발굴할 수 있어야 한다.

시장 개척

기존 제품을 전혀 다른 시장에서 판매하려는 성장 전략이다. 국내 시장에서 해외 시장으로 확대하는 방식도 중요하지만 기존 시장에서 새로운 소비층을 창출하려는 노력도 중요하다.

제품 개발

기존 유통채널을 활용하면서 완전히 새로운 제품이나 기존 제품에다 새롭게 부가가치를 부여해 새로운 성장 전략을 모색하는 것이다. 휴대전화의 경우 기존의 전화기능에 MP3, 디지털카메라, 각종 엔터테인먼트 기능 등의 부가가치를 더한 것이 그 예라고 할 수 있다.

다각화 전략

새로운 시장에 새로운 제품을 판매하는 전략이다. 제품수명주기가 짧고 시장수요도 다양화되는 오늘날에는 신규 시장과 제품에 대한 노하우를 가지고 있는 다른 기업과 제휴하거나 통합해 다각화 전략을 추진하는 것도 유효한 방법이다.

후지필름은 디지털카메라의 등장으로 140년 역사의 필름업체 아그파가 도산하고 100년 카메라 기업들이 몰락할 때도 살아남은 혁신 기업이다. 1990년대까지만 해도 후지필름은 '타도 코닥'을 외쳤다. 그러다 2000년 이후 디지털카메라 등장으로 구호를 '타도'에서 '혁신'으로 바꿔 불렀다. 후지필름과 달리 중심을 못 잡고 머뭇거리던 코

| 표 3-2 후지필름 4분면 분석법에 의한 사업 구분 |

	기존 시장	새 시장
새 기 술	레이저 내시경, 의료용 화상정보 시스템, 다기능 복사기, 디지털 카메라	초음파 진단장치, 화장품, 반도체용 재료, 의약품
기 존 기 술	소형 디지털 카메라, 복사기, 광학렌즈, 사진 필름	전도성 필름, 열차단 필름, LCD용 필름, 태양전지용 기판

[출처] "혁신 '근육' 키운 후지필름, 엔저 '날개'까지 얻었다", 〈머니투데이〉 2015년 7월 29일자

닥과 아그파는 결국 패망했다.

필름에서 쌓은 기술로 화장품, 제약, FPD^{평판디스플레이} 재료 등에 진출한 후지필름은 2014년에 2조 4,930억 엔^{23조 6,610억 원}의 매출을 올렸다. 컬러필름 역사상 최대 호황이었던 2000년 1조 4,403억 엔^{13조 6,700억 원}보다 오히려 73.1퍼센트 많은 액수다.

2000년 사장으로 취임한 고모리^{古森} 씨는 아그파, 코닥 등 경쟁사가 축포를 쏘아 올리는 동안 고강도 혁신안을 마련했는데, 이는 후지필름이 잘 알고 잘할 수 있는 '필름 이외 사업'을 찾는 것으로, 핵심사업 기반의 인접사업을 구상했다. 이때 등장한 것이 그 유명한 4분면 분석법이다. 그는 시장과 기술을 X·Y축으로 설정한 뒤 X축^{가로선}은 기존 시장과 새 시장으로, Y축^{세로선}은 기존 기술과 새 기술로 구분했다.

고모리 사장은 "기존 기술로 기존 시장에 적용하지 않은 것은?", "기존 기술로 새 시장에 적용할 수 있는 것은?", "새 기술로 기존 시장에 적용할 것은?", "새 기술로 새 시장을 열 수 있는 것은?" 등을 혁신

전략을 혁신하라

의 기준으로 삼았다.

첫 시도는 화장품 사업이었다. 필름에서 가장 중요한 재료인 '콜라겐'을 사람 피부에 적용하는 것이었다. 그는 라이프사이언스 사업부를 신설하고 화장품 사업을 밀어붙였다. 후지필름은 2007년 9월 콜라겐을 통한 피부재생을 내세워 아스타리프트라는 브랜드를 내놓았고 결과는 대성공이었다. 현재 아스타리프트를 판매하는 일본 내 매장은 4,000개가 넘는다.

필름 기술을 응용한 LCD용 TAC 필름 사업에도 뛰어들었다. 그 결과 현재 삼성, LG 등 글로벌 LCD 메이커들에 두루 제품을 공급하고 있으며, 세계 시장점유율은 70퍼센트에 이른다. 후지필름 없는 LCD TV는 존재할 수 없는 구도다. 인수·합병을 통해 육성한 헬스케어 부문은 후지필름의 차세대 사업으로 빠르게 부상하고 있다.

헬스케어 사업은 2008년 도야마^{Toyama} 화학 인수 후 짧은 시간 내에 성장성을 확인시켜줬다. 도야마가 개발한 감기약 '아비간^{Avigan}'이 2014년 3월 일본에서 감기 치료제로 승인을 받았고, 미국식품의약국 ^{FDA}으로부터 임상 3상 실험이 진행되고 있다. 에볼라, 웨스트나일, 마르부르크 바이어스 등 치사율이 높은 다른 병에도 효력을 발휘하는 것으로 증명돼 시판 즉시 막대한 수익으로 이어질 가능성이 높은 치료제로 인정받고 있다.

후지필름은 2000년 이후 M&A에만 7,200억 엔$^{6조\ 7,840억\ 원}$을 쏟아부었다. 2014년 말 기준, 국내외에 273개 계열사를 거느리고 종업원 수는 7만 9,235명에 이른다.

혁신의 결과 후지필름은 전혀 다른 회사로 탈바꿈했다. 2000년에 전체 매출의 19퍼센트를 차지하던 필름은 1퍼센트 미만에 불과한 반면 매출 기여도가 거의 없던 헬스케어 부문은 화장품과 제약이 추가되면서 비중이 16퍼센트까지 확대됐다. LCD 재료 사업도 2퍼센트에서 6퍼센트로 뛰었다.

신규 사업 진출의 실패 확률은 핵심역량에서 멀어질수록 높아진다. 먼저 현재의 업종에서는 정말 더 이상 성장의 기회가 없는가를 검토한 후, 후지필름처럼 새 기술로 새 시장에 진출해야 한다. 성장 공식과 앤소프 매트릭스는 지속가능한 성장을 위한 통찰을 얻는 데 도움을 준다.

전략을 혁신하라

글로벌 사업 진출은 국가 문화를 고려하라

Core Competence
17

성장 방향 중 '글로벌 진출'을 할 때 유의사항이 있다. 바로 진출한 국가의 문화를 고려하는 것이다. 서비스업은 더욱 그렇다.

스타벅스는 자국 내 성공에 힘입어 2004년부터 '구대륙' 진출을 모색했다. 2004부터 2012년까지 8년간 프랑스에 진출해 63개 체인점을 건립했으나 단 한 번도 흑자를 내지 못했다. 네덜란드 암스테르담, 오스트리아 비엔나 등 구대륙 심장부에서도 마찬가지였다. 젊은 '미드^{미국드라마}' 팬들, 현지 음식에 적응 못하는 외국인들, 무료 와이파이를 이용하고자 하는 프리랜서 등을 제외하고는 프랑스 주류 커피 시장에서는 큰 존재감을 드러내지 못했다. 이유가 뭘까? 이미 말한 대로 문화를 제대로 고려하지 않았기 때문이다. 프랑스인들은 60퍼센트가 에스프레소 원액을 마신다. 그런데 스타벅스는 여러 가지 크림과 시럽을 섞어 만들기 위한 원액이어서 너무 쓰다. 또 프랑스인들은 카페를 친구들과 긴 시간 동안 마주 앉아서 수다 떠는 장소로 이용하므로, 스타벅스 주수입원인 '테이크아웃' 사업이 부진할 수밖에 없다. 프랑스인들은 걸으면서 음식을 먹지 않는다. 그래서 '큰 잔'을 들고 다니며 거리에서 커피를 마시는 '트렌디 피플' 이미지가 안 먹혔다. 프랑스인들의 까다로운 취향에 맞는 인테리어 설치비, 유럽의 비싼 인건비와 임대료도 수익성을 악화시켰다. 스타벅스는 '스타벅스의 방식'이 아닌, '프랑스 고객이 원하는 방식'으로 접근했어야 성공할 수 있었다.

월마트가 한국에서 철수한 이유도 마찬가지다. 월마트는 1998년 한국 시장에 진출, 2006년에 이마트에 한국 사업 지분을 넘기고 철수했다. 한국 소비자가 원하는 복합적인 서비스^{쇼핑/나들이 문화}를 무시했기 때문이다. 월마트는 창고형 할인매장답게 물건을 높은 위치까지 가득 쌓아 진열했다. 한국 소비자의 손이 닿지 않는 물건들이 많았다. '싸게만 팔면 고객이 몰릴 것'이라는 판단에 내부 인테리어에 집중하지 않았다. 그러나 이마트는 제품의 진열 높이를 소비자의 손이 직접 닿을 수 있게 했다. 내부도 밝고 화사한 분위기로 꾸몄고, 사기 편리하게 포장을 소량으로 하고, 신선제품의 경우 소비자가 직접 만져보며 살 수 있는 제품들을 늘리면서 창고형 할인매장과 차별성을 강화했다. 그 결과 국내 1위 유통업체로 급부상했다.

카카오의 카카오톡KAKAO TALK과 네이버 라인LINE의 글로벌 사업과 실적을 문화의 관점에서 살펴보면 흥미롭다. 카카오와 네이버 양사는 상반된 전략을 펼치고 있고, 이에 따라 페이스북 마케팅도 다른 형태로 운영하고 있다.

먼저 카카오는 글로벌 페이지 하나로 밀어붙이고 있는 '올인원 전략'을 취하며, 1주에 한두 개의 영문으로 단일화된 콘텐츠를 게재하고 있다. 그 결과 카카오톡의 글로벌 페이지 '좋아요' 숫자는 30만 5,289개2015년 11월 2일 기준로, 평균 200~500개 사이의 '좋아요'를 받고 있다. 브라질, 인도네시아, 일본, 이탈리아 페이지를 운영하고 있으나 올인원 전략으로 인해 '좋아요'를 많이 받고 있지는 못하고 있다. 반면 라인은 진출 국가의 언어로 페이지를 운영하며, 그 나라의 문화와 어울리는 이미지의 콘텐츠를 맞춤형으로 제시하는 '맞춤형 전략'을 취하고 있다. 이로 인해 라인이 자리잡고 있는 대만, 태국, 일본, 인도네시아의 페이지는 매우 활발히 운영되고 있다. 라인 대만 페이지는 '좋아요' 119만 9,924개를 확보하고 있고, 콘텐츠당 '좋아요'도 500~2,000개 사이로 뜨거운 반응을 얻고 있다. 라인 일본 페이지는 '좋아요'를 86만 6,170개, 태국 페이지는 84만 4,151개 확보했다.2015년 11월 4일 기준

카카오와 네이버, 두 회사의 글로벌 사업 전략에서 얻을 수 있는 시사점 또한 진출 국가의 문화를 고려하라는 것이다. 카카오톡처럼 단일화된 영어 콘텐츠를 만들어 배포하는 것보다는 라인처럼 각 국가의 문화를 이해하고 그에 적합한 콘텐츠를 제시하는 전략이 필요하

다. 물론 카카오톡과 라인이 상반된 전략을 취하는 데는 이유가 있다. 바로 포지셔닝에 관한 것이다. 카카오톡은 이미 국내 시장을 독점하고 있다. 한국 가입자는 3,800만 명, 월간활성이용자^{MAU: Monthly Active Users} 3,800만 명으로, 인구가 5,000만 명이라는 점을 감안했을 때, 거의 독점이나 다름없다. 이러한 상황에서 라인은 후발주자였던 홈플러스가 이마트 매장이 주로 포지션한 수도권을 피해 영남권에 포지셔닝한 것처럼, 글로벌 시장으로 진출하는 전략을 취한 것이다. 그 결과 라인의 한국 가입자는 1,600만 명 정도로 추산되고 월간활성이용자는 공개하지 않고 있지만, 라인의 글로벌 가입자는 6억 명을 돌파했고, 월간활성이용자는 2억 1,200만 명을 달성했다. 이 중 주요 4개국인 일본, 대만, 태국, 인도네시아에서 발생한 월간활성이용자는 1억 3,760만 명이다. 그러나 카카오톡의 월간활성이용자는 1,000만 명에 그쳤다.

흥미로운 사실은 카카오와 네이버 모두 코로나19 사태 이후 언택트 시대에서 최대 수혜업체로 부상했다는 것이다. 특히 카카오는 국내에서 네이버 · 엔씨소프트와 더불어 '언택트 3대장'으로 불렸는데, 주가 급등세가 남달라 '언택트 대장주'라는 평가가 나왔다. 카카오 주가 급등은 실적성장과 더불어 자회사 상장에 대한 기대감, 성장잠재력 등이 모두 높은 평가를 받고 있기 때문이다. 카카오와 네이버는 '포스트 코로나' 시대에도 언택트 트렌드의 가속화로 중장기 성장 잠재력이 더 강화될 것으로 전망된다.

전략을 혁신하라

핵 심 에 집 중 하 고 나 머 지 는 아 웃 소 싱 하 라

사업할 때 모든 것을 혼자 다 한다면 비용이 많이 들 것이다. 따라서 핵심에만 집중해야 하고, 나머지는 협업하거나 아웃소싱해야 한다.

나이키는 자체 소유 공장이 없다. 제품의 디자인과 마케팅만 직접 담당하고 나머지는 모두 외부 업체에 맡기는 방식으로도 유명하다. 이처럼 나이키는 자신이 잘하는 분야인 디자인과 마케팅에 자원을 집중시키고, 샤오미가 폭스콘에 제조를 맡겼듯이 제조 등의 나머지 분야는 과감히 아웃소싱하는 전략을 택했다.

보통 기업은 제품 생산에 필요한 자재를 내부에서 조달할지 아니면 아웃소싱할지 선택하게 된다. 이는 거래비용^{transaction cost} 이론에 의해 설명될 수 있다. 거래비용이란 시장에서 대상 물품을 구매하는 데 발생하는 다양한 비용검색비용, 관리비용, 기회비용 등을 포함을 말하는데, 기업이 구매buy할 것인지 내부에서 제조make할 것인지의 결정은 대상 물품의 거래비용에 의하여 결정된다는 것이다. 거래비용을 포함한 총 비용이 직접 제조하는 비용보다 적다면 아웃소싱한다. 반대로 직접 제조해 내부화하는 편이 유리하다면 기업은 수직적 통합Vertical Integration을 하게 된다.

수직적 통합에는 두 종류가 있다. 제조업체가 유통채널이나 사후 서비스 등 최종 소비자 방향으로 접근하면 전방 통합, 원자재나 중간재 등 원재료나 부품 방향으로 접근하면 후방 통합이라고 한다. 예를 들어 자동차를 직접 제조하는 기업이 엔진부품이나 타이어 시장에 진출하면 후방 통합이 되고, 반대로 자동차를 직접 판매하는 영업·판매 사업에 진출한다면 이는 전방 통합이다.

국내 기업 중 수직적 통합의 대표 기업은 현대차그룹이다. "자동차 품질을 높이기 위해서는 좋은 자동차 강판이 나와야 한다"는 정몽구 현대차 회장의 지론은 결국 쇳물에서 자동차에 이르는 수직계열화를 만들어냈다. 현대차그룹은 철강 분야, 자동차 모듈 생산, 자동차 제조, 유통, 사후 서비스까지 자동차와 관련된 모든 공정이 회사 그룹 내부에 존재하는 거의 유일의 자동차 회사다.

수직적 통합의 장점은 현대차그룹이나 삼성전자의 사례에서 볼 수 있듯이 각 분야의 통합이 기술의 상호보완성을 높이고 내부거래가격의 합리화가 가능해 기업 전체의 효율성을 높인다는 점이다. 또 불확실성으로 유발될 수 있는 거래비용을 줄이고, 안정적인 원자재 수급과 계열사끼리 효과적인 협력이 가능한 것도 큰 장점이다.

하지만 단점도 많다. 계열사들이 많아져 사업의 위험 정도가 커지게 된다. 또 기술이나 소비자 환경 변화에 쉽게 적응하지 못하는 단점도 있다. 아웃소싱을 했다면 환경 변화에 맞는 업체로 공급처를 바꾸면 그만이지만, 수직적 통합은 그러한 대처가 어렵다. 그렇다고 해서 아웃소싱이 항상 효과적인 대안은 아니다. 나이키처럼 아웃소싱을 효과적으로 운영하는 회사도 있지만 아웃소싱을 잘못해 손해 본 기업도 있다. IBM은 과거 운영체제와 중앙처리장치 사업을 모두 아웃소싱에 의존하다가 경쟁력 저하를 초래해 결국 PC사업부를 중국의 레노버Lenovo에 매각하고 말았다.

세계에서 가장 성공한 PC제조 업체 중 한 곳인 델컴퓨터도 대만의 아수스Asus에 모든 걸 아웃소싱함으로써 평범한 소비재 기업으로 전락했다. 델은 1990년대 초반, 고객이 원하는 사양을 골라 자기 입맛에 맞는 컴퓨터를 주문할 수 있는 파괴적인 사업 모델로 본격적인 성장 가도에 들어섰다. 델은 주문 후 48시간 내에 컴퓨터를 조립해서 배달해주었다. 처음엔 초보자용 컴퓨터를 만드는 회사로 출발했지만, 곧 고급 시장으로 진출해 고성능 하이엔드high-end 컴퓨터 제품을 만들기 시작했다.

델의 성장은 아수스 덕분이었다. 아수스는 로엔드low-end 시장에서 델이 직접 만들 때보다 더 저렴한 가격에 신뢰할 수 있는 간단한 회로를 델에게 공급하기 시작했다. 그러자 아수스는 델의 마더보드도 공급하게 해달라고 요청했다. 마더보드를 만드는 건 델이 아닌 아수스의 역량에 속하며, 델이 만드는 것보다 20퍼센트 더 싸게 만들 수 있다는 것이 이유였다. 델은 비용을 줄이고, 대차대조표에서 마더보드 제조에 필요한 모든 자산을 지워버리게 해줄 수 있다는 점을 깨달았다. 월가 분석가들은 사업 자본의 '효율성'을 추적하는 재무지표와 비율을 엄격히 따지는데, 공통적으로 따지는 게 RONA^{Return on Net Assets:}순자산수익률이다. 제조업 분야에서는 회사가 올리는 소득을 순자산으로 나눠서 RONA를 계산하는데, 분자에 해당하는 소득이 커지거나, 분모에 해당하는 자산을 줄이면 흑자를 내는 것처럼 판단될 수 있다. 그런데 분자를 키우기가 어렵기 때문에^{많은 제품을 팔아야 하므로} 델은 분모를 줄이는 방법을 선택했고, 그 결과 아수스의 요청을 받아들였다. 아수스는 기존 자산을 활용하면서 매출을 늘릴 수 있어서 좋았기에 양사 모두 행복한 선택인 것처럼 보였다. 곧이어 아수스는 또 다른 제안을 해왔다.

"우리는 델을 위해서 성능이 좋은 마더보드를 조립해왔다. 이제 델을 위해서 컴퓨터 전체를 제조할 수 있게 해주면 어떤가? 우리는 남아 있는 모든 제조업 자산을 델의 대차대조표에서 털어내게 해주겠다. 게다가 20퍼센트 더 저렴하게 컴퓨터를 만들어 공급할 수 있다."

델 측은 이 제안 역시 상생에 이르는 제안이라고 생각했고, 이 요청을 받아들이자 델과 아수스 모두 RONA가 높아졌다. 이러한 요청은 델이 공급망 관리와 컴퓨터 디자인마저 아웃소싱할 때까지 계속됐다. 결국 델은 델이란 브랜드를 제외하고는 PC사업에 속하는 모든 걸 아수스에게 아웃소싱했고, RONA는 상당히 높아졌다. 그러나 곧이어 비극이 시작됐다. 2005년에 아수스는 자체 컴퓨터 브랜드를 만들겠다고 발표했다. 아수스는 델로부터 배웠던 모든 걸 빼앗아가서 자신을 위해 응용했다. 델의 RONA는 높아졌지만 이런 결정이 델의 미래에 미치는 영향을 보여주지는 않았다.

이제 델은 컴퓨터를 만들지도 않고, 출하하지도 않는다. 컴퓨터 AS를 제공하지도 않는다. 그저 대만 기업들이 만든 컴퓨터에 델이라는 이름을 붙일 수 있게 허용해줄 뿐이다. 다행인 것은 델이 고수익 서버 사업에 성공적으로 진출했으며, 이 사업은 번성하고 있다는 것이다. 그러나 소비자 부문에서 당초 생각했던 것보다 훨씬 더 중요한 것을 아웃소싱해버렸다.

결론적으로 내부화할 것인지, 아니면 아웃소싱을 활용할 것인지의 선택은 중요한 문제가 아니다. 더 중요한 것은 어떤 방법을 선택하든 그 방법이 경쟁우위에 어떤 영향을 미칠지 따져보는 것이다. 핵심역량, 핵심사업은 절대 아웃소싱을 하면 안 된다.

3장을 정리하며 당신에게 질문을 하겠다.

- 당신 사업의 핵심역량은 무엇인가?
- 그리고 핵심역량 강화를 위해 어떤 노력을 하고 있는가?
- 당신의 핵심사업과 인접사업은 무엇인가?
- 당신은 회사의 자원을 경영 도구로 잘 활용하고 있는가?
- 당신의 사업에서 내부화할 것과 아웃소싱할 것은 무엇인가?

LEGO

kakao

NAVER

Nestle.

4장

Microsoft

고객의 가치를
혁신하라

Customer Value

가 치 혁 신 을 해 야 하 는 이 유

Customer Value

19

코스트코는 비용우위 전략을 추구하면서, 한편으로는 '연회비'를 통한 영업이익 획득이라는 차별화를 구사하고 있다. 그렇다면 왜 고객들은 굳이 연회비까지 내면서 코스트코에 갈까? 이유는 명확하다. '고객이 원하는 가치'를 제공하기 때문이다. 코스트코가 제공하는 특별한 가치는 3가지로 정리할 수 있다.

첫째, 최저가에 대한 믿음이다. 코스트코의 상품은 다른 유통 채널에 비해 싸다. 이러한 전략은 고객에게 '코스트코에서 사면 가장 싸다. 다른 곳에서 사는 것보다 이익이다'라는 믿음을 심어준다. 통상 우리가 동일한 상품을 다른 데보다 비싸게 주고 샀다는 것을 알게 되면 기

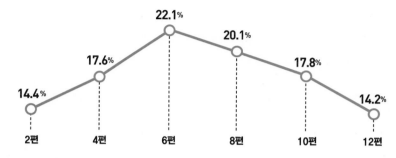

| 그림 4-1 선택 대안 수에 따른 선택 비율 변화 |

22.1%

20.1%

17.6%

17.8%

14.4%

14.2%

2편　　4편　　6편　　8편　　10편　　12편

[출처] 경희대 경영학과 박사과정 논문, 2013

분이 나쁘다. 그런데 코스트코에 가면 그런 염려를 할 필요가 없다.

둘째, 상품 큐레이션이 적합하다. 코스트코의 취급 상품은 4,000가지 정도로, 5~10만 가지를 취급하는 일반 할인점에 비하면 종류가 적다. 이유는 특정 카테고리당 소수의 상품만을 판매하기 때문이다. 예를 들어 일반 할인점이 기저귀를 성장단계별[4가지], 제품라인별[3가지], 포장단위별[3가지]로 총 36종류를 취급한다면, 코스트코는 성장단계별로 4가지 상품만 취급한다. 상품수가 너무 많으면 고객이 선택하기가 어렵다. [그림 4-1]을 보자. K대학교 학생 618명을 대상으로 모바일 앱을 통한 영화 예매 선택 실험이다. 선택 대안이 늘면 자유로운 선택 기회가 증가하지만 선택지가 6편일 때까지는 선택 비율이 증가하다가 8편부터는 감소한다. 선택지가 너무 많으면 결정에 오히려 어려움을 느낀다는 것을 알 수 있다. 이처럼 실제로 소비자의 선택권을 제한함으로써 오히려 구매 의향을 높일 수 있다는 연구결과들이 있다.

코스트코는 상품 수를 무작정 늘리기보다 '소비자에게 필요한 적합한 상품들'을 제공해주는 것을 원칙으로 하고 있다. 실제로 코스트코는 타깃 고객군의 니즈에 맞춰 상품을 선별한다. 연회비를 낼 만한 고객들은 구매량이 많은 우량 고객으로, 가격에 민감하지만 '저가 상품'을 선호하지는 않는다. 따라서 코스트코는 카테고리별로 '중고가'에 속하는 좋은 품질의 상품을 선별하여 내놓는다. 또 공급업체에 대한 협상력을 높이고 상품 가격을 낮추기 위해 주로 대용량 또는 묶음 상품을 취급한다. 이는 가족 단위의 고객군과 중소 상공인들을 공략하는 데 효과가 있다. 요약하면 코스트코가 제공하는 또 하나의 가치는 자녀가 있는 가족 단위의 중산층 및 대중 부유층 고객의 취향에 맞는 좋은 품질의 '중고가 상품'을 골라준다는 것이다.

셋째, 쇼핑의 재미가 있다. 코스트코에서 쇼핑하면 마음이 편하고 재미있다. 이유는 '최저가'와 '좋은 품질'이라는 두 조건을 충족시키고, 매장이 쇼핑의 재미를 극대화하는 방향으로 설계되어 있기 때문이다. 다른 할인점과 마찬가지로 카테고리별로 상품이 진열된 위치가 정해져 있긴 하지만 개별 상품들의 위치는 갈 때마다 조금씩 바뀐다. 또 계절상품이나 신상품, 할인율이 높은 특판 상품들이 어느 날 갑자기 입고되어 전시되었다가 재고가 떨어지면 금방 없어지기도 한다. 섹션을 안내하는 표지판 같은 것도 없다. 소비자들은 슬슬 매장을 돌아다니다 원하는 물건들을 카트에 주워 담다가 예기치 않게 구미를 당기는 물건을 발견하는 이른바 '득템의 즐거움'을 마음껏 누릴 수 있다. 종합하면 코스트코는 '가족 단위의 중산층 및 대중 부유층'이 '그

전략을 혁신하라

들의 라이프스타일이나 취향에 잘 맞는 상품'을 '최저가나 품질에 대한 걱정 없이 재미있게 쇼핑'할 수 있는 공간을 만들어놓고, 그것을 이용할 수 있는 권리를 일정한 수수료^{연회비}를 받고 판매함으로써 수익을 얻는 회사다. 이게 코스트코의 사업 모델이자 고객이 원하는 가치를 충족시키는 방법이다.

고객이 원하는 가치를 충족시키기 위해서는 고객 관점에서 질문을 해봐야 한다. 많은 창업가와 사업가들이 고객 가치 관점의 질문을 통해 스스로 해답을 얻고 성공할 수 있었다. 월마트의 창업자 샘 월튼은 "왜 시골 사람들이 두세 시간씩 차를 타고 도시로 쇼핑을 나와야 할까?"라는 질문을 스스로에게 던졌다. 델컴퓨터는 "왜 사람들은 컴퓨터를 중간 판매상을 통해서 사야 하는가?"라는 질문을 던졌고, 델컴퓨터를 창립했다. 아마존의 CEO 제프 베조스는 회의를 할 때 고객이 앉아야 할 의자 하나를 반드시 준비한다고 한다. 이 빈 의자를 보면서 "더불어 살아가는 세상에서 타인은 내게 무엇을 기대하는가? 나는 그들을 위해 어떤 가치를 제공해줄 수 있는가?"라는 질문을 던져 고객의 입장에서 생각해본다는 취지다.

착한 혁신기업, '와비파커^{Warby Parker}' 또한 "안경이 이렇게 비쌀 필요가 있을까?"라는 질문을 통해 고객의 가치를 충족시킴으로써 창업에서 성공했다. 정확히 말하면, '고객의 가치를 충족시킨' 정도가 아니라, '고객의 가치를 혁신하여' 성공했다.

펜실베이니아대학 와튼스쿨 동기생인 데이비드 길보아^{David Gilboa}와 닉 블루멘털^{Nick Blumenthal}은 같은 반 친구가 안경 살 돈이 없어서 한 학기 내내 찡그린 표정으로 수업을 듣는 걸 보고는 안경 값에 문제가 있다고 생각하기 시작했다. 그리고 그들은 "대량 생산이 가능하고, 대부분 플라스틱으로 재료 값이 비싸지 않은 데다 제작 공정도 복잡하지도 않은 안경이 왜 아이폰만큼 비싸야 하나?"를 고민하기 시작했다. 이 질문이 바로 2015년 애플, 구글을 제치고 가장 혁신적인 기업에 선정된 온라인 안경 판매 벤처기업인 와비파커를 창업하게 된 계기였다. 저가 안경판매점들이 증가하고는 있지만, 안경은 전세계적으로 비싼 편이다. 이유는 전세계 안경 시장의 대부분이 거의 하나의 회사에 의해 지배되고 있기 때문이다.

'룩소티카Luxottica'라는 회사는 2014년 한 해 무려 6,500만 개의 안경테를 판매할 정도로 전세계 안경 시장을 독점하고 있다. 우리가 아는 거의 모든 안경 브랜드들의 제품을 이 회사가 생산하고 있다. 프라다, 샤넬, 랄프로렌, 베르사체의 안경테뿐 아니라, 레이벤, 오클리처럼 유명한 선글라스 브랜드도 이 회사 소유다. 룩소티카는 유통채널까지 장악하고 있는데, 미국의 대표적인 안경판매 유통점인 렌즈크래프터스LensCrafters, 펄 비전Peal Vision, 타깃 옵티컬Target Optical, 시어스 옵티컬Sears Optical, 선글라스 헛Sunglass Hut을 소유하고 있다. 대표적인 선글라스 브랜드인 오클리가 이에 대항해서 혁명을 일으키려 했지만, 룩소티카는 모든 브랜드의 가격을 폭락시켜서 오클리를 포기하게 만들었다. 그러고는 2007년 오클리를 헐값에 사들이면서, 유일무이한 독점회사가 되었다. 그러다 보니 안경 값은 룩소티카와 중간 유통업자들에 의해 잔뜩 부풀려졌다.

전략을 혁신하라

와비파커는 이에 대항해 500달러짜리 안경을 95달러에 팔기 시작했다. 중국 현지 공장에서 생산해 생산비를 최대한으로 낮추고, 디자인은 와비파커의 디자이너가 직접 함으로써 비용을 최소화시켰으며, 인터넷으로 직접 판매해 중간 유통 비용을 줄였다.

그동안 룩소티카의 독점구조에서 제 기량을 펼치지 못하던 디자이너들도 와비파커에 합류하게 되면서, 가장 세련된 디자인의 안경을 가장 저렴한 가격에 판매할 수 있게 되었다.

와비파커의 혁신은 3단계로 이뤄진 판매 방식이다. 우선 안경을 사고 싶은 소비자가 와비파커 홈페이지www.warbyparker.com에 가입해 착용하고 싶은 안경을 최대 5종류까지 고르면 집으로 배송된다. 소비자는 3~5일간 안경을 써본 뒤 와비파커로 반송한다. 이후 가장 마음에 드는 안경을 고르고 자신의 시력과 눈 사이 거리를 홈페이지에 입력하면 2주 뒤 맞춤 제작된 안경을 받을 수 있다. 배송료는 모두 와비파커가 부담한다. 돌려보낼 때도 처음 배송된 박스에 넣어서 우체통에 넣기만 하면 된다.

여러 모델을 충분히 써보고 살 수 있어 소비자들의 반응은 폭발적이다. 실제로 페이스북에 5종류의 안경을 쓴 사진을 올리고서 친구나 지인들에게 가장 잘 어울리는 안경을 골라달라는 글을 올리는 것이 유행처럼 번지고 있다.

획기적인 안경 구매 방식에 젊은 고객들은 즉각적인 반응을 보였다. 와비파커는 2010년 론칭 당시 48시간 만에 2,000건의 주문을 받았고, 3주 만에 첫해 판매 목표를 달성했다. 와비파커는 온라인 판매에서 고객이 원하는 가치를 혁신함으로써 미국 안경 산업의 구조를 바꿔놓았다. 그 결과, 2010년 창립 첫해 2만 개, 이듬해 10만 개, 2013년 25만 개, 2015년엔 100만 개 이상의 안경을 판매해 창업 5년 만에 연 매출 1억 달러를 돌파했다. 같은 해 4월 기업가치는 12억 달러를 넘어, 기업가치가 10억 달러^{한화 1조원}를 넘는 스타트업인 유니콘 반열에 올랐다.

이런 와비파커의 성공 뒤에는 훌륭한 목적이 자리 잡고 있다. 와비파커는 안경 1개를 팔 때마다 추가로 1개에 해당하는 금액을 저개발 국가의 안경이 필요한 사람들을 위해 기부도 하고 있다. 안경 전문가들을 양성해 이들이 저렴한 가격에 안경을 판매하도록 지원하는 방식으로 기부하고 있고, 이를 통해 보다 근본적인 문제를 해결하고 잠재 시장을 넓히는 효과까지 얻고 있다. 와피파커는 설립 후 35개 저개발 국가에서 1만 8,000명의 안경 전문가를 양성해왔다고 한다.

스마트 시대에 단순히 고객 가치를 충족시키는 것만으로는 충분하지 않다. 와비파커처럼 고객이 원하는 가치를 혁신적으로 제공해야 더 나은 경쟁우위를 갖출 수 있는 세상이 되었다. 그리고 고객 가치를 혁신하는 데 반드시 큰 비용 투자가 필요한 것은 아니다. '와비파커처럼' 하면 된다. 와비파커는 일상에서 마주치는 문제를 조금 다르게 생각했을 뿐이다.

혁신은 생각보다 멀리 있지 않다.

전략을 혁신하라

차별화와 비용우위를 동시에 추구하라

20

'차별화'와 '비용우위' 가운데 하나를 명확히 추구하지 않으면 궁지에 몰리고 수익을 창출하기 어렵다는 포터의 주장이 모든 경우에 통할까? 물론 아니다. 세상 어디에나 적용될 수 있는 보편타당한 이론은 없다. 그래서 창업가, 사업가, 경영자는 많은 케이스를 학습하면서 균형 잡힌 시각을 키우는 것이 중요하다.

미국 자동차 시장을 살펴보자. 미국 자동차 시장은 세계 각국의 자동차들이 치열하게 경쟁하고 있는 전쟁터나 다름없다. 미국 자동차 시장에서 BMW와 벤츠는 차별화 전략을 추구하고 있다. 그리고 한국의 현대자동차와 기아자동차는 비용우위 전략을 추구하고 있다. 그렇다면 미국 자동차 시장에서 가장 잘 팔리는 자동차는 무엇일까? 바로 도요타와 혼다의 자동차들이다.

그런데 여기서 의문이 생긴다. 도요타나 혼다의 자동차는 BMW나 벤츠만큼 차별화되지도 않았고, 현대나 기아차보다 원가가 높아서 차별화 전략도, 비용우위 전략도 아닌 어중간한 전략을 취하고 있다. 그런데 가장 많은 수익을 내고 있다. 실제로 2014년 기준, 도요타의 브랜드 가치는 벤츠와 BMW를 제치고 1위를 기록했다. 2014년 글로벌 100대 브랜드 자동차 부문 순위를 살펴보면, 도요타가 1위, 벤츠가 2위, BMW가 3위, 혼다가 4위를 차지하고 있다. 국내 자동차로는 현대차가 사상 처음 40위에 올랐다.

이와 같은 현상은 어떻게 설명할 것인가? 포터의 말이 틀렸다고 주장할 것인가? 이처럼 차별화와 비용우위를 동시에 추구하는 도요타나 혼다의 전략을 '가치혁신 전략'이라고 부른다. 어중간하다는 말 자체는 제대로 차별화되지 않았다는 것을 의미한다. 그러나 도요타나 혼다처럼 '제대로 어중간하면' 성공한다. '제대로 어중간하다'는 의미는 차별화도 되어 있고, 고객 입장에서 지불할 만한 가격으로, 결론적으로 고객 가치를 혁신했음을 의미한다. 앞서 예를 든 와비파커도 차별화와 비용우위를 동시에 추구한 가치혁신 전략을 활용한 셈이다.

우리 주변을 살펴보면 가치혁신으로 성공한 상품들이 많다. 여성들이 하나쯤은 기본으로 가지고 있는 코치백도 마찬가지다. 대중^{mass}과 명품$^{prestige product}$을 조합한 매스티지^{masstige} 상품인 코치백은 가격은 명품에 비해 싸지만, 품질 면에서는 명품에 근접한 상품이다. 최근 각광

전략을 혁신하라

받는 비행기 '프리미엄 이코노미$^{Premium Economy}$' 클래스 서비스도 마찬가지다. 일반석보다 40퍼센트 정도 넓은 공간과 차별화된 음식을 제공하지만 가격은 비즈니스석의 60~70퍼센트 수준으로 차별화와 비용우위를 동시에 추구했다. 실제로 에어프랑스, 싱가포르항공 등 세계 유수 항공사들은 프리미엄 이코노미 클래스 서비스를 확대하고 있다. 소비자의 프리미엄 니즈를 합리적인 가격에 충족시키는 이러한 '프리미엄 이코노미형 제품'은 단지 항공 산업에 국한되지 않고 다양한 산업의 제품과 서비스에 걸쳐 거대한 트렌드로 번져가고 있다.

가치혁신으로 새로운 시장을 창출하라

가치혁신을 통해 우리는 와비파커나 도요타처럼 새로운 시장공간을 창출할 수 있다. 이제 그 구체적인 방법에 대해 알아보자. 이를 통해 당신은 사업 아이템과 새로운 시장을 창출하는 것에 대한 아이디어를 얻을 수 있고, 그 아이템을 전략적으로 어떻게 성공시킬 수 있을지에 대한 통찰도 얻게 될 것이다.

가치혁신을 통해 새로운 시장공간을 창출하려면, 우선 경쟁의 틀을 깨는 것이 중요하다. 이를 위해서는 대안 산업, 전략 집단, 구매자 집단, 제품과 서비스 제공의 범위, 산업의 기능-감성적 지향, 그리고 시간의 흐름 등 6가지 관점에서 새로운 시각으로 접근해야 한다.

그럼 6가지 방법에 대해 하나하나 살펴보자. 6가지 방법 중 당신에게 통찰을 주는 내용은 메모를 하는 것도 좋겠다.

대안 산업을 관찰하라

동종업계하고만 비교하면 우물 안 개구리가 되기 십상이다. 그래서 대안 산업이나 이종업계를 살펴보면서 업業을 넘나드는 사고가 중요하다. 실제로 기업은 소속 산업군의 기업들과 경쟁할 뿐 아니라 대안 제품이나 서비스를 공급하는 다른 산업의 기업들과도 경쟁을 한다. 대안품은 기능과 형태는 다르나 동일한 목적을 가진 제품이나 서비스를 말한다. 대안품Alternatives은 대체품Substitutes보다 훨씬 더 광범위하다. 예를 들어 사람들이 영화관, 테마파크, 야구장에 가는 목적은 시간을 즐기자는 것으로 동일하다. 이 셋은 대체품이 아니라 대안품이다.

창사 이래 30년이 넘도록 흑자 행진을 하는 기업, 사우스웨스트항공의 성공을 눈여겨봐야 할 것은 자동차라는 대안품과 비교하여 전략을 수립했다는 것이다. 기존 항공업계는 대도시 운항에 집중한 반면, 사우스웨스트항공은 자동차가 소도시 간을 빈번하게 운행하는 것에 착안하여 중소도시 간 직항 노선을 개척했다. 그리고 고객 입장에서 가치가 없거나 적은 기내식, 라운지, 좌석 선택권 등을 없애 차별화와 비용우위를 동시에 달성했다.

위니아만도는 '일반 냉장고'와 '땅속 김장독'이라는 대안 산업의 장점을 결합해 '딤채'라는 '김치냉장고'를 개발했다. 1990년대 중반, 냉장고 시장은 삼성, LG, 대우 등 가전 3사가 1조 원대 시장을 놓고 치열하게 경쟁했다. LG가 위에서 냉기가 뿜어져 나오는 샤워냉각 방식으로 포문을 열었고, 삼성은 냉동실과 냉장실을 완전 분리한 독립 냉각 방식으로 맞대응했다. 대우는 냉기를 5분 간격으로 짧고 강하게 뿜는 터보냉각 방식으로 응수했다. 1995년 시장에 뛰어든 위니아만도는 이들 대기업과 기능경쟁에 가세하지 않고 김치냉장고라는 새로운 시장을 개척했다. 기존 냉장고에 만족하지 못하고 다른 대안을 찾는 비^非고객과 냉장고 대신 김장독을 사용해 김치를 보관하거나 아예 조금씩 사다 먹는 소비자들, 그리고 플라스틱통이나 비닐에 담아 냉장고에 보관하는 사람들에게 주목한 결과였다. '딤채'는 출시 첫해 4,000대, 이듬해 2만 대, 그 다음해 8만 대가 팔리는 등 매년 200퍼센트 이상 성장했다. 물론 삼성, LG, 대우 등도 곧 김치냉장고를 출시했지만, 초반에 브랜드 이미지를 굳힌 딤채는 여전히 높은 시장점유율을 유지하고 있다.

요즘 야구장에 사람들이 몰리고 있다. 이유가 뭘까? 바로 대안품의 기능을 거의 다 갖추었기 때문이다. [그림 4-2]의 카톡 대화를 읽어보면 이유를 알 수 있다. 대화를 살펴보면 고객 관점에서 선택 가능한 대안은 영화, 맥주, 캠핑, 에버랜드, 야구장이며, 고객은 최종적으로 야구장을 선택했다. 영화관, 술집, 캠핑장, 테마파크 모두 야구장이 가장 큰 경쟁자인 셈이며, 경쟁사슬의 꼭대기에는 야구장이 있다. 실제로 야구장의 연간 관람객과 경기당 평균 관객 수가 지속 증가하고 있다.

야구장의 성공은 다양한 대안 산업에서의 장점을 골고루 갖추면서 고객의 가치를 충족시킨 결과다. 특히 경쟁의 축이 '마켓 셰어^{Market}

| 그림 4-2 야구장의 성공요인을 알 수 있는 카톡 대화창 |

이번 주 상남자회 어쩔거야??

토욜인가? 가볍게 영화 보고 맥주 한 게임 어때?

헐~~ 장난해? 너가 가?ㅋㅋㅋㅋ?
참한 여성분들 소환하면 간다

그럼 캠핑? 나 캠핑 덕후

난지캠핑장 주말 예약은 한달 전에 끝났거든ㅠㅠ
에버랜드 갈까?

우리가 초딩임? 게다가 길 막혀 난 별로

야구장 어때~~ 경기도 보고 맥주도 마시고

오 좋아! 우리 선배가 아이프랑 애랑 다녀왔는데
삼겹살도 구워 먹을 수 있어서 진짜 좋았대

오케이 콜!

그럼 토요일 4시에 야구장으로 고고싱~~

[출처] "그들이 야구장으로 간 까닭", 〈중앙일보〉, 2014년 11월 18일자

Share→마인드 셰어Mind Share→라이프 셰어Life Share'로 이동하는 있다는
점에서, 야구를 보며 맥주도 마시고, 고기도 구워먹고, 함께 온 사람
들과 소통하며 몇 시간을 즐겁게 보낼 수 있는 야구장은 라이프 셰어
의 지존이라 하겠다.

산업 내 전략그룹을 관찰하라

전략집단전략그룹은 동일하거나 유사한 전략을 추구하는 산업 내 기업
들의 집단을 뜻한다. 1980년대 미국 고급 자동차 시장에서 후발주자
였던 도요타는 기존 업체들과 경쟁하는 대신, 전략그룹의 장점을 결
합한 렉서스를 출시함으로써 크게 성공했다. 렉서스는 프리미엄 자동

차 중에서 상대적으로 등급이 낮은 차종의 가격대에, 벤츠, BMW 등
등급이 높은 차종의 품질을 갖춰 시장 진입 1년 만에 벤츠, BMW 등
이 장악했던 고급 자동차 시장을 30퍼센트 이상 잠식했다.

　세계 최대 여성전용 피트니스 프랜차이즈인 커브스^{Curves}도 마찬가
지다. 커브스는 미국 피트니스 산업에서 일반 헬스클럽과 가정용 운
동 프로그램이라는 두 전략집단의 경쟁적 이점을 전면에 내세움으로
써 성공할 수 있었다. 커브스의 가장 큰 특징은 '3 NO' 마케팅으로,
거울이 없고 남자가 없고 화장이 없다. 여성들의 특징을 고려해 남성
들의 시선을 신경 쓰지 않고 운동에 몰두할 수 있는 환경을 마련한
것이다. 그리고 여성들에게 필요하지 않은 운동기구들, 음식, 사우나,
수영장을 없애고, 심지어 라커룸조차 커튼을 친 탈의실로 대체했다.
이는 100달러 수준의 월회비를 30달러로 낮추는 것을 가능케 했다.
또한 다양한 게임과 이벤트들로 운동이 지루하지 않게 하고 꾸준히
출석할 수 있게 돕는다는 점, 동그란 서킷 안에 지도자가 상주해 운동
을 지도해주기에 개인 트레이너를 둔 것만큼의 효과를 볼 수 있다는
점이 커브스만의 특징이다. 운동기구도 여성 체형에 맞게 개발되었
다. 이 때문에 개개인에게 맞는 운동 효과를 최대한으로 경험할 수 있
다. 이러한 새로운 방법으로 커브스는 운동을 힘들고 귀찮게 여기던
여성들을 헬스클럽으로 끌어들였다.

구매자 체인을 관찰하라

　기존에 간과했던 구매자 그룹에 초점을 맞춤으로써 새로운 시장공

간을 창출할 수도 있다. 덴마크 제약업체, 노보 노르디스크^{Novo Nordisk}는 기존에 간과했던 구매자^{Purchaser} 그룹에 초점을 맞춤으로 인슐린 산업에서 블루오션을 창출했다. 통상 제약 산업이 그랬던 것처럼, 인슐린 산업 역시 영향력자^{Influencer}들인 의사들에게 초점을 맞춰 치열하게 영업 경쟁을 벌였다. 그러나 노보 노르디스크는 영업의 초점을 '영향력자'인 의사 대신 '사용자^{User}'인 환자에게로 전환했다. 노보 노르디스크는 1985년 노보펜을 출시했는데, 노보펜은 일주일분의 인슐린 투약 분량 카트리지가 내장된 만년필 모양으로 환자들이 쉽게 휴대하고 투약할 수 있도록 설계된 최초의 인슐린약이었다. 이로써 노보 노르디스크는 업계의 판도를 바꿨고, 인슐린 시장을 장악했다.

태양의 서커스, 시르크 뒤 솔레이유^{CIRQUE DU SOLEIL}도 마찬가지다. 기존의 구매자 그룹이던 아이들로부터, 새로운 구매자 그룹인 성인들에게로 초점을 전환하면서 한계에 달한 사양 산업에서 재기할 수 있었다.

시르크 뒤 솔레이유는 서커스의 주 고객인 아이들이 비디오 게임으로 관심을 전환하는 상황에서, 서커스 공연을 보지 않는 성인들이 대안으로 찾는 것이 연극과 뮤지컬이라고 생각했다. 이렇게 대안 산업을 고려한 시르크 뒤 솔레이유는 성인 고객들을 잡기 위해 서커스, 연극, 뮤지컬 등 산업의 경계선을 무너뜨렸다. 서커스의 재미와 스릴은 살리면서도 연극의 지적 세련미와 풍부한 예술성이 담긴 무대를 재창조했고, 클래식 콘서트, 뮤지컬, 연극, 체조경기, 발레, 패션쇼 등 무대 위에 올릴 수 있는 모든 공연예술의 경계선을 무너뜨려 기존의 서커스 고객들뿐 아니라 비고객이었던 성인연극 관람객의 마음도 사로잡았다. 시르크 뒤 솔레이유는 '성인'이라는 구매자 그룹으로 초점을 전환하고, 대안 산업을 관찰함으로써 큰 성공을 거둘 수 있었다.

안타까운 사실은 세계 최고의 아트 서커스이자 역사상 가장 성공한 공연 사업으로 꼽히는 태양의 서커스 공연단이 코로나19를 극복하지 못하고 결국 파산보호 신청을 했다는 것이다. 코로나19 사태로 전 세계 공연이 중단되면서 매출이 전무해진 가운데, 채무만 늘어나고 있기 때문이다. 2020년 6월, 이 회사 전체 인력 95퍼센트에 해당하는 4,500명은 무급 휴직에 들어갔다. 그럼에도 채무는 여전히 16억 달러^{약 1조 9000억 원}에 달하는 것으로 알려졌다. 이 사건은 언택트 시대에 기업들에게 새로운 전략이 필요함은 물론 치밀하게 대비해야 한다는 교훈을 던져주고 있다. 그럼에도 불구하고, 시르크 뒤 솔레이유가 과거에 '성인'이라는 구매자 그룹으로 초점을 전환하였고, 대안 산업을 관찰함으로써 큰 성공을 거둘 수 있었던 건 참고할 만한 훌륭한 전략이다.

필립스^{Philips}의 북미 법인인 필립스라이팅은 기업의 구매담당자 대신 CFO^{최고재무책임자}와 홍보담당자를 공략하여 성공했다. 이 회사는 알토^{Alto}라는 친환경 전구를 출시했는데, 구매담당자들은 전구의 값과 지속시간만을 따지기 때문에 비싼 친환경 전구를 거절했다. 그래서 기업 전체의 수익을 따져야 하는 CFO를 공략했다. 또 홍보담당자도 공략했다. 일반 전구는 환경에 유해한 물질을 함유하고 있어 폐기비용이 만만치 않게 드는데 CFO는 장기적 비용 관점에서, 홍보담당자는 환경친화적인 기업 이미지에 도움이 된다는 점에서 알토를 구매했다.

국내기업 벽산도 구매자 집단을 새롭게 정의함으로써 기사회생할

전략을 혁신하라

수 있었다. 1997년 외환위기 시 75억 원, 1998년 IMF 시 300억 원 적자를 냈던 상황에서, 벽산은 기존 시공자 외 건축주, 일반 소비자, 설계업체 등 그간 소홀히 해왔던 고객을 새로운 고객 집단으로 재정의하고, 건축자재 판매업이 아닌 '안전하고 쾌적한 주거 공간 제공'을 벽산의 사명으로 정한 후 건축자재뿐 아니라 쾌적한 공간을 만들 수 있는 서비스와 시스템을 패키지화해 공급했다. 벽산은 2002년 10월 워크아웃에서 졸업했고, 100억 원 이상의 순이익을 달성했다.

이케아의 한국 상륙에 위축되는 모습을 보였던 한샘이 질주하고 있는 것도 같은 맥락이다. 한샘은 주택이 노후화되면서 리모델링 쪽이 부각돼 건자재 사업 자체가 주목받고 있는 상황에서, 그동안 고수해온 기업 간 거래^{B2B}에서 기업-소비자 간 거래^{B2C}로 사업구조를 개편하며 활동 폭을 넓혔다.

앞서 설명한 사례들로부터 시사점을 정리하면, 소비자 그룹은 3가지로 분류할 수 있다.

- 구매자 : 돈을 내고 제품을 사는 그룹
- 사용자 : 구입한 물건을 실제로 쓰는 그룹
- 영향력자 : 구매 결정에 직·간접적으로 영향을 미치는 그룹

영업사원들은 대체로 이 중 한 그룹에만 초점을 맞추는 경향이 있다. 복사기 등 사무용품 업계는 기업의 구매담당 부서에 비중을 두며, 의류 업계는 실제 사용자들을 중요시한다. 필립스라이팅은 구매자에

서 영향력자로 초점을 전환한 것이다. 핵심은 바로 킹핀^{kingpin}을 찾는 것이다. 볼링에서 킹핀을 명중시키면 옆의 핀들이 다 쓰러지듯 어떤 조직이든 킹핀이 있기 마련이다.

보완적 제품과 서비스 상품을 관찰하라

제품이나 서비스를 선택할 때 구매자들이 토털 솔루션^{total solution}을 경험하도록 보완적 제품과 서비스를 제공하는 것도 훌륭한 전략이다.

로맨틱 코미디 영화 〈유브 갓 메일^{You've Got Mail}〉의 주 무대로 잘 알려진 대형 서적 유통업체, 반즈앤노블^{Barnes & Noble}은 단순히 책만 팔던 서점에서 책 읽기와 학습을 즐겁고 편안하게 할 수 있는 환경을 만들기 위해 라운지를 설치했고, 이를 통해 사람들 간 '만남'이라는 화두를 서점에 접목시켜냈다. 서점 곳곳에는 안락한 의자와 책상을 배치하고, 서점 내 입점되어 있는 스타벅스에서 잔잔한 음악과 커피, 다과를 즐기며 책을 읽을 수 있게 함으로써 고객의 호응을 얻었다. 보완적 제품과 서비스 제공을 통해 반즈앤노블은 책을 읽지 않는 사람들마저 즐겨 찾게 함으로써 서점을 문화를 즐기고 감성 욕구를 충족시킬 수 있는 장소로 재탄생시켰다. 이렇게 함으로써 포화상태에 있던 1980년대 미국 서점 시장에 활력을 불어넣었다.

CGV의 성공도 마찬가지다. 1990년대까지 영화 산업은 영화관 건물의 가격 상승으로 인한 자산가치 증가에 더 많은 비중을 두었다. 영화관 의자는 '고문 의자'라 불릴 정도로 고객에 대한 서비스는 수준 이하였다. 극장은 어둡고, 더럽고, 위험하다는 뜻으로 '3D^{dark, dirty,}

^{dangerous}' 건물로 불렸고, 1950년과 1960년대 무렵 연 평균 7,000만 명이었던 관람객수는 계속 줄어 1990년대 중반에는 5,000만 명에 불과했다. 그러나 1998년 11개 스크린을 갖춘 멀티플렉스 영화관 CGV가 오픈하면서 영화관 개념이 180도 전환되었다. 단순한 영화 관람 장소가 아닌 엔터테인먼트 공간으로 탈바꿈시켜 라이프 셰어를 점유했다. 편한 의자, 여유 있는 좌석 사이 공간, 스크린 수의 증가로 '골라 보는' 즐거움을 제공했다. 또 순번 발권기를 통해 줄서기의 불편함을 줄였고, 놀이시설, 쇼핑몰, 식당, 커피숍 등 부대시설을 제공했다. 유아놀이시설을 설치해 30~40대 아이를 둔 부부고객들도 유치할 수 있었다. 그 결과 영화관 근처에도 오지 않던 40, 50대 비고객을 영화팬으로 만드는 가치혁신을 달성했다. 그 결과 1998년에는 145억 원, 2003년에는 1,822억 원의 매출을 기록했고, 연간 관람객 수는 2,500만 명으로 8배 증가했다. 2013년에는 전국 영화 관람객 수 2억 명을 달성했고, 2017년 6월엔 업계 최초로 국내 누적 관람객 10억 명을 넘어섰다. 이제 영화관을 찾는 건 우리에게 일상이 됐다.

상품의 기능적 또는 감성적 매력 요소를 관찰하라

스와치^{Swatch}는 시장을 장악하고 있던 세이코^{Seiko}, 시티즌^{Citizen} 등이 서로 차별화하기 위해 각종 기능 추가 경쟁을 벌일 때 전혀 다른 길을 택했다. 손목시계를 단순히 시간을 알려주는 '기능적인 제품'에서 '감성적인 패션 액세서리'로 재정의한 것이다. 그리고 시계 가격이 75달러 수준이었던 세이코, 시티즌 등과 달리 스와치는 그 절반인 40

달러로 가격을 낮춰 고객들이 시계 하나 값으로 액세서리 2개를 살수 있게 만들었다. 이를 통해 스와치는 1970년대 후반부터 붕괴 위기에 몰렸던 스위스 시계 산업을 부흥시켰다.

여기서 잠시 가치혁신의 의미를 짚어보자. 시계 '스와치'를 왜 가치혁신이라고 말할 수 있나? 스와치는 '패션 액세서리'라는 차별화와 '40달러'라는 비용우위를 동시에 추구했기 때문이다. 중요한 건 항상 고객 가치로부터 출발하는 것이다. '패션 액세서리'도, '40달러'도 모두 고객이 원하는 가치로부터 나온 것이다.

스타벅스는 '기능적 제품'인 커피를 '감성적 경험'으로 재정의해 성공했다. 1980년대 후반 미국의 커피 시장은 제너럴 푸드General Foods, 네슬레Nestle, 프록터앤갬블Procter&Gamble이 석권하고 있었다. 당시 커피 산업은 과도한 가격절감과 시장점유를 위한 경쟁이 치열한 일용품 산업으로 간주되었다. 그러나 스타벅스는 기능적인 제품으로 인식되던 커피를 감성적으로 접근해 커피숍을 세련된 만남의 장소로 만들어 커피 문화를 새롭게 창조했다. 일반커피보다 2배 이상 비싸지만 날개 돋친 듯 팔리기 시작했고, 다른 커피업체들이 낸 평균이익의 5배 이상을 올리며 스타벅스 신화를 창조했다.

바디샵Body Shop은 피부 미용에 초점을 둔 기능성 화장품으로 블루오션을 창조하여 시장을 10년 이상 지배했다. 바디샵의 성공요인은 가격, 포장 및 광고, 첨단 화장품 과학기술, 화려한 이미지 등 기존 화장품 업체가 중시했던 감성적 요소는 줄이거나 없애는 대신, 천연성분과 건강한 삶의 표현이라는 기능적 요소는 강화했기 때문이다.

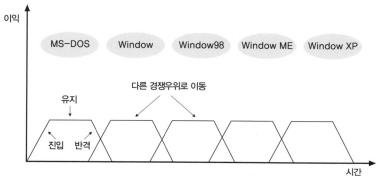

| 그림 4-3 마이크로소프트의 전략적 이동 |

[출처] '무한경쟁(Hypercompetition) 하의 경쟁전략', 네이버 블로그 - 동네 아는 형

그러나 현재 바디샵은 유사한 화장품 메이커인 아베다^AVEDA, 러쉬, 버츠비^BURT'S BEES, 배스앤바디웍스^Bath&Body Works 등의 시장 진입으로 레드오션의 함정에 빠져 실적이 하향 곡선을 그리고 있다.

영원한 강자는 없다. 무한경쟁 하에서는 경쟁우위가 지속될 수 없고, 궁극적으로는 약화되는 경향이 있다. 따라서 지속적인 경쟁우위를 창출하려면 끊임없는 전략적 이동^Strategic Movement이 필요하다.

이에 대해서는 마이크로소프트의 사례를 통해 살펴보자. 마이크로소프트는 자신의 주력 제품인 MS-DOS를 스스로 폐기하고, 새로운 주력 제품인 윈도우 시리즈를 지속적으로 출시함으로써 경쟁에서 한 발 앞서갈 수 있었다.

허니버터칩도 마찬가지다. 유사 상품들이 금방 쏟아져 나오자 허니버터칩은 한때 3위로 추락했다. 그러자 후속 제품인 '허니 통통', '허니 콘팝' 등 '허니 시리즈'를 내며 허니 돌풍을 이어가기 위한 전략적 이동을 시도했다.

버진애틀랜틱항공^{Virgin Atlantic}의 경우, 수익성이 낮은 퍼스트 클래스를 수익성이 높은 비즈니스 클래스와 합하여 '어퍼 클래스^{Upper Class}'를 만들어 새로운 시장공간을 창출했다. 그러나 곧이어 어퍼 클래스가 모방되면서 '흡연도 가능한 기내 바^{Bar}'를 설치해 새롭게 가치를 향상했다. 기내 바도 모방되자 'Door to Airport to Door' 리무진이라는 토털 솔루션 방법을 제안해, 기존에 공항까지 가는 데 걸리는 시간 때문에 기차를 이용하던 새로운 고객들을 유인했다. 가치 있는 성공을 위해서는 끊임없는 전략적 이동이 필요하며, 전략적 이동이 새로운 시장공간을 창출한다는 사실을 잊지 말자.

마지막으로 미샤에 대해 이야기하겠다. 에이블C&C의 초저가 브랜드 화장품 '미샤' 또한 화장품은 패션이 아닌 '생활 필수품'이라는 기능적 시각으로 정의함으로써 '미샤 신드롬'을 창출했다. 미샤는 경쟁사들이 감성적 이미지를 알리는 데 초점을 두고 있을 때, 유통구조를 단순화하고, 포장비와 광고비를 대폭 줄여 가격 거품을 제거했다. 구체적인 방법으로는 직영점, 가맹점 형태의 브랜드숍 직판체제로 유통과정을 단축하고, 박스포장을 없애 사용설명서를 제품 뒤에 표기했다. 그 밖에 과도한 광고비 등 불필요한 지출을 최대한 억제하는 비용구조 혁신을 통해 화장품 내용물이 용기 값보다 비싼 화장품을 만들었다. 그 결과 매출은 만 1년 만에 10배가 상승했고, 전국 주요 유통 거점을 장악했다. 매출이 2001년 40억 원에서 2004년 1,200억 원, 2013년 4,424억 원으로 대폭 증가한 것이다.

전략을 혁신하라

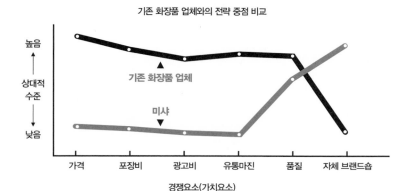

| 그림 4-4 미샤의 전략 캔버스 |

기존 화장품 업체와의 전략 중점 비교

기존 화장품 업체

미샤

상대적
수준

높음

낮음

가격　포장비　광고비　유통마진　품질　자체 브랜드숍

경쟁요소(가치요소)

[출처] "가치혁신 시대를 열자", 〈한국경제신문〉, 2004년 3월 8일자

그러나 미샤 또한 동일한 전략을 추구하는 유사 브랜드의 출현으로 치열한 경쟁을 펼치고 있다. 그 중 자연주의 개념을 내세우며 등장한 더페이스샵은 무서운 속도로 미샤의 뒤를 추격해 2005년에는 미샤를 누르고 1위의 자리를 차지했다. 그 결과 미샤는 매출이 급감했고 가맹점주들은 미샤를 버리고 후발주자로 갈아탔다. 2007년에는 미샤가 망했다는 소문이 돌기도 했다. 그러나 7년 만인 2011년에 미샤는 브랜드숍 업계 정상의 자리를 탈환했다. 미샤는 어떤 전략으로 재기했을까?

미샤는 합리적인 '가격'이 아닌 소비자가 좋아할 수 있는 '브랜드'를 제시하기로 결정했다. 비용우위 전략에서 차별화 전략으로 선회한 것이다. 기존의 20대를 공략하던 저가 브랜드 이미지를 벗고 고급화의 길을 걷기로 한 미샤는 수백만 개의 재고 화장품을 '땡처리'했다. 뷰티넷 사이트 재건과 제품력 보강, 제품들을 분류하고 경쟁력 강화를 위한 브랜드 내 제품 라인업 구조조정을 시작했다. 2007년 한국 화장품 시장은 BB크림 열풍이 불고 있었는데, 미샤는 최초로 주름 개선, 미백, 자외선 차단 등 기능을 추가한 'M 퍼펙트 커버 BB크림'을 출시했다. 이 크림은 출시 3개월 만에 10만 개 이상이 판매되었고, 2008년에는 한 해 동안 100만 개나 팔려나갔다. 영원한 승자는 없다. 그러나 끊임없이 전략적 이동을 한다면 영원히 한 발 앞서 나갈 수 있다.

시간의 흐름을 고찰하라

컴퓨터 과학자 앨런 케이[Alan Kay]는 "미래를 예측하는 최선의 방법은 미래를 창조하는 것이다"라고 말했다. 미래를 창조하려면 시간의 흐름을 고찰해야 한다. 애플은 시대의 흐름을 읽고 아이튠즈[iTunes] 온라인 음악 사이트를 개설해 인터넷 음악 시장에 파란을 일으켰다. CNN은 세계화라는 흐름을 읽고 세계 최초로 24시간 뉴스 네트워크를 창조했다. 시스코[Cisco]는 고속데이터 전송 수요 증가를 예측하여 대용량 네트워크 장비를 개발했고, 엔씨소프트는 가상현실 온라인 게임 수요를 예측해 리니지를 개발했다. 시간의 흐름을 고찰하기 위해 우리가 관찰해야 할 트렌드는 다음과 같다.

- 새로운 기술의 출현
- 주요 규제상의 변화
- 새로운 라이프 스타일의 등장

전략을 혁신하라

- 사회 환경의 변화
- 인구 통계의 변화

예를 들어 3D프린터, 로봇이라는 새로운 기술의 출현을 살펴보자. 2013세계지식포럼에서 하버드대학의 그레고리 맨큐[Nicholas Gregory Mankiw]교수와 조지메이슨대학의 타일러 코웬[Tyler Cowen]교수는 3D프린터와 로봇이 아시아 제조업을 몰락시킬 것이라고 경고했다. 지금은 인도네시아산 옷과 신발이 전세계로 수출되고 있지만 3D프린터 시대가 온다면 굳이 이런 나라에 공장을 두지 않아도 된다. 제조업 기반이 다시 선진국으로 갈 수 있고, 값싼 노동력을 찾아 해외에 공장을 지은 국내 기업들도 직격탄을 맞을 수 있다는 이야기다.

사회 환경상의 변화와 주요 규제상의 변화를 읽은 사업들은 어떤 것들이 있을까? 최근 자연친화 기술을 만들어 수익을 거두는 기업들이 많다. CJ제일제당의 경우도 메탄가스를 25퍼센트 줄인 사료를 개발했고, 포스코는 하수 처리 중 생긴 찌꺼기를 화력발전소 연료로 사용하고 있다.

2012년 영국 리버풀 존무어대학의 데이비드 위킨슨[David Wilkinson] 교수팀은 '방귀'에 대한 흥미로운 연구 결과 하나를 생물학지에 발표했다. 공룡의 방귀가 중생대[약 2억 4500만~6500만 년 전]의 지구 온도를 지금보다 최고 10도 정도 높였을 것이라는 가설이다. 그리고 지구 온난화에 메탄가스가 얼마나 중요한 역할을 하는지에 대해 소의 방귀와 트림을 통해 배출되는 메탄가스를 기준으로 연구를 한 것이다. IPCC[기후에 따르면 소 1마리가 1년 동안 배출하는 메탄가스의 양은 육우의 경우 53킬로그램, 젖소의 경우엔 평균 121킬로그램이다. 전세계에서 사육되고 있는 약 13억 마리의 소를 합치면 1년에 약 7,000만 톤에 가까운 메탄가스가 배출되고 있는 셈이어서 소가 지구온난화의 주범이 된 것이다. 유엔식량농업기구^{FAO: United Nations Food and Agriculture Organization}에 따르면, 축산업에서 발생하는 온실가스는 지구 전체 온실가스의 18퍼센트를 차지하며, 이는 전세계 교통수단이 배출하는 온실가스 비중인 13.5퍼센트보다 크다고 밝히기도 했다.

미국 정부도 메탄가스를 줄이는 '미래 소 개발' 사업 지원에 나섰고, 메탄가스 배출을 줄이기 위한 법안을 마련하는 등 노력을 기울이고 있다. 이런 시대적 흐름을 읽고 CJ제일제당은 되새김질을 하는 반추위^{反芻胃} 가축의 메탄가스 발생량을 줄여주는 가칭 '메탄저감화 그린사료'를 만들어낸 것이다. 이 사료는 메탄가스의 양을 기존에 비해 약 25퍼센트 이상 줄여주면서 영양성분도 높인 친환경 사료인데, 친환경 사료 시장의 규모가 점점 커지고 있으니 사업전망이 밝다.

새로운 라이프 스타일의 등장을 고려한 사업은 어떤 것이 있을까?

최근 반려동물 시장 규모가 커지면서 관련 산업이 관심을 받고 있다. 농협경제연구소가 2013년 발표한 보고서에 따르면 국내 반려동물 시장 규모는 2015년 1조 8,000억 원 규모에서 2020년경에는 5조 8,100억 원으로 급증할 것으로 추산된다. 국내보다 반려동물 시장이 먼저 발달한 미국, 일본의 경우 시장 규모는 훨씬 더 크다. 미국 반려동물산업협회^{APPA} 통계를 보면 반려동물 산업 규모는 2015

년 600억 달러[70조 4,800억 원]를 넘길 것으로 추정되었다. 선진국은 시장이 커지면서 산업 역시 정보통신 기술 등과 결합해 세분화 · 전문화되는 추세다. 가족 구성원으로서 반려동물에 대한 중요성이 커지면서 건강 관련 서비스에 대한 관심도 높아지고 있다. 일본 후지츠[Fujitsu]는 2012년부터 3D 가속도 센서를 반려동물에게 부착해 보행 수와 움직임, 온도 등을 언제든 확인할 수 있는 '왕던트[wandant]' 서비스를 운용하고 있다. PC나 스마트폰 등으로 반려동물에 대한 정보를 업로드하면 언제 어디서든 관련 내용을 확인할 수 있다. 일본 통신사인 NTT도 등록 정보를 바탕으로 맞춤형 진단을 할 수 있는 서비스를 선보이고 있다.

반려동물 산업의 고급화 움직임도 빨라지고 있다. 갤러리아백화점은 백화점이 직영으로 운영하는 반려동물 숍을 통해 100만 원대의 의류나 관련 상품을 판매하고 있다. 전체 매출에서 차지하는 비중은 적지만 연 평균 20퍼센트 이상씩 신장하고 있다. 현대백화점도 고급 소재인 캐시미어를 활용한 의류를 판매한다. KGC인삼공사는 6년근 홍삼을 함유한 반려동물 건강식 '지니펫'을 출시했다. 한국소비자원이 2014년 발표한 조사에 따르면 반려동물을 기르는 데 지출하는 가구당 월 평균 비용은 13만 5,632원으로 적지 않았다.

듀퐁[정식명칭은 E. I. du Pont de Nemours and Company]이라는 회사 이름을 들으면 어떤 단어가 떠오르는가? 주로 정유, 화학, 섬유, 플라스틱, 안전 등의 용어들이 생각날 것이다. 1802년에 설립된 듀퐁의 주요 사업은 정유, 화학, 섬유 등이었다. 1992년만 해도 듀퐁의 전체 사업에서 정유[46%], 화학[14%], 섬유[5%]가 차지하는 비중은 매우 컸다. 그러나 2011년 기준

듀퐁의 주요 산업별 매출비율은 농업[24%], 식품 및 영양[7%], 화학[20%], 페인트[11%], 플라스틱[18%], 전자[8%], 안전 및 보호[10%], 산업 바이오[2%]로 사업 포트폴리오가 변화되었다.

이유는 무엇일까? 시간의 흐름을 고찰해 사업에 반영한 결과다.

사르코지 프랑스 대통령은 농업을 미래 우주 산업, 나노공학과 같이 미래를 여는 열쇠라고 정의했다. 또 UN은 2050년에 세계 인구가 90억 명을 초과하게 되어 식량문제 해결을 위한 대책 마련이 시급하다고 말했다. 일본 정부도 '농업이 일본을 구한다'는 기치 아래 첨단 기술, 건강, 관광, 에너지 관련 신사업을 도모하고 있는 중이다. 듀퐁은 60년 이상 주력 사업 부문이었던 섬유 사업을 매각하고, 농업 사업이 전체 사업의 30퍼센트 이상을 차지하고 있다. 또 화석연료 대체를 위한 태양광 소재, 2차 전지 및 바이오 연료 사업 등에도 활발히 투자 하고 있다.

조립 PC를 팔던, 소비자들에게 잊혀가던 용산전자상가가 부활하고 있다. 드론, 3D프린터, 사물인터넷, 로봇 등 새로운 IT기술이 꿈틀거리는 창조 공간으로 변신하고 있는 것이다. 스타트업들이 입주하면서 에너지가 넘치고 있고, 상인협의회도 도소매 위주의 단순 생존 전략을 벗어던지고 첨단 기술의 개발·전시·유통을 집적화한 'IT 문화관광지'로 과감한 변신을 모색 중이다. 터미널상가가 1,700여 객실의 비즈니스호텔 단지로 변모하기 위해 재개발 중이고, HDC신라면세점까지 들어서면서 용산전자상가의 부활은 현실화되고 있다. 신라면세점은 용산에 세계 최대 도심형 면세점을 완성해 용산을 외국인

그림 4-5 6가지 통로 프레임워크(6 Paths Framework)

전통적인 경쟁영역	새로운 시장공간 창출 방안	주요 사례
산업	**대안산업을 관찰하라** 다른 영역의 대안까지 두루 살펴보고, 대안의 장점을 흡수	· 사우스웨스트항공 · 위니아만도의 김치냉장고 딤채
전략 집단	**산업 내 전략그룹을 관찰하라** 서로 다른 전략 그룹의 장점을 결합	· 도요타자동차의 렉서스 · 헬스클럽 커브스
구매자 집단	**구매자 체인을 관찰하라** 구매자 집단 재정의를 통해 타깃 구매자가 누구인지 파악	· 시르크 뒤 솔레이유의 서커스 · 필립스라이팅의 친환경 전구
제품, 서비스	**보완적 제품과 서비스 상품을 관찰하라** 산업 범위를 벗어나는 보완적인 제품과 서비스 제공	· 반즈앤노블 서점 · CGV영화관
기능, 감성	**상품의 기능적 또는 감성적 매력 요소를 관찰하라** 기능에서 감성적 매력으로, 감성에서 기능적 매력으로 이동	· 스와치 시계 · 스타벅스 커피
시간	**시간의 흐름을 고찰하라** 시간에 따른 트렌드 변화를 예측해 추세 실현에 적극 참여	· 시스코 · 엔씨소프트

[출처] 김위찬 · 르네 마보안, 'Renee Mau borgne', 《블루오션 전략(Blue Ocean Strategy)》

관광 · 쇼핑의 허브로 집중 육성한다는 청사진을 내놓았다. 이러한 비전을 실행하기 위해 용산전자상가연합회, 용산구, 코레일^{Korail}, 호텔신라, 현대산업개발, 현대아이파크몰 등 민관이 한데 모인 'K-디스커버리 협력단'도 발족했다. 시간의 흐름을 제대로 고찰한 용산전자상가의 발전이 기대된다.

지금까지 설명한 '6가지 통로 프레임워크$^{6Paths\ Framework}$'를 종합 정리하면 [그림 4-5]와 같다. 다시 한 번 살펴보면서 사업 아이템과 새로운 시장 창출에 대한 아이디어를 얻길 바란다.

사업 아이템의 가치 검증을 위한 밑그림을 그려라

Customer Value

22

새로운 시장공간을 창출하기 위한 아이디어를 구상한 후에는 이를 '전략캔버스^{Strategy Canvas}'를 통해 시각화하여 대안 산업 및 경쟁사와 비교도 해보고, 사업으로서의 가치가 있는지 충분히 검토해봐야 한다. 때로는 현재^{AS-IS} 전략캔버스를 그려 현재의 전략에서 변화할 필요가 있는 부분을 확인하고, 여기서 제거, 감소, 증가, 창출해야 할 요소를 확인한다. 이 방법을 ERRC^{Eliminate, Reduce, Raise, Create}라고 부르는데, 이를 통해 우리가 원하는 미래^{TO-BE} 전략캔버스를 완성할 수 있다.

딤채를 살펴보자. 딤채는 일반 냉장고의 장점 중 김치 보관과 관련 없는 냉동기능을 제거하고, 뚜껑을 위로 열어 보관기간을 늘렸다.

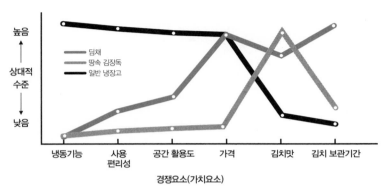

| 그림 4-6 딤채의 전략 캔버스 |

일반 냉장고, 땅속 김장독과의 기능 중점도 비교

[출처] "가치혁신 시대를 열자", 〈한국경제신문〉 2004년 3월 7일자

일반 냉장고는 냉동기능, 사용편리성, 공간 활용도는 높지만 김치맛이 떨어지고 김치 보관기간이 짧다. 가격도 비싸다. 반면 땅속 냉장고는 냉동기능, 사용편리성, 공간 활용도, 김치 보관기간은 좋지 않지만 김치맛이 끝내준다. 딤채는 땅속 김장독의 '김치맛'과 일반 냉장고의 '김치 보관기간'이라는 2개의 장점을 결합해 가격은 일반 냉장고에 버금가는 수준으로 책정했다. 이를 전략캔버스로 그려보면 [그림 4-6]과 같다.

시르크 뒤 솔레이유의 성공 이유를 검증해보자. 시르크 뒤 솔레이유는 전통 서커스 산업에서 당연한 것으로 여겨왔던 동물묘기쇼, 스타 곡예사, 복합쇼 무대 같은 가치요소를 제거했다. 특히 동물묘기쇼는 동물 애호가들의 반발도 컸지만, 동물 자체 비용뿐 아니라 조련, 의료, 축사, 보험, 운반비용 등 가장 높은 비용이 드는 요소 중 하나였

| 그림 4-7 ERRC 개념 |

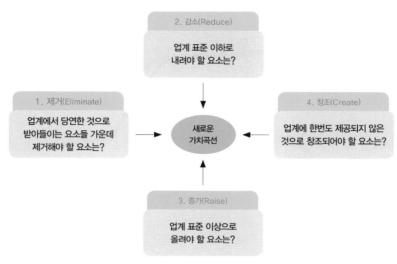

다. 또 스타광대는 비용만 높았지, 고객 입장에서는 무비스타에 비해 보잘것없어 그리 중요한 요소가 아니었다. 즉 고객 관점에서 가치가 없는데 비용이 많이 드는 요소들을 제거하거나 감소시키고, 고객이 가치를 느끼는 테마, 복합 공연, 세련된 환경, 수준 높은 음악과 무용 같은 요소를 늘리거나 새롭게 창조했다. 이게 바로 차별화와 비용우위를 동시에 추구하는 가치혁신 전략이다.

[그림 4-7]의 ERRC 개념과 [그림 4-8]의 구성표를 통해 살펴보면 훨씬 이해가 쉽다.

ERRC 구성표를 이용해 전략캔버스를 그려보면 [그림 4-9]과 같다.

전략을 혁신하라

| 그림 4-8 시르크 뒤 솔레이유의 ERRC 구성표 |

제거	증가
스타 곡예사 동물 묘기쇼 구내 매점 복합쇼 무대	독특한 공연장

감소	창조
재미와 유머 스릴과 위험	테마 세련된 관람 환경 다양한 공연 작품 예술적 음악과 무용

[출처] 김위찬 · 르네 마보안, 《블루오션 전략》

| 그림 4-9 시르크 뒤 솔레이유의 전략캔버스 |

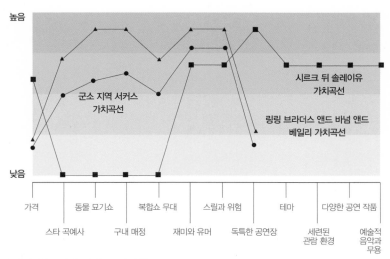

[출처] 김위찬 · 르네 마보안, 《블루오션 전략》

| 그림 4-10 사우스웨스트항공의 ERRC 구성표 |

제거	증가
식사 허브 연결	친절한 서비스 속도

감소	창조
가격 라운지 좌석 선택	운항 빈도

[출처] 김위찬 · 르네 마보안, 《블루오션 전략》

링링브라더스 앤드 바넘 앤드 베일리의 가치곡선은 군소 지역 서커스단의 곡선과 동일한 형태를 띠고 있다. 즉 차별화가 없다는 것이다. 군소 서커스단의 점수가 낮은 이유는 한정된 자원 때문에 경쟁 요소의 제공 수준이 낮다는 걸 의미한다.

좋은 전략은 3가지 특징이 있다. 바로 포커스^{Focus}, 차별성^{Divergence}, 멋진 슬로건^{Compelling Tagline}이다. 시르크 뒤 솔레이유의 경우는 독특한 외관, 테마, 멀티플 프로덕션, 예술적인 음악과 춤에 집중했고, 세련미와 풍부한 예술성이 담긴 무대 공연으로 차별성을 제공했다. 멋진 슬로건은 "우리는 서커스를 재창조한다"이다.

사우스웨스트항공은 자동차가 소도시 간 빈번하게 운행하는 것에 착안하여 중소도시 간 직항 노선을 개척했다. 그리고 고객 입장에서 가치가 없거나 적은 기내식, 라운지, 좌석 선택권 등을 없애 차별화와 비용우위를 동시에 달성했다. 이를 ERRC 구성표와 전략캔버스로 확

| 그림 4-11 사우스웨스트항공의 전략 캔버스 |

포커스(Focus)

차별화(Divergence)

차별화(Divergence)

| 항공료 | 식사 | 라운지 | 좌석 선택 | 허브 연결 | 친절함 | 속도 | 운항 빈도 |

- ▲ - Average Airline ━■━ Southwest - ● - Car Transport

[출처] 김위찬·르네 마보안,《블루오션 전략》

인해보면 [그림 4-10], [그림 4-11]과 같다.

이제 당신의 사업 아이템에 전략캔버스를 적용해보자. 어렴풋한 당신의 아이디어와 전략을 구체화시키고, 성공가능성이 있는지 검증해보자.

비고객을 공략하라

피터 드러커[Peter F. Drucker]는 "시장의 86퍼센트는 월마트 고객이 아니다. 14퍼센트 시장점유율이 아닌 나머지 86퍼센트를 연구해야 한다"라고 말했다. 여기서 나머지 86퍼센트는 '비고객'을 의미한다. 기존 고객을 넘어 비고객을 찾아야 하는 이유는 다름 아닌 거대시장[Mass Market] 장악을 위해서다.

"코카콜라 경쟁상대는 다른 음료수가 아니라 물이다. 우리가 음료 업계 점유율 40퍼센트를 차지해 독보적 1위지만 전체 물시장을 놓고 봤을 땐 3퍼센트밖에 되지 않는다. 우린 한참 멀었다."

지금의 코카콜라가 있기까지는 1981년부터 1997년까지 이 회사의 최고경영자를 맡았던 로베르토 고이주에타^{Roberto Goizueta}의 역할이 컸다. 그는 펩시와의 시장점유율 싸움에서 승리해 자만에 빠져 있던 코카콜라를 흔들어 깨워 위대한 기업으로 성장시켰다. 그는 "한 사람이 하루에 마시는 액체 중 코카콜라 비중이 얼마나 될까?"라는 질문을 던졌다. 음료업계 점유율 1위였지만 물 시장 전체로 보면 3퍼센트에 지나지 않음을 상기시켜 코카콜라는 물 시장까지를 경쟁상대로 정하고, 변화를 모색해왔다.

시르크 뒤 솔레이유가 성공했던 이유도 어린이 고객 대신, 비고객인 성인 고객으로 타깃을 전환했기 때문이다. 참신한 엔터테인먼트를 개발해 일반 전통 서커스 공연보다 몇 배나 비싼 요금을 지불할 의사가 있는 성인과 기업체 같은 완전히 새로운 고객군을 끌어들인 것이다.

사우트웨스트항공은 '비행기를 타지 않는 사람들은 무엇을 탈까?'라는 의문을 통해 비고객들은 자동차를 탄다는 결론을 얻었다. 그리고 이 점에 착안해 자가용처럼 언제든지 출발이 가능하도록 중소도시 간의 직항 노선을 개척했다. 실제로 첫 비행일, 고객 인터뷰를 하자 비행기를 처음 탄다는 답변이 80퍼센트였다고 한다. 거대한 비고객 집단을 잡은 것이다.

'딤채'의 성공 역시 기존 냉장고에 만족하지 못하고 다른 대안을 찾는 비고객과 냉장고 대신 김장독을 사용해 김치를 보관하거나 아예 조금씩 사다 먹는 소비자들, 그리고 플라스틱통이나 비닐에 담아 냉장고에 보관하는 사람들에게 집중한 결과다.

비고객은 [그림 4-12]와 같이 크게 3가지로 분류할 수 있다.

| 그림 4-12 비고객의 분류 |

현재 시장　　제1비고객층　　제2비고객층　　제3비고객층

제1비고객층	• 우리 시장 문턱에서 진입 대기 중인 **'곧 고객이 될'** 비고객(Soon-to-be 비고객) • 한 단계 높아진 가치를 제공하면 구매를 늘리고 거대한 수요 창출 가능 • 예)백화점의 비고객: 다른 백화점, 할인마트, 재래시장, 동네 슈퍼 고객
제2비고객층	• 의식적으로는 우리 시장을 선택하지 않는 **'거부하는'** 비고객(Rejecting 비고객) • 제품 구매에 장애가 되는 요인들을 제거해준다면 거대한 수요 창출 가능 • 예)TV홈쇼핑, 인터넷 옥션 사이트 고객
제3비고객층	• 우리 시장에서 멀리 떨어진 시장에 있는 **'개척되지 않은'** 비고객(Unexplored 비고객) • 현재 다른 시장에 속하는 것으로 여겨온 고객 니즈를 충족시킨다면 거대한 수요 창출 가능 • 예)'영화 관객' 흡수→영화관을 백화점에 입점, 멀어서 오지 못하는 비고객→셔틀버스 서비스

[출처] 김위찬 · 르네 마보안, 《블루오션 전략》

그럼 비고객을 공략해 성공한 사례와 방법을 자세히 알아보자.

캘러웨이Callaway는 1991년 '빅버사Big Bertha'로 '대박'을 터트렸다. 당시 경쟁사들은 보다 더 멀리 보낼 수 있는 고성능 클럽 경쟁에 집중했다. 때문에 가장 반발력 좋은 소재를 찾는 데 모든 역량을 집중했고, '300야드를 날릴 수 있다'는 식의 마케팅에 돈을 쏟아 부었다. 하지만 캘러웨이는 골프 클럽에 만족하지 못해 대안을 찾아 떠나는 비고객에 관심을 가졌다. 비고객이 골프를 피하는 이유는 공을 제대로 맞히기 어려워, 배우는 데 시간이 오래 걸리고 높은 집중력을 필요로 하기 때문이었다. 이렇게 골프를 포기하고 떠나는 많은 이들이 테니

전략을 혁신하라

스를 치고 있는 것으로 파악한 캘러웨이는 근본 원인을 작은 클럽헤드 때문으로 판단하고 초보자도 쉽게 공을 맞힐 수 있는 머리가 큰 드라이버, '빅버사'를 출시했다. 빅버사는 아마추어 골퍼는 물론 테니스장으로 떠나버린 비고객까지 골프장으로 유인했고, 기존 고객의 만족도도 크게 개선되어 베스트셀러가 되었다.

옥외광고회사인 JC드코JC Decaux의 성공도 비고객에 주목한 결과였다. 1960년대 초반까지의 옥외광고 수단은 도시 외곽 도로변의 대형 간판과 버스, 택시 등 대중교통수단이었다. 옥외광고 업체들은 간판을 설치할 좋은 길목을 확보하거나 버스 노선표를 분석하는 데 골몰했다. JC드코는 경쟁 대신 옥외광고를 하지 않는 기업에 주목했다. 이 기업들은 광고 노출시간이 짧고 반복해서 보이는 효과가 낮아 옥외광고를 거부했다. 인지도 낮은 기업들은 회사 이름과 제품 내용을 충분히 전달할 수 없어 꺼려 했다. JC드코는 이런 비고객군의 핵심적인 공통점 파악을 위해 노력했고, 사람들이 몰리는 시내 중심가에 고정된 광고공간이 부족하다는 게 가장 큰 장애요인이라는 것을 발견했다. JC드코가 주목한 곳은 바로 도심의 고정된 장소, 버스정류장이나 공중전화 박스 같은 곳이었다. 시 당국 허가 없이는 광고가 불가능한 공공장소였지만, '거리 가구'라는 아이디어로 돌파했다. 거리조형 시설물을 지어 시 당국에 무료 제공하고, 보수 정비와 유지를 담당했다. 대신 광고를 부착할 수 있는 독점권을 획득했다. 시 당국과 8~25년 장기 계약을 함으로써 광고 게시, 조형물 설치 및 유지·보수비용을 절감했다. JC드코는 평균 광고 노출 시간을 현저히 늘려 비고객을

| 그림 4-13 JC드코의 가치혁신 전략 |

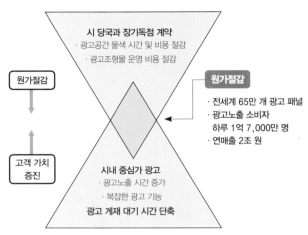

[출처] "블루오션으로 가자", 〈한국경제신문〉 2005년 7월 5일자

창출하고, 성공 궤도에 오르게 되었다.

무명의 호주 중소기업인 카셀라 와인즈^{Casella Wines}는 '옐로우 테일 Yellow Tail'이라는 와인을 개발해, 미국 와인 시장 내 단일 브랜드 최대 판매량을 기록했다. 2001년 미국 시장 발매 이후, 미국 내 수입 브랜드 1위와 동시에 50만 케이스를 판매하는 신드롬을 창출했다.

카셀라 와인즈는 '그들만의 리그'였던 와인을 비고객 관찰을 통해 '모두를 위한 상품'으로 바꿔 미국 시장을 평정했다. 노란 캥거루 모양의 브랜드로 복잡성과 귀족주의, 소비자 혼동을 없애고 단순하고 재미있는 이미지로 와인을 마시지 않던 소비자들도 즐길 수 있는 새로운 시장공간을 창출했다. 카셀라 와인즈는 유럽 시장에서 유럽종주국과 경쟁하지 않고, 세계 3위 와인 시장인 미국의 1인당 포도주 소비량이 31위밖에 안 된다는 사실에 주목했다. 즉 비고객이 엄청 많기 때문에, 포도주 소비량을 세계 20위로만 만들어도 거대한 시장 창출이 가능하다는 통찰을 얻은 것이다.

엘로우 테일 이전의 1990년대 미국 포도주 업계 상황은 인당 포도주 소비량 세계 31위로 상위 8개 대형업체가 75퍼센트를 차지했고, 나머지는 1,600여 개 군소업체가 경쟁하고 있었다. 완전포화상태이다 보니, 업체들은 마케팅 비용을 과잉 투자하고 있었다. 또 와인은 상류 사회의 술이자 고급 행사용 술로 인식되고 있었다. 카셀라 와인즈는 비고객 조사를 통해 새로운 가치요소를 창출했다. 와인을 마시지 않는 사람들이 선택하는 대안품은 맥주와 칵테일이었다. 이유는 와인 전문용어, 와인 선택 등 와인은 마시기 어려운 술이라는 선입견 때문이었다.

카셀라 와인즈는 단순한 과일 향의 달콤한 와인 맛을 개발, 와인 업계 경쟁의 기술적인 요소를 현저히 줄이거나 없앴다. 예를 들면, 탄닌의 함량, 참나무 술통, 맛의 복합성, 숙성 기술 등이다. 또 쉽게 마시고, 선택이 쉬우며, 재미와 색다른 경험을 제공했다. 와인병에는 전문용어를 넣지 않았고, 레드와인과 화이트와인이 같은 병 모양이고, 부시맨 모자와 자켓을 입은 판매원이 판매를 했다.

닌텐도의 성공도 마찬가지다. 닌텐도는 한때 어른이라는 비고객을 창출하여 대히트를 쳤다. 닌텐도는 2006년 말 '위Wii'를 출시, 시가총액이 1년 기준 2배 이상 뛰면서 일본 기업 중 상위 3위로 약진했다. 게임 소프트웨어 시장 규모는 1997년에 정점을 찍은 뒤로 계속 내리막길이었다. 닌텐도는 게임 시장 축소에 대한 강한 위기의식과 '게임 시장의 비고객을 어떤 식으로 끌어들일까' 하는 명확한 목적의식을 가지고 고민했다. '위'의 등장 전만 해도, 게임의 주된 사용자는 젊은 남성과 청소년들이었다. 비고객은 부모들, 바쁜 직장인들, 금방 시들해 하는 아이들, 일반인 중 게임 조작은 번거롭고 복잡하며 시간이 많이 걸릴 뿐만 아니라 비싸기 때문에 남들과 같이 하기 창피한 것으로 여기는 사람들이었다. 닌텐도는 이런 비고객층을 만족시킬 수 있는 방안을 고민했다. 그 결과 '단순'하고 '짧은 시간 안에 학습할 수 있으며', '매뉴얼 없이도 조작할 수 있고', '쌍방향 작용'을 할 수 있는 게임기를 고안했다. 주부, 할아버지, 할머니 등 새 사용자층을 끌어들여 게임 시장을 확장한 것이다.

그런데 이렇게 잘나가던 닌텐도의 2011년 실적을 보면 그야말로 고꾸라졌다는 표현이 적절할 것이다. 2007년 주가에 비해 60퍼센트나 급락했고, 처음으로 영업적자가 발생했다. 닌텐도는 왜 갑자기 추락하게 되었을까?

닌텐도는 비고객 확보에는 성공했으나, 앞서 설명한 6가지 통로의 마지막인 '시간의 흐름을 고찰하라'에서 실패했다. 세상은 모바일 중심의 '오픈 시대'로 가고 있는데 전용 게임기라는 '폐쇄적인 프레임'을 고수했기 때문이다. 닌텐도는 게임기 시장의 패러다임을 인식하지 못했다. 〈월스트리트저널〉과 인터뷰한 이타와 사토루 글로벌 사장은 "모바일 게임 산업은 단기일 수밖에 없고 그래서 닌텐도는 오픈 소스, 무료 게임을 절대로 할 생각이 없다"고 말한 바 있다.

전략을 혁신하라

고 객 의   경 험 적   가 치 를   높 여 라

Customer Value

24

컬럼비아대학의 번 슈미트[Bernd Schmitt]교수는 "고객은 상품을 구매하는 것이 아니라 경험을 구매하는 것이다"라고 말했다. 마케팅 관점의 진화에서 보더라도 현 시대의 초점은 고객 중심, 가치 중심, 경험 중심으로 변화하고 있다.

그럼 고객의 경험적 가치를 높이기 위해서는 어떻게 해야 할까?

이는 고객의 경험 사이클과 고객 프로세스를 이해함으로써 실현 가능하다. 공급자 관점이 아닌 고객 관점에서, 고객이 우리 매장에 들어올 때부터 떠날 때까지 거치는 모든 프로세스를 직접 경험해보고, 각 단계별 효용성을 높여야 함을 의미한다. 고객들은 일반적으로 6단

| 그림 4-14 구매자 효용성 지도 |

구매자 경험 사이클 ⟶

6가지 효용성 수단	구매 (Purchase)	배달 (Delivery)	사용 (Use)	보완성 (Supplement)	유지보수 (Maintenance)	폐기처분 (Disposal)
고객생산성 (Customer Productivity)						
단순성 (Simplicity)						
편리성 (Convenience)						
위험 (Risk)						
재미와 이미지 (Fun&Image)						
친환경성 (Environmental Friendliness)						

구매	배달	사용	보완성	유지보수	폐기처분
• 필요한 제품을 찾는 데 시간이 얼마나 걸리는가? • 구매 장소는 매력적이며 접근하기 쉬운가? • 거래 환경은 안전한가? • 얼마나 빨리 구매할 수 있는가?	• 제품 배달에 걸리는 시간은 어느 정도인가? • 포장을 풀고 제품을 설치하는 과정이 얼마나 어려운가? • 구매자가 직접 배달을 해결해야 하는가? 그렇다면 비용과 난이도는 어느 정도인가?	• 제품 사용 시 별도 교육이나 전문가 도움이 필요한가? • 사용하지 않을 때 보관하기 쉬운가? • 제품의 특성과 기능은 얼마나 효과적인가? • 제품이나 서비스가 일반 사용자들의 요구보다 훨씬 더 많은 효용과 옵션을 제공하는가? • 꼭 필요하지 않은 기능이나 부품이 과하게 설계되어 있지 않은가?	• 제품 사용을 위해 다른 제품이나 서비스가 필요한가? • 그렇다면 어느 정도의 시간과 비용이 발생하며, 얼마나 구입하기 어렵고 난이도는 어느 정도인가?	• 외부의 유지보수가 필요한가? • 제품의 유지보수와 업그레이드는 얼마나 쉬운가? • 유지보수에는 얼마나 비용이 드는가?	• 제품 사용이 쓰레기를 발생하는가? • 제품 폐기가 얼마나 용이한가? • 제품을 안전하게 폐기 처분하는 것과 관련된 법적, 환경적 이슈들이 있는가? • 폐기처분에 얼마나 많은 비용이 발생하는가?

[출처] 김위찬·르네 마보안, 《블루오션 전략》

계의 사이클을 보이는데, 이를 정의해놓은 것이 바로 [그림 4-14]의 '구매자 효용성 지도 Buyer Utility Map'다. 마이클 포터의 공급자 관점의 가치사슬 대신, 고객 관점에서 구매에서 처분까지 효용 범위를 규명해

전략을 혁신하라

놓은 것이다. 이해를 돕기 위해 중국집의 고객 경험에 대해 간략히 예를 들어보겠다.

'구매' 시 '탕수육+자장면 두 그릇', '짬뽕+짜장' 등 할인 패키지나 할인쿠폰을 통해 선택의 폭을 넓힐 수 있다.

'배달'은 면이 불지 않은 상태로 배달해야 한다.

'사용', 즉 고객이 먹을 때는 맛이 뛰어나거나 양이 많아야 한다.

'보완성'이란 추가서비스로, 예를 들어 음식을 시키면 장보기 서비스를 해주는 것이다.

'유지보수'는 '맛이 없으면 돈을 받지 않겠다'고 선언해 신뢰와 재미의 효용성을 제공하는 것이다.

'폐기처분'은 그릇 수거 시 타 음식물 쓰레기도 버려주는 효용성을 제공하는 것이다.

각 단계별로 '고객생산성, 단순성, 편리성, 위험 감소, 재미와 이미지, 친환경성' 등의 효용성이 있는지 살펴봐야 한다.

제주도 오설록에 가본 적이 있는가? 오설록의 경우도 고객의 경험적 가치를 최대화해 성공을 거둔 경우다. 먼저 녹차 밭은 보기만 해도 가슴이 확 트인다. 그리고 오설록 카페에 가면 맛있는 녹차 롤케익과 아이스크림을 맛볼 수 있다. 아이들은 비누 만들기 체험을 할 수도 있다. 오설록의 안내 지도를 보면 고객이 들어서는 순간부터 나갈 때까지 여러 장소를 거치면서, 경험 사이클상 효용을 최대화하려고 노력한 흔적이 보인다.

구매자 효용성을 높여 서비스를 개선하면 매출 증대 효과를 누릴

| 그림 4-15 현재 전략캔버스 |

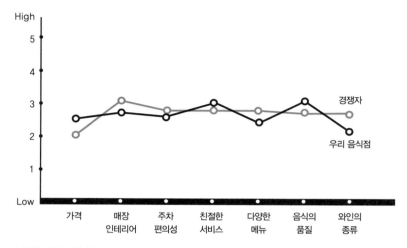

High

5

4

3

경쟁자

2

우리 음식점

1

Low

가격　매장　주차　친절한　다양한　음식의　와인의
　　인테리어　편의성　서비스　메뉴　품질　종류

[출처] "'즐거운가요?' '재밌나요?' 고객에게 경험을 파는 5단계 길", 〈동아비즈니스리뷰〉 154호

수 있다. 실제로 국내 한 식당은 구매자 효용성을 면밀히 분석하여 서비스를 개선했다. 1단계로 현재 전략캔버스를 그렸고, 최종적으로 미래 전략캔버스를 그려 프로세스를 개선했다. 이 식당은 고객이 음식점에 들어와서 식사를 마치고 떠날 때까지 각 단계를 분석하는, 고객이동 경로 분석Customer Journey Analysis을 시행했다. 예를 들어, 고객이 음식점에서 경험하는 세 번째 단계는 음식점에 도착해서 자리를 안내받기까지 기다리는 것인데, 이 과정에서 고객의 주요 관심사는 '주차의 용이성', '환대 수준', '대기 시간' 등이다. 고객 관심사를 파악한 후에는 음식점의 입장에서 고객의 10가지 경험에 대응하기 위해 진행해야 할 업무를 일대일로 배치한다. 그리고 서비스마다 고객과 직접

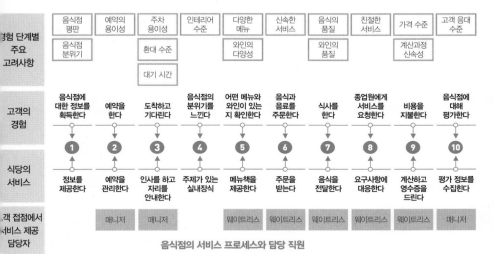

| 그림 4-16 고객이 음식점에서 경험하는 요소를 체계적으로 분석 |

음식점에서 고객 이동 경로 분석과 경험 단계별 주요 고려 사항

경험 단계별 주요 고려사항	음식점 평판 음식점 분위기	예약의 용이성	주차 용이성 환대 수준 대기 시간	인테리어 수준	다양한 메뉴 와인의 다양성	신속한 서비스	음식의 품질 와인의 품질	친절한 서비스	가격 수준 계산과정 신속성	고객 응대 수준
고객의 경험	음식점에 대한 정보를 획득한다	예약을 한다	도착하고 기다린다	음식점의 분위기를 느낀다	어떤 메뉴와 와인이 있는지 확인한다	음식과 음료를 주문한다	식사를 한다	종업원에게 서비스를 요청한다	비용을 지불한다	음식점에 대해 평가한다
	❶	❷	❸	❹	❺	❻	❼	❽	❾	❿
식당의 서비스	정보를 제공한다	예약을 관리한다	인사를 하고 자리를 안내한다	주제가 있는 실내장식	메뉴책을 제공한다	주문을 받는다	음식을 전달한다	요구사항에 대응한다	계산하고 영수증을 드린다	평가 정보를 수집한다
고객 접점에서 서비스 제공 담당자	매니저	매니저		웨이트리스	웨이트리스	웨이트리스	웨이트리스	웨이트리스	웨이트리스	매니저

음식점의 서비스 프로세스와 담당 직원

[출처] "'즐거운가요?' '재밌나요?' 고객에게 경험을 파는 5단계 길", 〈동아비즈니스리뷰〉 154호

교류가 있는 직원을 연결한다.

그리고 매니저와 웨이트리스 외에 주방장과 보조 요리사, 식재료 공급업자, 음식점 주인 등 고객의 경험을 만드는 주체들 중심으로 다시 업무 프로세스를 정리한다. 음식점에서는 주방장이 핵심적인 역할을 하는 것으로 보고, 주방장 중심으로 업무 프로세스를 정비했다. 주방장은 신규 메뉴를 개발해서 고객에게 제공하고 평가받는다.

그런 후 DART 모델을 이용해 고객 경험의 개선사항을 정리한다.

DART 분석 결과, 음식을 주문하고 만들어져 전달되는 과정에서 기존 운영 방식이 갖고 있는 의문과 불만 요소들이 무엇인지 구체적

| 그림 4-17 고객에게 경험을 제공하는 주요 관계자를 중심으로 업무 프로세스를 정리 |

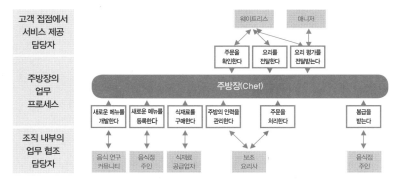

[출처] "'즐거운가요?' '재밌나요?' 고객에게 경험을 파는 5단계 길", 〈동아비즈니스리뷰〉 154호

| 표 4-1 음식점 DART 분석 |

구분	고객의 입장	주방장의 입장
D	주방장과의 대화를 통해 음식의 온도, 첨가물, 제공되는 시간 등을 내가 좋아하는 방식으로 선택하고 싶다.	고객과의 대화를 통해 더 맛있는 음식을 만들 수 있는 첨가물이나 재료를 추가하는 기회가 있었으면 좋겠다.
A	벽 뒤에 가려진 주방에서 음식이 어떻게 요리되는지 알기 어렵다.	요리하는 동안 고객이 누구인지 볼 수 없다.
R	건강에 해로운 음식은 아닌지 고민이다. 새로 주문한 메뉴가 맛있을지 불안하다.	고객이 요리에 실망할 위험이 늘 존재한다.
T	주방의 청결성, 재료의 보존기간, 첨가물 등이 궁금하다.	고객이 정말 어떤 요리를 원하는지 알기 어렵다.

D(Dialogue): 고객과 더 많이 대화해서 개선할 부분은 없는지 확인하는 것

A(Access): 고객 접점 외 영역의 제공 서비스에 고객이 직접 접근할 수 있도록 고민하는 것

R(Risk): 고객이나 경험 제공자 입장에서 불충분한 정보로 위험 발생 가능성이 없는지 확인하는 것

T(Transparency): 업무 절차를 개방해서 고객 의심을 최소화할 수 없는지 고민하는 것

[출처] "'즐거운가요?' '재밌나요?' 고객에게 경험을 파는 5단계 길", 〈동아비즈니스리뷰〉 154호

| 그림 4-18 주방의 변화로 고객 불안을 제거 |

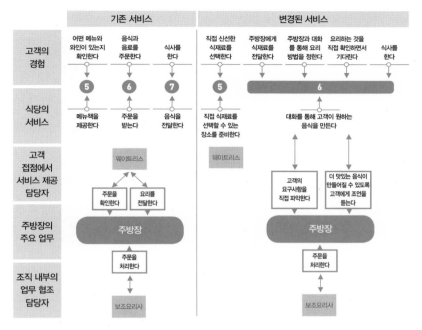

[출처] "'즐거운가요?' '재밌나요?' 고객에게 경험을 파는 5단계 길", 〈동아비즈니스리뷰〉 154호

으로 알 수 있었다. 이 문제를 해결하기 위해 음식점은 개방형 주방으로 바꿔 고객에게 새로운 경험이 전달될 수 있도록 변했다.

개방형으로 달라진 주방에서 주방장은 고객과 대화를 통해 원하는 음식이 무엇인지, 어떤 방식으로 식사하고 싶은지 이해할 수 있고 더 맛있는 음식을 만들기 위해 식재료를 추가하거나 변경할 것을 조언할 수도 있다. 이런 변화는 기존 고객이 음식점에 대해 갖고 있던 의문과 불안을 제거하는 장점이 있다. 주방장 입장에서도 고객과 직접

대면하고, 대화하면서 친밀감을 높이고, 만족도를 증가시킬 수 있는 기회를 얻는 셈이다.

변화 전 음식점 운영 모델에서는 음식의 맛, 직원의 친절함, 주차의 편리성과 같은 차별화하기 어려운 요소들로 경쟁해서 지속적인 고객 감소라는 어려움을 겪었다. 하지만 주방장과의 대화, 자신의 메뉴를 직접 설계하기 등 새로운 요소의 도입을 통해 고객은 음식점에 대해 갖고 있던 불안 요소를 제거하고 이전에는 받아보지 못했던 완전히 새로운 서비스를 경험하면서 이 음식점을 다시 찾는 이유를 얻게 된다. 개방형 주방이 전혀 새로운 것은 아니다. 하지만 변화에 대한 이유와 방향성을 명확히 찾고 실질적인 해결책을 마련했다는 점에서 의미가 크다.

이제 고객 관점에서 새로운 서비스를 통해 얻는 가치와 이를 기반으로 한 전략캔버스를 그려보면 [그림 4-19]와 같다.

고객 입장에서는 음식점에서 비용을 낭비하고 잘못된 메뉴를 선택해서 겪을 수 있는 나쁜 경험을 최소화한 반면, 주방장과 사회적 관계를 형성하고 자신이 직접 메뉴를 설계하는 즐거움을 얻은 것을 확인할 수 있다. 그리고 주방장 관점에서는 요리에 대해 고객의 불만족이 발생할 수 있는 상황을 근본적으로 차단할 수 있는 장치를 확보할 수 있다. 고객들과 대화를 통해 유대감을 형성할 수 있고 전문 요리사로서 선보일 수 있는 다양한 기술을 보여줘서 고객들에게 새로운 경험을 제공하고 이를 통해 만족도 및 충성도를 높일 수 있는 기회도 얻었다. 음식점 관점에서는 새로운 서비스에 대해 음식점이 부담해

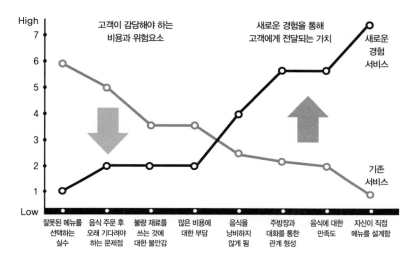

| 그림 4-19 미래 전략캔버스: 새로운 서비스에 대한 고객 관점 |

[출처] "'즐거운가요?' '재밌나요?' 고객에게 경험을 파는 5단계 길", 〈동아비즈니스리뷰〉 154호

야 하는 비용과 위험 부담을 최소화했다. 특히 인적자원이 중요한 음식점에서 주방장의 만족도를 높여 이직을 최소화하는 것은 지속적인 경쟁력을 확보하는 주요 요소가 될 수 있다. 또 불필요한 대기 인력을 줄여 비용을 절감하는 효과도 얻을 수 있다. 고객으로부터 실시간으로 피드백을 받아 다양한 새 메뉴를 시도해볼 수 있다. 제안 받은 메뉴와 서비스를 도입하면 음식점에 대한 충성도도 높아진다.

많은 기업이 새롭고 차별적인 경쟁요소를 얻기 위해 노력하고 있지만 기존 사고방식에서는 새로움을 찾기 어렵다. 새로움이란 거창하지 않다. 음식점 사례에서 볼 수 있듯 고객의 경험적 가치를 높이는 방향으로 접근하면 차별화된 경쟁력을 확보할 수 있다.

고 객 관 점 에 서 전 략 적 으 로 가 격 을 책 정 하 라

앞서 스와치 사례를 보면서 호기심 많은 독자들은 '스와치는 어떻게
시계 가격을 40달러 수준으로 낮출 수 있었을까?'라는 의문을 품었
을 수도 있다. 스와치는 '전략적 가격 책정^{Strategic Pricing}'이라는 방법을
사용했다. 통상 기업들은 원가에다 원하는 이익_{예를 들면 최소한 마진 20퍼센트는 남겨}
_{야겠다는 식으로}을 붙여서 아래와 같이 판매가를 책정한다.

- 원가 + 이익 = 판매가
- 원가^{80달러} + 이익^{20달러} = 판매가^{100달러}
  → 마진 20퍼센트^{20달러}

┊   전략을 혁신하라

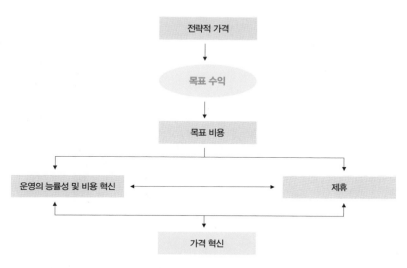

| 그림 4-20 전략적 가격 책정 방법 |

전략적 가격

↓

목표 수익

↓

목표 비용

운영의 능률성 및 비용 혁신 ←→ 제휴

↓

가격 혁신

[출처] 김위찬 · 르네 마보안,《블루오션 전략》

그렇다 보니 원가 증가 시, 20퍼센트의 마진을 유지할 경우 판매가는 높아지고 고객에게 가격 부담을 가져다준다. 스와치는 가격 책정을 거꾸로 했다. 고객이 시계를 패션 액세서리로 여러 개 구입할 수 있도록, 먼저 고객 관점에서 판매가를 40달러로 정했다. 그리고 이렇게 전략적으로 책정한 판매가 40달러로부터 거꾸로 적정한 이윤을 실현할 수 있는 목표 비용$^{Target Costing}$을 설정한 뒤 그에 적합한 생산시스템을 설계했다.

예를 들면, 금속이나 가죽 대신 플라스틱을 사용하고 내부 디자인을 단순화했으며 부품도 150개에서 51개로 줄이고 나사 대신 초음파 봉합 방법을 채택해 경쟁사보다 비용을 30퍼센트나 절감했다. 그리고 스

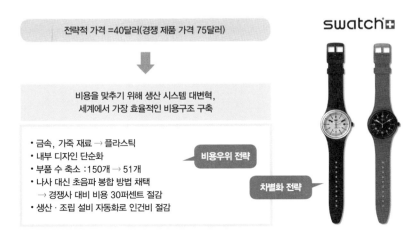

| 그림 4-21 스와치의 가치혁신 전략 |

전략적 가격 =40달러(경쟁 제품 가격 75달러)

비용을 맞추기 위해 생산 시스템 대변혁,
세계에서 가장 효율적인 비용구조 구축

- 금속, 가죽 재료 → 플라스틱
- 내부 디자인 단순화
- 부품 수 축소 : 150개 → 51개
- 나사 대신 초음파 봉합 방법 채택
  → 경쟁사 대비 비용 30퍼센트 절감
- 생산·조립 설비 자동화로 인건비 절감

비용우위 전략

차별화 전략

위스는 인건비가 높은데, 30퍼센트나 차지하던 인건비를 10퍼센트로 줄였다. 이렇게 비용을 맞추기 위해 생산·조립 설비를 자동화하고, 세계에서 가장 효율적인 비용구조를 구축해 40달러로 팔고도 마진이 남게 된 것이다. 원가를 맞출 수 없게 된 경쟁자들은 결국 추격을 포기했다.

이케아도 마찬가지다. 이케아 역시 가격을 먼저 정하고, 가격을 맞추기 위해 적합한 재료와 방법을 찾는다. 가격 경쟁력을 유지하기 위한 이케아의 가구 제작 과정은 일반 가구 회사들과 정반대다. 제품 개발 단계에서 판매가격을 먼저 결정하고 그 한도 내에서 재질과 디자인, 제작방법을 결정하는 형태다. 디자이너가 제품 전반을 설계하는 게 아니라 기술자, 유통전문가, 패키징 전문가[포장전문가] 등 8명의 각 분야 전문가가 모여 2년여의 아이디어 회의를 거친 후 제품 개발 가이

드라인을 만들어낸다. 이 가이드라인에 따라 가장 싸게 생산할 수 있는 전세계 공장에서 철저하게 분업하는 식이다.

이제 4장을 정리해보자.

- 당신의 사업 아이템의 경쟁요소^{가치요소}는 무엇인가?
- 그 중 고객이 진정으로 원하는 가치는 무엇인가?
- 차별화와 비용우위를 동시에 추구할 수 있는 방안은 무엇인가?
- 집중, 차별화, 멋진 슬로건은 무엇인가?
- 사업 아이템의 대안품은 무엇이고, 비고객은 누구인가?
- 구매자, 사용자, 영향력자는 누구이며, 킹핀은 누구인가?
- 시간의 흐름을 고찰한다면 어떤 아이디어가 떠오르는가?
- 기존 산업의 상품^{서비스}을 재창출한다면 어떤 아이디어가 떠오르는가?
- 당신의 상품과 서비스는 고객 관점에서 전략적으로 가격을 책정하였는가?

amazon

LEGO

kakao

IKEA

5장

창의적 혁신을
추구하라

Creative Innovation

초 기 성 공 에 자 만 하 지 말 라

Creative Innovation

26

당신이 일하는 기업의 수명은 얼마나 될 것 같은가? S&P^{Standard & Poor's} 데이터에 의하면 1957년 S&P 500에 속했던 기업 중 단지 14.8퍼센트인 74개 기업만이 1997년 S&P 500에 살아남은 것으로 조사되었다. S&P 500 기업의 평균 수명도 1990년 50년에서 2010년에는 15년, 2015년에는 10년 수준까지 떨어졌다. 〈맥킨지 보고서〉에 따르면 1935년에 기업의 평균 수명은 90년에 달했으나, 1975년에는 30년, 1995년에는 22년으로 단축되어 2015년에는 15년 수준까지 떨어졌다.

시스코시스템스^{Cisco Systems}의 존 챔버스^{John Chambers} 회장은 "10년 내

전략을 혁신하라

현존하는 주요 기업 중 40퍼센트만 살아남을 것이다"라고 예측했다. 사물인터넷과 웨어러블, 그리고 이를 무기로 한 스타트업의 빠른 혁신으로 기존 기업이 살아남기 힘든 환경에 직면해 있다는 것이다. 결국 대부분 회사들이 디지털로의 변화를 요구 받았고, 월마트와 같이 온·오프라인으로 비즈니스를 재창조한 회사들도 급격하게 변화해야 했다. 이제 대기업도 스타트업처럼 민첩하게 변화해야 살아남을 수 있는 세상이 되었다.

국내 기업의 경우 상위 10대 그룹의 평균 연령은 69세이다. 2015년 기준, 119세가 된 두산그룹이 최장수를 기록했고, 삼성그룹이 77세, 한진그룹이 70세, 현대자동차그룹은 평균인 69세, LG그룹이 68세를 기록했다. 그러나 불황이 지속되고 있는 상황에서 두산을 제외한 나머지 10대 그룹이 100세에 도달할지는 예측불허다. 과거 삼성, 현대와 1위 자리를 놓고 치열한 경쟁을 벌였던 대우가 한순간 공중 분해된 것만 봐도 알 수 있다. 1999년 대우가 해체됐을 때 나이는 32세에 불과했다. 대기업이 아닌 보통 기업들의 길은 더욱 험난하다. 통계청에 따르면 최근 국내 기업의 5년 생존율은 30.2퍼센트에 그쳤다. 창업 후 10곳 가운데 7곳은 5년도 못 버티고 문을 닫는다는 의미다. 산업 간의 경계가 무너지고 경쟁이 더욱 치열해지는 시대에 생존 기업의 수는 시간이 갈수록 줄어들 것이다. 그렇다면 왜 기업들은 장수를 누리지 못하고 몰락할까?《위대한 기업은 다 어디로 갔을까How the Mighty Fall》의 저자 짐 콜린스Jim Collins는 기업 몰락의 5단계를 설명했다.

1단계는 '성공으로부터 자만심이 생겨나는 단계'다.

| 그림 5-1 기업 몰락의 5단계 |

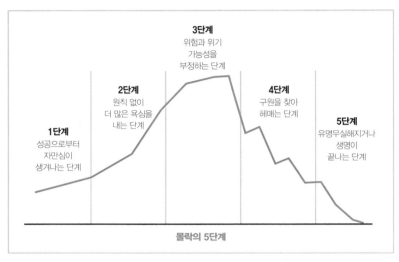

3단계
위험과 위기
가능성을
부정하는 단계

2단계
원칙 없이
더 많은 욕심을
내는 단계

4단계
구원을 찾아
헤매는 단계

1단계
성공으로부터
자만심이
생겨나는 단계

5단계
유명무실해지거나
생명이
끝나는 단계

몰락의 5단계

[출처] 짐 콜린스, 《위대한 기업은 다 어디로 갔을까》

　구글에 인수된 모토로라가 그런 경우다. 1996년 출시한 '스타텍'으로 대히트를 친 모토로라는 10년 만에 매출이 5배로 증가하자 성공에 취해 있었다. 2003년 내놓은 '레이저'는 무려 1억 4,000만 대가 팔렸고, 모토로라는 가장 혁신적인 기업의 반열에 올랐다. 그러나 성공에 심취한 모토로라 경영진은 무선통신 시장이 아날로그에서 디지털로 이동하고 있는 것을 무시했다. 한 고위 경영진은 "4,300만 명의 아날로그 고객이 있는데 대체 뭐가 문제란 말인가"라고 말했다.

　결국 모토로라는 오래가지 못했다. 1990년대 중반까지 시장점유율이 50퍼센트에 육박하다가 1999년에는 17퍼센트로 추락했고, 아이폰 쇼크의 직격탄을 맞은 후 적절한 대응책을 내놓지 못했다. 결국

전략을 혁신하라

모토로라는 대규모 적자에 시달리다 2011년 구글에 매각되었고, 구글도 이를 되살리지 못해 125억 달러에 산 모토로라를 2년 뒤 레노버에 29억 달러를 받고 팔았다. 모토로라로서는 치욕스런 경험이 아닐 수 없다.

닌텐도도 모바일 중심으로 이동하는 게임기 시장의 변화를 무시했고 성공해 안주하다 침몰했다. 안타까운 건, 닌텐도가 2013년에도 현금성 자산이 4,800억 엔이나 되었고, 인수·합병M&A 등을 통해 스마트폰 게임 시장에 진입할 기회는 얼마든지 있었다는 것이다. 하지만 닌텐도는 "어려울 때를 대비한다"며 돈만 쌓아뒀고, 시장의 흐름을 무시한 폐쇄성으로 스스로 위기를 불러 일으켰다.

2단계는 '원칙 없이 더 많은 욕심을 내는 단계'다.

1989년까지만 해도 규모, 상품군, 브랜드 인지도 면에서 나이키와 대등한 수준이었던 리복은 일관성이 결여된 사업 확장에 중구난방 전략을 취해 결국 2006년 아디다스에 매각되었다. 카페베네나 맥도날드가 위기를 겪고 있는 사례도 마찬가지다.

3단계는 '위험과 위기 가능성을 부정하는 단계'다.

1단계의 자만심과 2단계의 원칙 없는 섣부른 욕심이 '위험과 위기 부정'으로 이어지는 것이다. 짐 콜린스는 "3단계에 접어들면 내부에 경고가 증가하지만, 외부 성과가 여전히 견고하기 때문에 크게 우려하지 않는다"고 말했다. 경영진들은 부정적인 데이터를 자신의 책임으로 받아들이지 않고, 남 탓을 하게 된다.

4단계는 '구원을 찾아 헤매는 단계'다.

이 단계에 들어선 기업들은 단번에 사태를 역전시킬 수 있는 묘안을 찾아 나선다. 입증되지 않은 기술에 배팅하기, 전혀 새로운 신제품에 의지하기, 합병 대상 찾기, 구원을 약속하는 컨설턴트 고용하기, CEO 바꾸기 등이다. 하지만 이러한 극약처방은 반짝 효과에 그친다. 그리고 때는 이미 늦었다.

5단계는 '유명무실해지거나 생명이 끝나는 단계'다.

짐 콜린스는 "1~4단계까지 거치며 현금이 계속 고갈되는 상황에서는 기업의 운명을 통제하기 어렵다"고 말했다. 회사가 성공할수록 현금 확보에 대한 개념이 없어지고, 기업들이 '수익 부족'이 아닌 '현금 부족'으로 죽는다는 것이다.

기업 몰락의 5단계를 노키아에 적용해보자. 제지업체에서 시작해 세계 휴대전화 시장점유율 50퍼센트를 차지했던 노키아는 혁신의 대명사였다. 내가 미국에서 MBA를 공부했던 2010년 무렵, 노키아는 성공한 기업의 사례로 MBA 케이스 스터디에 단골 메뉴처럼 등장했다. 그리고 미국 휴대폰 매장에는 노키아의 휴대폰들이 진열대에 널려 있었다. 가격도 20달러, 30달러대로 저렴했다. 하지만 나와 MBA 동기들은 가격이 500달러 내외로 책정된 비싼 아이폰3를 구매했다. 애플의 아이폰3를 필두로 휴대전화 시장의 트렌드가 피처폰에서 스마트폰으로 넘어가면서 노키아의 전성기는 결국 막을 내렸다.

2007년 애플이 아이폰을 최초로 선보였을 때 노키아의 최고경영자 올리 페카 칼라스부오Olli Pekka Kallasvuo는 "조크joke · 농담 같은 제품은 시장에 통하지 않을 것이다"라며 "우리가 정한 것이 표준이다"라고 호

전략을 혁신하라

| 그림 5-2 노키아의 몰락 – 기업 몰락의 5단계에 적용 |

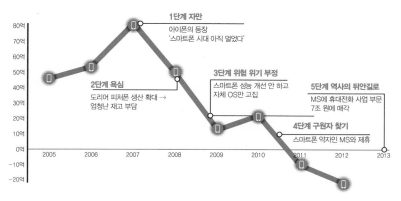

[출처] "혁신에 실패한 '공룡 기업'의 만사지탄 – 끊임없이 현재를 버려야 미래를 얻는다", 〈중앙시사매거진〉, 2014

언했다. 그리고 도리어 피처폰 생산을 확대했고, 이는 엄청난 재고 부담으로 이어졌다. 모바일 운영체제^{os}도 다른 단말기 제조사들이 구글의 '안드로이드'를 앞다퉈 도입했지만, 노키아는 자체 개발한 '심비안'만 고집했다. 결국 노키아는 본사 사옥마저 매각하게 되는 처량한 신세가 되었고, 2013년 9월 휴대전화 사업 부문을 72억 달러^{약 7조 3,000} ^{억 원}에 마이크로소프트에 매각했다.

국내 기업들도 노키아, 모토로라, 소니의 전철을 밟지 않으리라는 보장은 없다. 삼성전자뿐 아니라 현대차, 기아차, LG전자도 치열한 경쟁과 더불어 엔화와 유로화 약세로 수출 경쟁력이 약해지면서 실적이 지속적으로 악화되고 있다. 자동차 업계 1위 제너럴모터스^{GM}가 도요타의 추격에 방심하다 도요타의 '렉서스' 출시 이후 완전히 주도권을 상실했던 것처럼 국내 대기업들도 한시도 방심할 수 없는 상황이 되었다.

파블로 피카소Pablo Picasso는 "성공은 위험하다. 성공한 사람은 자기 모방을 시작한다. 그리고 자기 모방은 다른 사람을 모방하는 것보다 더 위험하다. 그로 인해 자기 고갈의 결과가 발생한다"고 말했다. 성공한 기업이 자기 고갈을 막기 위해서는 신사업을 발굴하고, 끊임없이 체질을 탈바꿈해야 한다는 것은 누구나 아는 사실이다. 그리고 혁신적인 신제품 출시를 통해 끊임없이 전략적 이동을 해야 경쟁우위를 유지할 수 있다. 기업의 흥망성쇠 주기가 갈수록 짧아지면서 IT 업계의 트렌드가 순식간에 변하고 있기에 전략적 이동을 하지 않으면 금세 추월을 당한다. 더 중요한 건 '관리 혁신'을 이뤄내는 것이다. '관리 혁신'에 대해서는 곧 이야기하겠다. 많은 기업의 뿌리 깊은 탑다운 방식은 효율을 추구하는 세상에서는 먹혀들었으나, 밀레니얼세대와 Z세대가 등장하는 현 시대에서는 발목을 잡을 가능성이 크다는 게 많은 이들의 의견이다.

'기업 몰락의 5단계'는 대기업뿐 아니라 소규모 기업에도 적용될 수 있다. "창업보다 수성이 어렵다"는 말은 다 이유가 있다. 특히 불황에는 변화와 혁신이 없으면 생존이 더욱 어렵다. 지금 위기에 처한 회사라면 기업 몰락의 5단계를 곱씹어볼 필요가 있다.

전략을 혁신하라

혁 신 하 고   또   혁 신 하 라

Creative Innovation

27

창조적 파괴$^{Creative Destruction}$의 주창자, 조지프 슘페터$^{Joseph Schumpeter}$는 "혁신이야말로 경제가 발전하는 원동력이며 혁신이 없는 곳에서는 경제 발전도 없다"라고 말했다. 그가 한 중요한 말들을 몇 가지로 추려보면 다음과 같다.

- 자본주의의 본질은 창조적 파괴의 과정이다.
- 자본주의를 움직이는 힘은 새로운 고객, 새로운 제품, 새로운 생산 방식이나 운송방식, 새로운 시장, 새로운 산업조직 형태로부터 나온다.

- 기업가란 새로운 아이디어나 발명을 새로운 혁신으로 바꿀 수 있는 의지와 역량이 있는 사람이다.
- 성장과 소득 향상의 궁극적인 원천은 바로 기업인들^{Entrepreneurs}에 의한 '창조적 파괴=혁신'이다.

정리해보면 혁신은 모든 경제 발전의 원동력이 된다는 것이다. 이렇게 보면 기업의 혁신은, '1장 사업의 목적은 무엇인가'에서 언급한 것과 같이, 사회 경제적 측면에서 기업이 짊어져야 할 의무이자 책임이다. 역설적으로 혁신하지 않는 기업은 '과장해서 말하면' 사회에 대한 죄를 짓고 있는 셈이다. 이러한 사실은 노키아와 핀란드의 사례를 통해 알 수 있다.

노키아와 제지 산업은 핀란드 경제에서 매우 중요한 역할을 해왔는데, 이들 산업의 몰락으로 핀란드 경제는 위기를 맞게 됐다. 노키아의 몰락과 핀란드 경제를 약화시킨 주범이 애플이라는 재미있는 주장도 있다. 애플이 아이폰을 출시한 후 노키아가 몰락했고, 아이패드 등장으로 서적류 수요가 줄어들면서 핀란드 제지 산업이 망했다는 것이다. 그러나 슘페터의 주장에 따르면 주범은 '혁신하지 않은 노키아'다.

핀란드는 노키아 몰락을 계기로, 재기를 위해 혁신에 박차를 가하고 있다. 기존의 IT 산업은 부가가치가 큰 게임 산업 위주로 키워나가고 있으며, 제지 산업은 전통적인 임업에서 미래 성장동력인 바이오 에너지 쪽으로 옮겨가고 있다. 노키아도 재기를 위해 노력하고 있다.

전략을 혁신하라

휴대전화 사업을 접고 통신장비로 눈을 돌렸고 2015년 4월에는 프랑스 알카텔-루슨트Alcatel-Lucent를 인수함으로써 세계 통신장비업계 1위로 올라섰다. 또 스마트폰 사업을 재개하겠다는 계획을 갖고 있다. 마이크로소프트가 모바일 폰을 만들고, 노키아가 휴대폰을 디자인하고 브랜드를 라이선싱한다는 계획이다. 만일 노키아가 재기한다면 다시 한 번 혁신의 대명사로 등극할 것이다.

혁신으로 흥한 노키아가 혁신하지 않아 호되게 당한 이후 발 빠르게 움직이고 있는 것처럼, 발 빠른 변신은 기업을 지속 성장하게 만든다. 실제로 IBM, 오라클 등은 한때 위기에 처했지만 발 빠르게 변신해 살아남았다. IBM은 〈포춘Fortune〉이 선정하는 초우량 기업에 4년 연속 1위로 선정될 정도로 1990년대까지 명실상부한 최고의 PC 제조기업이었다. 그러나 PC 시장이 대형에서 개인용으로 변화하는 것을 따라가지 못하면서 컴팩, HP, 델 등 후발주자에게 시장을 빼앗기기 시작했다. 그러자 재빨리 주력 사업군을 제조업에서 서비스업으로 바꾸는 변화를 단행했다. PC 부문을 레노버에 팔고, 프린터 부문을 분리했다. IBM은 현재 IT 솔루션 개발 및 구축, 전략수립 컨설팅 등을 제공하는 종합 서비스 제공 기업이 됐다. IBM 수익의 80퍼센트가 여기에서 나온다. 소프트웨어 기업이었던 오라클은 하드웨어 기업을 인수한 이후 '어플라이언스Appliance'라는 새로운 장비를 만들어내며 영향력을 확대하고 있다. 스위치와 라우터를 팔던 시스코는 서버 사업까지 진출, '만물인터넷'이라는 신조어를 만들어내며 IT 시장을 주도하고 있다.

〈월스트리트저널〉이 선정한 세계 경영 대가^{大家} 20인 중 1위에 오른 게리 하멜은 "진화의 시대는 가고 혁명의 시대가 도래했다"고 말했다. 20세기는 점진적인 경쟁 전략이 이끌어갔지만 불확실성이 지배하는 21세기에는 경쟁의 룰^{rule}을 바꾸는 혁명적인 전략만이 의미가 있다는 뜻이다. 혁명적인 전략을 위한 그의 경영 이론의 핵심은 '관리 혁신^{management innovation}'에 있다. 즉 기업의 성공은 새로운 기술 개발, 첨단 제품 출시보다는 직원들의 시간 활용, 의사 결정 구조, 조직 구성 등 사람 관리와 관련 있다는 것이다. 예를 들어 조직 자체에 창의성을 불어넣으면 새로운 기술과 제품은 자연스럽게 따라오기 마련이라는 것

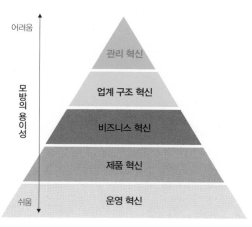

| 그림 5-3 혁신의 단계 |

어려움

모방의 용이성

쉬움

관리 혁신

업계 구조 혁신

비즈니스 혁신

제품 혁신

운영 혁신

[출처] 게리 하멜, 《경영의 미래》

이다.

하멜은 기술과 제품의 혁신 방식은 21세기 수준인데, 사람을 관리하는 방식은 20세기 초 수준에 머물러 있다고 말했다. 즉 회사 관리 시스템은 100년 전이나 지금이나 거의 변한 것이 없다는 것이다. 따라서 혁신을 북돋우고 꽃피우게 하는 조직문화야말로 기업의 가장 중요한 역량이고, 이를 위해서는 '관리 혁신'이 필요하다는 것이다.

그렇다면 관리 혁신이란 구체적으로 무엇인가?

하멜에 따르면 혁신에도 급級이 있다. 가장 밑에는 '운영 혁신operation innovation'이 있다. 이는 직원들이 매일 부닥치는 조달 · 판매 · 유통 · 서비스 채널 등의 혁신으로, 해봐야 큰 경쟁력이 없다. 경쟁사가 너무나 쉽게 모방할 수 있기 때문이다. 이보다 한 단계 높은 혁신은 '제품 혁신^{product innovation}'이다. 벽걸이 TV와 스마트폰 등 최첨단 제품이 여기에 해당된다. 그러나 제품 혁신의 경쟁력도 고작 6개월~1년을 버티다 사라진다.

다음 단계는 '비즈니스 혁신^{business innovation}'이다. 고객을 만족시키는 전혀 다른 방법의 사업을 구상했을 때 일어나는 혁신이다. 페이스북, 이케아, 자라 등이 있다.

그 다음은 '업계 구조^{industry architecture} 혁신'이다. 이 혁신은 단지 한 회사나 한 사업 아이디어에 제한되는 것이 아니라 업계 전체를 뒤집어엎어 놓는다. 애플의 MP3플레이어 아이팟^{iPod}이 그런 경우다. 애플은 아이팟과 디지털 음악서비스인 아이튠즈를 통해 음반 시장 업계 구조를 재편했다.

이보다 더 위, 즉 혁신 사다리의 가장 꼭대기에 있는 것이 '관리 혁신'이다. 쉽게 말하면 회사 관리자^{manager}들이 일하는 방식을 바꾸는 것이다. 관리자의 일은 부하 직원들을 관리하고 팀을 꾸리고, 회사의 자원을 분배하고, 목표를 정하고, 파트너십을 구축하는 일 등이다. 이런 분야의 혁명은 한 기업을 거꾸로 뒤집어 탈탈 터는 듯한 강력한 파장을 미친다. 문제는 관리 혁신이 일어나는 경우가 많지 않고 일어나기 어렵다는 것이다. 이에 관한 하멜의 주장을 요약하면 다음과 같다.

- 지난 100년 동안 기술과 서비스, 유통에는 엄청난 변화가 왔지만 경영이라는 것, 즉 회사 관리 시스템은 거의 변한 게 없다. 여전히 현장에서 고객에게 물건을 파는 말단 직원은 위에서 시키는 대로

일하고, 중요한 결정은 더 높은 직급의 사람이 내린다.

- 오늘날 조직의 과제는 '어떻게 일을 효율적으로 할까'가 아니라 '어떻게 하면 게임의 룰을 바꿀까'이다. 요즘 기업들은 서비스 혁신, 제품 혁신을 외쳐대지만 주기적으로 혁신적인 아이디어를 내놓는다는 것은 말처럼 쉽지가 않다. 이유는 기업의 경영 구조 자체가 '혁신'을 생산하도록 설계된 것이 아니라, 같은 일을 반복하도록 설계돼 있기 때문이다.

- 기업에 혁신을 가르치는 일은 개에게 두 발로 걸어 다니도록 훈련을 시키는 과정과 비슷하다. 조련사가 먹이를 이용해 열심히 개에게 두 발로 서는 법을 가르쳤다고 치자. 하지만 조련사가 뒤돌아서는 순간부터 개는 다시 네 발로 앉는다. 개에게는 두 발로 걷는 DNA가 없기 때문이다.

  혁신 DNA가 없는 기업에 혁신을 강요해봐야 일회성에 그친다. 즉 세상의 변화에 맞춰 실시간으로 혁신을 쏟아내는 기업이 되기 위해선 경영 구조 자체가 혁신적이어야 한다. 소니는 아날로그에서 디지털로 넘어가는 과정이 다른 기업보다 몇 년 늦었다. 의사 결정을 하는 소니의 최상층 경영진이 대부분 50대 이상의 아날로그 세대였기 때문이다. 그들의 세계는 아날로그이고, 하드웨어였다. 그들은 디지털과 소프트웨어를 이해하기 힘들다.

- 이런 관점에서 차라리 과거의 유물 없이 완전히 새롭게 시작하는 기업이 유리하다. 그런 의미에서 나는 인도 기업이 특히 유리하다고 본다. 기업 성장 속도를 보더라도 6~7년 만에 3만~4만 명 규

모의 조직이 탄생하고 있다. 한 회사가 해마다 5,000~8,000명을 신규 채용하고, 기존 직원은 또 그만큼 회사를 나가 새 회사로 옮긴다. 이렇게 계속 새로운 피가 들어오면 새로운 아이디어가 더 많이 나올 수밖에. 그래서 인도 기업은 직원들의 평균 연령이 어리다. HCL테크놀로지의 경우 직원 평균 연령이 26세이다. 어려서부터 컴퓨터와 인터넷을 하면서 자란 인력들은 사고思考 자체가 다르다.

• 역사가 오래된, 현재의 대기업들은 혁신 DNA 자체를 심지는 못해도 치열한 자기 관리를 통해 혁신을 더 자주, 꽤 주기적으로 만들어낼 수는 있다. 이렇게 해낸 기업들이 GE와 도요타이다. GE의 경우 인재 사관학교인 크로톤빌Crotonville을 설립했고, 도요타는 현장 작업자에게 스스로 개선할 수 있는 권한을 주는 식으로 끊임없이 자신을 시험했다. '잘 훈련된 절차disciplined process'를 통해 혁신을 최대한 많이 배출해낸 것이다.

하멜은 저서《경영의 미래The Future of Management》에서 미국의 유기농 식품점 체인 홀푸드마켓Wholefoods Market과 고급 등산복 소재로 유명한 고어텍스Gore-tex, 세계 최대의 인터넷회사 구글 등 3개 회사를 미래 경영의 모범을 보여주는 사례로 꼽았다.

홀푸드마켓은 모든 직원이 팀 단위로 고용과 해고, 물품 구매 같은 재량권을 갖는다. 한마디로 임파워먼트empowerment를 한 것이다. 보통 한 매장은 수산물, 농산물, 계산대 등 평균 8개 팀으로 이뤄져 있다. 이들은 어떤 물건을 들여놓을지부터 가격 책정, 직원 인사까지 결정할 수 있다. 월급도 팀 단위 실적에 연동된다.

고어텍스는 상사가 없는 수평한 조직이다. 업무는 따로 정해져 있지 않아 자신이 스스로 일을 찾아야 한다. 승진은 동료들의 판단에 의해 결정된다. 1주일 중 반나절은 직원들이 재미있게 무슨 일이든 할 수 있는 '장난 시간dabble time'을 만들었다.

구글 역시 관료주의를 과감히 없애고 어떤 직원이든 자신의 아이디어를 실행에 옮길 수 있게 검토 · 지원하는 제도를 갖고 있다.

홀푸드마켓, 고어텍스, 구글의 특징은 사원들이 생각할 자유, 어떤 일에 참여할 자유를 최대한 많이 주려 한다는 것이다. 조직을 최대한 수평하게 만들어서 누구나 회사 차원의 결정에 참여하게 만들었고, 마지막 직원 한 명의 아이디어까지 모두 활용하려고 들었다.

하멜이 주장한 관리 혁신은 곧 회사 관리자들의 일하는 방식, 마인드, 습관을 바꾸는 것이다. 이는 의사결정 구조, 조직문화, 학습 등 사람 관리와 관련된 혁신으로, 관리 혁신을 하는 기업은 지속성이 더욱 높아지고 소비자 가치에 공헌할 수 있다.

여기서 잠시 스티브 잡스와 존 스컬리John Scully에 관한 이야기를 해보겠다. 존 스컬리가 애플로 영입되었다가 다시 쫓겨난 이유는 그가 '관리 혁신'에 적합한 인물이 아니었기 때문이라고 나는 생각한다. 스티브 잡스가 애플을 창업한 직후, 당시 최고 마케팅 실력자였던 존 스컬리 펩시콜라 사장을 영입했던 일화는 유명하다.

존 스컬리는 펩시콜라의 부사장으로 코카콜라에 절대적으로 밀리던 브랜드인 펩시콜라를 최고의 브랜드로 키워낸 장본인이다. 그는 거액의 연봉을 받으며 미국 최고의 기업에서 최고의 대우를 받고 있었기에 당시 작은 회사였던 애플의 러브콜을 받아들일 이유가 없었다. 그런 그를 잡스는 뉴욕에 있는 자신의 아파트에 초대했고, 발코니에서 자신보다 훨씬 나이도 많고 경력 면에서도 비교조차 할 수 없는 거물을 상대로 다음과 같이 말했다.

"평생 설탕물만 팔면서 살고 싶으십니까? 아니면 세상을 바꿔놓을 기회를 갖고 싶습니까?"

존 스컬리는 이 한마디에 엄청난 충격을 받았다고 한다. 상당히 당돌하고 모욕적인 말이었지만, 도전정신을 자극하는 한마디에 존 스컬리는 애플이라는 배에 승선하게 되었다. 스컬리가 합류한 후 그의 마케팅 능력과 잡스의 창의력이 빛을 발하면서 애플은 한동안 승승장구했다. 그러나 위기는 빨리 찾아왔다. 1984년 애플은 15억 달러의 매출을 올린다. 이는 1983년에 비해 55퍼센트나 늘어났지만, 이를 기점으로 심각한 판매부진과 함께 존폐를 논할 정도의 위기가 닥쳐온다. 이를 극복하기 위해 스컬리는 비전만을 강조하면서 앞으로 달려 나가는 잡스를 애플에서 몰아낸다. 가장 큰 실책은 매킨토시 판매를 과도하게 낙관적으로 기대했던 것이었다. 매킨토시에 자신이 있었던 잡스는 8만 대를 미리 생산했는데, 2만 대만 팔리게 되자 심각한 위기를 맞게 된다. 원인은 매킨토시 제품의 불완전성이었다. 제품 스펙이 경쟁제품을 압도한 것도 아니었고, 애플 II에서 사용할 수 있었던 많은 소프트웨어의 호환성이 무시되었다.

매킨토시의 판매 실적은 더욱 악화되어 1985년에는 단 2,500대

밖에 팔리지 않았는데도, 잡스는 잘못을 인정하지 않고 다른 사람들을 나무라고 불평하면서 조직에 위해를 가했다. 결국 스컬리는 잡스에게 책임을 전가했고, 이는 경영권 분쟁으로 이어졌으며, 아무도 잡스의 편을 들어주지 않아 잡스는 쫓겨나다시피 애플을 떠났다.

스컬리는 잡스가 떠난 뒤 전체 직원의 20퍼센트에 이르는 인원을 해고하고, 여러 사업부로 흩어져 있던 사람들을 하나의 통합된 구조로 만들었다. 이를 통해 비용을 엄청나게 줄였고, 매출 규모는 작아졌지만 비용구조가 좋아지면서 수익을 내기 시작했다. 1986년 애플은 1985년보다 부진한 실적을 내지만, 애플에게 등을 돌렸던 소프트웨어 회사들을 설득해서 매킨토시용 애플리케이션을 제작하도록 설득해 재기의 발판을 마련하는 데 성공한다. 그리고 스컬리는 DTP^{Desktop Publishing}라는 새로운 니치마켓에 집중을 했다.

매킨토시는 전체 PC 시장의 헤게모니를 쥘 수는 없었지만, 특정 시장에서는 강력한 비교우위를 점할 수 있었던 것이다. 이러한 전략을 통해 매킨토시의 매출은 점점 증가했고, IBM에 이은 2위의 자리를 공고히 하면서 안정된 성장을 이룩하게 된다. 그러나 1993년 스컬리는 애플을 떠나게 된다. 그는 위기의 회사를 건져 올리는 데에는 성공했지만 거기까지였다. 애플의 한 단계 도약을 위한 새로운 돌파구를 찾아내려고 시작한 스컬리의 다양한 프로젝트들은 현실성이 부족했다. 너무 많은 제품들을 기획하는 등 첨단 산업을 이끌고 나가는 것에 전통 산업을 관리하고 기획하는 의사결정을 내림으로써 애플의 창의성과 독창성 등의 에너지를 폭발시키지 못했다. 이후 애플은 근근이

버텨나가다 잡스가 돌아오면서 오늘에 이르게 되었다.

애플에 복귀한 잡스는 쫓겨나던 시절의 그가 아니었다. 사실 과거의 그는 커다란 기업을 경영하는 데 여러모로 함량미달이었다. 그러나 컴백한 잡스는 비전과 창의성 및 특유의 카리스마뿐 아니라 관리 방식과 경영, 팀 플레이, 경영 자체에 대한 경험에 이르기까지 대부분의 것들을 갖춘 거의 완성된 CEO로 돌아왔다. 만약 잡스 대신 스컬리가 1985년 애플에서 쫓겨났다면 오늘의 애플이 있었을까? 그랬다면 잡스는 애플과 함께 이미 오래 전에 실패의 나락으로 빠졌을 것이다. 스컬리가 당시에 애플을 맡아서 사태를 수습하고, 이 과정 속에 잡스가 새로운 경험을 하고 돌아올 수 있게 되었던 일련의 과정이 오늘날 애플의 성공 밑거름이 된 것이다.

스컬리를 20세기에 점진적인 경쟁 전략을 이끌어간 '전통적인 리더'라고 한다면, 잡스는 불확실성이 지배하는 21세기에 게임의 룰을 바꾼 '혁명적인 리더'라고 할 수 있다. 그리고 현 시대에는 잡스와 같은 리더가 필요하다. 물론 지원 업무를 하는 스텝부서에는 스컬리와 같은 인물도 무방하다. 중요한 건 당신 회사에 스컬리와 잡스와 같은 인물 중 누가 더 많으냐는 것이다. 하멜의 말처럼 혁신 DNA가 없는 사람에게 혁신을 강요해봐야 일회성에 그친다.

당신의 회사는 어떠한가? 스컬리와 잡스 중 어떤 유형의 경영진이 많은가? 이 대답에 따라 당신 회사의 운명과 수명은 이미 결정되어 있는 것과 다름없다.

'혁 신'을 넘 어 '창 조 적 혁 신'을 하 라

Creative Innovation

29

삼성전자 전 CEO인 이윤우 부회장이 'IIC'라는 화두를 던진 적이 있다. 'Improvement^{개선}, Innovation^{혁신}, Creative Innovation^{창조적 혁신}'의 머리글자를 땄다. 그는 혁신 활동을 개선, 혁신, 창조적 혁신으로 나누어 정의했다. 개선이란 '지지 않기 위한 변화'로, '당장 불끄기' 등의 과제를 통해 달성될 수 있다. 혁신이란 '이기기 위한 변화'로, 경쟁 우위를 높이는 방법으로 달성될 수 있다. 창조적 혁신이란 '선도적 리딩을 유지하기 위한 변화'로 '창의'를 주제로 하는 혁신 도구를 활용한 혁신 활동이다.

창조적 혁신은 높이뛰기에서 '딕 포스베리^{Dick Fosbury}'가 창안한 '배면뛰기 기술'을 예로 들 수 있다. 그는 인류가 눈앞의 장애물을 넘을 때는 항상 정면으로 달려든다는 고정관념을 깨버렸다. 딕 포스베리는 1968년 멕시코시티 올림픽에서 자신이 창안한 배면뛰기 기술몸을 돌려 등으로 바를 넘는 방식으로 금메달을 땄다. 우스꽝스럽고 생소한 모습에 모두 비웃었지만, 그는 세계 신기록을 세우며 우승했다. 그리고 그 다음 대회부터는 모든 선수들이 배면뛰기를 시도하게 되었다. 딕 포스베리는 높이뛰기 바는 정면으로 넘어야 한다는 고정관념에서 벗어나, 창조적 혁신을 이룬 것이다.

도요타의 경우도 과거엔 볼트를 1분에 몇 번 조였는가가 변화의 초점이었지만, 이젠 볼트 자체를 없애는 근본적 혁신을 통해 기존의 개선에서 이루어지는 점진적 성과를 보다 비약적인 성과로 올리는 것을 혁신의 개념으로 정립해 변화의 도약을 이뤄냈다.

테슬라의 전기자동차도 마찬가지다. 2012년 테슬라 모터스는 전기자동차인 '모델S' 세단을 출시하면서 자동차 산업 전반을 뒤흔들었다. 이 차는 엔진오일을 교환하지 않아도 되고 자동차를 유지하기 위한 전통적인 기타 장비 절차를 필요로 하지 않는다. 또 각 나라의 주요 고속도로에 설치되어 있는 테슬라 충전소에서 20분가량이면 수백 킬로미터를 달릴 수 있을 만큼의 전기를 무료로 충전할 수 있다. 기름값을 걱정할 필요가 없는 것이다. 순수 전기차인 이 차는 한 번 충전으로 480킬로미터 이상 달리고, 4.2초 만에 시속 100킬로미터에 도달할 수 있다.

하버드 경영대학원의 테레사 아마빌Teresa Amabile 교수는 "창조성이 결여된 혁신은 결국 개선이다. 개선은 오늘 같은 내일만 있을 뿐이다"라고 말했다. 결국 창조는 혁신을 일으키는 모태이고, 창조 없이는 혁신도 없다.

그렇다면 최고의 혁신 기업은 어디일까? 미국의 온라인 비즈니스 미디어 '패스트컴퍼니Fast Company'가 선정한 '세계 50대 혁신 기업'에 따르면 2020년에는 1위는 스냅SNAP, 2위는 마이크로소프트, 3위는 테슬라가 차지했다. 고무적인 건, '빅히트 엔터테인먼트'가 4위를 차지했다는 점이다. 패스트컴퍼니는 "수백만 방탄소년단의 팬들이 소통과 쇼핑을 위해 두 가지 애플리케이션을 사용한다"며 커뮤니케이션 플랫폼 '위버스'와 커머스 플랫폼 '위버스샵'에 주목했다. 2019년 10월 서울에서 열린 방탄소년단의 콘서트는 티켓 매진으로 인산인해를 이뤘지만, 위버스샵을 통해 MD를 선주문한 덕분에 줄을 서지 않을 수 있었고, 위버스를 통해 푸드존의 대기 시간을 확인하며 방탄소년단 멤버들에게 메시지를 보내기도 했다.

그런데 이런 최신, 최첨단 산업에 비해 전통 산업에 있던 기업이 혁신의 대명사로 선정이 된 적이 있다. '패스트컴퍼니Fast Company'가 선정한 '세계 50대 혁신 기업'에 2013년에 나이키가 1위로 선정되었던 것이다. 나이키는 스포츠 용품 기업이라는 점에서 더 주목할 만하다. 나이키가 선정된 이유는 혁신 제품 때문이다. '퓨얼밴드fuel band'는 하루 운동량을 그래프로 표시해주고 인터넷을 통해 자신의 수치를 지인들과 공유할 수도 있다. 이에 따라 나이키는 데이터를 제공하는 서비스 회사의 면모도 갖추게 됐다. 또 하나의 혁신 제품은 '플라이니트레이서'로, 기존 방식에서 벗어나 뜨개질하듯 만들어낸 신발이다. 친환경적이며 생산비도 낮을 뿐만 아니라 양말만 신은 것처럼 가벼운 느낌까지 준다. 혁신 제품의 개발로 나이키는 2006년에 비해 매출이 60퍼센트, 시가총액은 무려 2배나 늘어났다.

또한 최근엔 나이키 트레이닝 클럽^{NTC} 앱과 나이키 런 클럽^{Nike Run Club} 앱을 출시하여 큰 호응을 얻고 있다. 나이키 트레이닝 클럽^{NTC} 앱은 15분에서 60분에 이르는 185개 이상의 트레이닝 영상을 제공한다. 운동기구 없이도 할 수 있는 근력 운동과 요가 클래스, 특정 근육 타깃 트레이닝 프로그램과 기구를 활용한 근력 운동 등 다양한 이용자 맞춤형 영상 콘텐츠를 포함하고 있다. 나이키 런 클럽^{Nike Run Club} 앱은 이용자의 러닝 활동을 추적하고, 이를 기반으로 맞춤형 코칭 플랜을 지원한다. 이용자의 진행 상황을 기록하고, 달리는 속도와 위치, 거리, 고도, 심박수, 러닝 구간 등 관련 활동에 필요한 모든 세부사항을 제공하는 것이 특징이다. 또 이용자는 '러닝 중 친구들의 응원^{In-run Cheers}' 기능을 통해 친구 혹은 최고의 운동선수들로부터 응원의 메시지를 전달받을 수도 있다.

그렇다면 사양 산업 취급을 받던 운동화 업체가 어떻게 가장 혁신적인 업체가 됐을까? 비결은 스펀지처럼 새 아이디어를 흡수하는 나이키의 기업문화 속에 있다. '관리 혁신'을 한 셈이다.

나이키는 1990년대 후반 매출 정체로 성장 한계에 직면했다. 설상가상으로 나이키 마케팅의 상징인 농구선수 마이클 조던이 은퇴하며 위기감은 더 커졌다. 하지만 나이키는 운동화에 부착해 신체활동을 측정하는 센서인 '플러스센서', 손목에 착용해 신체활동을 측정하는 팔찌인 '퓨얼밴드' 등 정보기술을 적용한 신제품을 발표하면서 혁신 기업으로 발돋움했다. 1997년 이후 6년간 100억 달러 미만에 정체됐던 매출액은 2008년 186억 달러, 2013년 253억 달러로 상승했다. 그리고 마이크로소프트와 손잡고 전용 피트니스 게임 '키넥트트레이닝'까지 개발하는 등 과거 어떤 기업도 가지 않았던 길을 앞서서 가고 있다. 그런 배경에는 나이키만의 유연성이 한몫을 했다. '스펀지가 되어라Be a Sponge'는 사내 행동 규범처럼 나이키 직원은 분야에 관계없이 언제든 새로운 아이디어를 흡수하기 위해 노력한다. '이노베이션 키친'이라고 불리는 연구개발센터도 생물학, 건축학, 체육학, 디자인 등 다양한 분야의 전문가로 구성되어 있다. 제품을 개발할 때 열린 사고를 하고, 여러 가지 관점에서 접근하기 위해 조직을 구성한 것이다.

나이키코리아는 2020년 7월에 비대면 가상 워크숍 '나이키 디지털 필드데이Nike Digital Field Day'를 열기도 했다. 이는 코로나19 상황 속에서 사내 화합을 도모하기 위해 마련된 비대면 가상 행사로 마인크래프트 게임을 통해 구현됐다. 워크숍에 참여한 직원들은 농구 경기와 미니 게임, 건축 게임, 시상식 등을 즐길 수 있었으며, 가상의 농구 코트와 원형 경기장, 야외 필드, 대강당 등의 장소도 마련됐다. VR가상현실 · AR증강현실 기술을 기반으로 맵 내부 3D 캐릭터의 움직임까지 구현했으며, 나이키 운동화 상자를 가득 실은 트럭을 배치하고 경기장 내에 나이키 광고판을 설치하는 등 디테일한 요소를 가미해 참여하는 재미를 극대화했다. 이처럼 나이키는 코로나19 상황에서도 언택트

| 그림 5-4 글로벌 혁신 기업의 일하는 방식 7 |

1 할 일과 하지 말아야 할 일을 명확히 구분하고, 최고로 잘할 수 있는 일에 집중한다.
(대표기업:애플)

2 혁신과 관련한 일에 집중할 수 있도록 소모적 · 비효율적인 회의 및 보고 관행을 제거한다.
(대표기업:마이크로소프트)

3 처음부터 완벽한 계획을 세우고 일을 진행하기보다는 일을 실행해가면서 개선한다.
(대표기업:인텔)

4 일이 신속하게 실행될 수 있도록 의사결정 메커니즘을 철저하게 실행의 관점에서 운영한다
(대표기업:구글)

5 구성원이 아이디어의 제안부터 상품화에 이르기까지 혁신에 대한 오너십을 갖고 혁신적 아이디어
를 스스로 발현하고 실험한다. (대표기업:구글)

6 혁신적 아이디어가 발현될 수 있는 온라인, 오프라인 창구를 운영하고 혁신을 격려하기 위한 인정
프로그램을 운영한다. (대표기업:아마존)

7 다양한 구성원들간의 인적 네트워크 및 지리적 근접성을 통해 창조적 혁신을 강화한다.
(대표기업:픽사)

[출처] 최병권, '글로벌 혁신 기업의 일하는 방식 7', LG경제연구소, 2013

기술을 활용해 새롭고 창의적인 방식을 시도하여 사내 워크숍을 진
행했다. 여기에도 나이키만의 유연성이 한몫을 한 것이다.

[그림 5-4]를 살펴보면 왜 혁신 기업들로 선정되었는지 알 수 있다.
그런데 여기에 눈에 띄는 단어들이 있는데, '집중[1, 2번]', '실행[3, 4번]', '문
화[5, 6, 7번]'이다.

2009년 전세계인을 공포에 몰아넣은 신종플루의 치료 알약 '타미
플루' 개발사인 미국 바이오벤처 '길리어드 사이언스[Gilead Sciences, 이하 길
리어드]'는 글로벌 1위 보건기업인 존슨앤드존슨[1886년]보다 101년 늦은

전략을 혁신하라

1987년 실리콘밸리에서 출발했다. 길리어드 역시 '혁신'을 무기로 타미플루, 한 알짜리 에이즈[HIV] 치료제 등을 내놓으며 제약업계에 돌풍을 일으켰다. 페이스북과 나스닥 시가총액[116조 원]이 비슷한 이 회사에 특이한 점이 있다. 자체 영업조직 없이도 2000년대 내내 연평균 34퍼센트 속도로 매출이 성장했다는 점이다. 비결은 영업망이 탄탄한 제약사들[국내에선 유한양행]과 제휴하는 방식이다. 한국지사의 직원은 30명, 전 세계 26개 법인을 통틀어도 직원은 6,200명이 안되지만 10만 명 이상의 직원을 거느린 거대 제약 회사들을 긴장시킨다. 길리어드는 연구개발 같은 핵심역량에 '집중'하고 나머지는 거의 외주를 준다. 앞서 설명한 '글로벌 혁신 기업의 일하는 방식 7'의 특징 중 '집중'에 충실한 결과다. 연구개발에만 집중한 결과, 길리어드는 미국 FDA가 매년 20개 씩만 승인하는 신약에 대한 허가를 최근 12년간 10개나 받아냈다. 길리어드는 "우리는 약이 아니라 '과학'을 판다"고 말할 정도로, 과학을 통한 혁신을 강조한다.

오 픈 이 노 베 이 션 을 활 용 하 라

Creative Innovation

30

2000년대 이후 전략 도서의 지적 영향력 추세를 보면 '오픈 이노베이션^{Open Innovation}'에 관한 내용이 가장 인기다. 그만큼 오픈 이노베이션은 현 시대의 화두다. 오픈 이노베이션은 기업이 필요로 하는 기술과 아이디어를 외부에서 조달하는 한편, 내부 자원을 외부와 공유하면서 새로운 제품이나 서비스를 만들어내는 것이다.

오픈 이노베이션의 대표적인 사례는 애플의 앱스토어^{App Store}다. 게리 하멜은 "애플이 '아이폰'과 '앱스토어'로 대변되는 지금 같은 휴대폰 생태계를 내놓기 전에는 아무도 이를 구현하지 못했다. 이전까지는 다들 이동통신업체가 제공하는 닫힌 정원^{walled garden} 안에서만 콘텐츠를 다운받을 수 있다고 생각했었다. 하지만 애플은 높은 담장으로 둘러싸인 이런 정원의 문을 활짝 열어젖혔다"고 말했다.

디자이너 없는 디자인회사 알레시^{Alessi}도 오픈 이노베이션을 잘 활용하고 있다. 전세계적으로 인기가 높은 알레시의 제품들은 하나같이 기발하고 재미있다. 로켓처럼 생긴 주전자, 나뭇가지 모습을 한 액자꽂이, 축 늘어진 사람 형상의 책갈피, 사람 모양의 와인따개 등이다. 제품마다 톡톡 튀는 디자인으로 소비자를 즐겁게 만드는 알레시 내부에는 놀랍게도 디자이너가 한 명도 없다. 무슨 이유일까?

알레시는 단순히 주방용품을 만드는 것을 뛰어넘어 창의적이고 예술적인 가치를 부여하는 작품을 만들기로 결심하고, 그 방법으로 택한 것이 오픈 이노베이션 전략이다. 알레시의 3단계 오픈 이노베이션은 다음과 같다.

첫째, 제품을 새로운 시각으로 보기 위해, 제품을 만들 때 해당 분야와 관련 없는 사람들을 참여시킨다. 주방용품을 만들 때는 건축가, 미술가 등도 디자인 및 개발에 참여시켰다. 새소리를 내는 'Bird Kettle 9093' 주전자는 건축가가 만들었다. 당시 형이상학적 건축물을 디자인했던 그레이브스는 자신의 감각을 제품에 그대로 반영했다. 주전자 주둥이는 물이 한 번에 넘치지 않도록 볼록해야 한다는 고정관념을 깨고 매끈하고 간결한 선으로 디자인했다. 그 끝에 작은 플라스틱 새를 달아 물이 끓게 되면 새소리가 나도록 설계했다.

둘째, 알레시는 전세계를 돌아다니면서 워크숍을 연다. 그 나라의 젊은 디자이너들을 모아 창의적인 아이디어를 낼 수 있게 도와주고

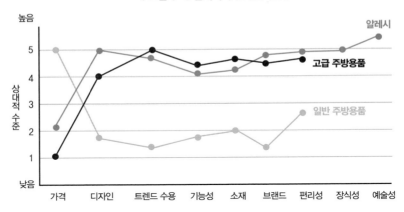

| 그림 5-5 알레시의 전략캔버스 |

좋은 아이디어는 상품으로 만든다. 고슴도치 모양의 사무용품도 한국에서 열린 워크숍에 참여한 한국인 디자이너의 아이디어를 상품화한 것인데, 세계 50여 개국에서 10만 개 이상 팔린 히트 상품이 됐다.

셋째, 알레시는 외부 디자인 발굴을 위한 연구소를 따로 두었다. 연구소의 주된 업무는 외부 디자이너들의 응모작을 검토하는 것. 수시로 공모전을 열어 누구든지 좋은 아이디어가 있다면 알레시의 문을 두드릴 수 있다. 언제라도 신진 디자이너를 발굴할 수 있게 조직적 체계를 갖춘 것이다.

고급 주방용품과 일반 주방용품에 비해 장식성과 예술성을 창조한 알레시의 전략캔버스를 그려보면 [그림 5-5]와 같다.

돌궐제국의 명장 톤유쿠크^{暾欲谷}의 비문에는 "성을 쌓고 사는 자는 반드시 망할 것이며, 끊임없이 이동하는 자만이 살아남을 것이다"라는 말이 있다. 오픈 이노베이션의 중요성을 일깨우는 말이다.

전략을 혁신하라

거꾸로 생각하는 역발상을 활용하라

요즘 경기 불황으로 폐업하는 회사, 식당 등이 늘어나면서 폐업 처리 전문회사가 각광을 받고 있다. '폐업 지원업체'라고 불리는 이 업체들은 아이러니하게도 '경기가 불황일수록 전망이 있는 창업 아이템'을 역발상을 통해 발견한 것이다. 이런 역발상을 통해 성공한 기업들이 많다.

먼저 프라이스라인닷컴^{priceline.com}부터 살펴보자. 프라이스라인닷컴은 2011년 기준, S&P 500 편입 종목 가운데 최근 5년 동안 가장 높은 투자수익률을 낸 50대 기업 중 1위를 차지했다. 5년간 투자수익률이 무려 912퍼센트로 애플이 4위, 구글이 16위를 차지한 것에 비하면 대단한 성과였다. 특히 2000년대 초반 닷컴 붕괴와 9 · 11테러로 존폐 위기까지 몰렸던 순수 닷컴 기업임에도 불구하고 애플, 구글 등을 제치고 1위를 차지한 건 예상 밖의 놀라운 일이다.

프라이스라인의 성공은 역경매 모델이 한몫을 했다. 역경매 모델은 '공급자가 경쟁하면 가격이 떨어진다'는 점에 착안했다. 소비자가 제품을 사기 위해 경매를 하면서 가격을 올리는 것과는 반대로 소비자가 가격을 먼저 던져놓으면 공급자가 이 가격을 잡기 위해 경쟁하는 방식이다. 호텔, 항공사의 골칫거리는 재고처리 문제인데, 이들의 재고는 다음날이 되면 가치가 '제로^0'가 되는 '썩는 제품$^{Perishable\ Good}$'이라고 부른다. 프라이스라인은 호텔, 항공사 브랜드가 가격에 대한 부정적인 효과 없이 재고를 처리할 수 있도록 해줬다. 나도 미국에 있을 때 프라이스라인을 애용했는데, 운 좋은 날은 5성급 호텔이 70달러에 낙찰된 적도 있었다.

역발상과 함께 프라이스라인의 경쟁우위의 원천 내지 핵심역량은 호텔, 항공사 등 서비스 공급사와의 관계이다. 90여 개 국가에 10만 개 이상의 호텔과 네트워크를 갖고 있고, 공급자 구미에 맞는 리포트를 디자인하고 제공하는 데 많은 시간과 노력을 투자했다. 프라이스라인 덕분에 재고를 손쉽게 처리하게 된 공급자들은 다른 서비스 중개인$^{Intermediary,\ 예를\ 들어\ 여행사}$에게 제공하는 가격보다 훨씬 낮은 가격으로 프라이스라인에 호텔 숙박권, 항공권을 제공하기 때문에 탁월한 가격 경쟁력을 유지할 수 있게 됐다. 적지 않은 여행사, 심지어 항공사까지 파산하는 난국 속에서 프라이스라인을 지켜준 것은 호텔, 항공사 등

관계사와 쌓아온 신뢰와 명성이었다.

구글의 성공에도 역발상이 한몫 했다. 마이크로소프트는 소프트웨어 자체를 파는 것이 유일한 비즈니스 전략이라고 생각한 반면, 구글은 광고주들에게 광고를 파는 대신 유용한 소프트웨어를 사람들에게 공짜로 제공했다.

코스트코 역시 전통적인 유통업과 달리 상품 마진이 거의 없고 연회비로 수익을 내는 역발상적인 사업 모델을 취하고 있다.

최근 한국사회에도 역경매 열풍이 불고 있다. 결혼이나 대출, 이사 등 다양한 분야로 확산되고 있는데, 경기 불황이 지속되고 업체 간 경쟁이 치열하다 보니 구매자 파워가 더 커졌기 때문이기도 하다. 웨딩 역경매는 결혼을 준비 중인 예비부부가 먼저 원하는 조건을 제시하고 그 조건에 맞는 업체로부터 역으로 견적을 받는 시스템이다. 고객이 원하는 조건에 맞는 업체들을 살펴볼 수 있고, 결혼준비 비용과 시간을 절약할 수 있다는 점이 장점으로 꼽힌다. 과거에는 비용을 아끼기 위해 예비부부들이 발품을 팔며 여러 웨딩업체를 알아보고는 했는데 역경매 웨딩 온라인 사이트에 원하는 예식비용과 규모 등을 올리면 여러 웨딩업체에서 그 기준에 부합하는 입찰서를 제공하기에 발품을 팔지 않고도 비용을 아낄 수 있게 되는 것이다. 이런 편의성 덕분에 웨딩 역경매를 활용하는 고객은 2010년 이후 꾸준히 증가하고 있고, 신청건수 대비 계약체결비율도 40퍼센트를 넘어서면서 인기를 끌고 있다고 한다.

역경매 대출은 대출희망자가 대출을 신청하면, 최적의 조건을 제시한 금융회사를 신청자가 직접 선택할 수 있다. 이는 고객이 대출을 신청하면 금융기관에서 고객의 신용정보 등을 확인한 후 대출 여부와 조건 등을 알려주는 일반적인 대출방식과는 반대다. 또한 한 번의 대출 신청만으로 여러 금융사에 신청한 효과를 가져와 대출신청자가 각 개별회사와 일일이 접촉해야 하는 불편을 해소할 수 있다. 대출모집인 비용이 발생하지 않아 일반적인 채널을 통해 대출을 신청하는 것보다 상대적으로 낮은 금리를 적용받을 수도 있다. 소비자가 직접 금융사에 대출을 신청하는 것이므로 불법 대출 모집인으로부터 중개 수수료를 요구당하는 등의 피해를 방지할 수 있다.

보험권에서도 역경매 서비스를 제공하고 있다. 보험 가입 의사가 있는 소비자가 해당 사이트에 원하는 보장내용과 보험료 등을 양식에 맞춰 올려놓으면 이를 보고 설계사들이 입찰에 참여하는 방식이다. 다양한 입찰 건을 보험설계 알고리즘 분석과 전문가들의 검증을 거쳐 높은 점수를 받은 플랜을 고객에게 제시하면, 고객은 원하는 보험을 선택하면 된다. 2015년 5월부터 시작한 이 서비스는 10월 13일 기준 1,392건의 플랜 요청을 받았고, 이 중 49퍼센트가 최종 낙찰을 받아 실제 보험 가입이 이뤄졌다고 한다.

역발상을 실현하려면 일하는 방식 또한 역발상적이어야 한다. 시르크 뒤 솔레이유의 공연 전략은 바텀업 방식이다. 탑다운 방식은 제작자가 먼저 작품을 정하고 대본을 구한 후 연출자를 찾고 배우를 고용하는 방식이라면, 바텀업 방식은 인재들의 능력에서 아이디어를 찾고 작품을 구성한다. 우리나라 개그콘서트도 바텀업 방식을 취함으로써

전략을 혁신하라

성공할 수 있었다.

　구글과 대다수 기업들의 M&A 방식도 이와 비교하여 설명할 수 있다. 구글은 기술이 필요한 사업부서에서 직접 인수 기업을 물색한 뒤 M&A 심사를 담당하는 부서가 최종 승인해주는 바텀업 방식을 취하는 반면, 대다수 기업들은 주로 CFO 산하 기업인수팀에서 M&A 대상을 찾아 사업부서에 제시하는 탑다운 형태를 취한다. 물론 두 가지 방식에는 장단점이 있다. 요지는 역발상을 실현하려면 일하는 방식 또한 역발상적이어야 한다는 것이다.

크 라 우 드 소 싱 하 라

한 금광채굴 회사가 고민에 빠졌다. 금맥이 있을 거라는 확실한 정보를 입수한 후, 경기도 성남시 분당 크기에 맞먹는 땅을 사들였다. 그리고 그 넓은 금광에서 직접 금을 찾기 위해 여기저기 구멍을 뚫었는데, 그 비용이 엄청나서 적자나 나기 시작하자 새로운 방법을 모색했고, 그 결과 큰돈을 벌었다. 어떻게 가능했을까?

캐나다의 골드코프^{Goldcorp}라는 금광채굴 회사 이야기다. 이 회사는 넓은 금광에서 직접 금을 찾기 위해 처음엔 여기저기 구멍을 뚫었다. 그러나 그 비용이 엄청나서 적자가 나자 결국 금광을 대중에게 개방했다. 회사가 조사한 지질학적 자료를 인터넷에 올리고 금맥을 찾는 사람에게 상금을 준다고 하자 지질학자, 수학자, 대학생, 군인 등 수많은 사람들이 참여했다. 그 결과 참여자들이 받아 간 상금은 6억 원이었지만, 회사는 6조 원이나 벌어들일 수 있었다.

골드코프의 전략을 전문용어로는 크라우드소싱Crowdsourcing이라고 한다. 크라우드소싱은 대중을 제품이나 창작물 생산 과정에 참여시키는 방식이다. 이는 대중crowd과 외부발주outsourcing의 합성어로, 생산·서비스 등 기업활동 일부 과정에 대중을 참여시키는 것을 말한다. 일반 대중의 참신한 아이디어나 의견 등을 모아 제품과 서비스를 만든 후 여기에서 창출되는 수익을 참여자와 공유하는 것이다.

크라우드소싱의 목적은 비용절감과 집단지성의 활용이다. 크라우드소싱은 크게 대중들의 집단지성을 한데 모으는 '통합적 크라우드소싱'과 대중들이 제시한 여러 가지 아이디어 중 한 가지를 채택하는 '선택적 크라우드소싱'으로 나뉜다.

'통합적 크라우드소싱'은 말 그대로 대중의 집단지성을 하나로 통합하는 형태를 말한다. 대표적인 사례로는 스톡포토Stock Photo를 판매하는 아이스톡포토istockphoto를 꼽을 수 있다. 스톡포토란 전문 사진작가들이 특별한 목적을 위해 촬영한 라이선스가 있는 사진을 말한다. 이 사진을 사용하기 위해서 적게는 수십 달러에서 많게는 수백 달러를 지불해야 했다. 이에 불만을 가진 브루스 리빙스톤Bruce Livingstone은 동료들과 서로의 사진을 공유하기 위한 온라인 커뮤니티를 만들었다. 여기에 아마추어 사진작가들과 그래픽 아티스트들이 속속 모여들었고, 웹사이트에는 방대한 양의 이미지가 쌓이기 시작했다. 리빙스톤은 커뮤니티가 커지자 이를 아이스톡포토라고 이름 짓고, 각 이미지를 25센트에 판매해 수익을 이미지 제공자와 공유하는 비즈니스 모델을 만들었다. 이후 수만 명의 아마추어 작가들이 모인 아이스톡포토는 엄청난 양의 수준 높은 이미지를 경쟁업체와는 비교도 되지 않는 낮은 가격에 제공했다. 2006년 게티이미지$^{Getty Image}$는 아이스톡포토를 5,000만 달러에 인수했다.

'선택적 크라우드소싱'은 대중이 제시하는 여러 가지 옵션 중 한 가지를 기업이 채택하는 형태다. 기업의 아이디어 공모전, 콘테스트, 연구개발 문제해결 등이 이에 해당된다. 대표적인 사례로 온라인 연구개발 문제해결 기업인 이노센티브^{InnoCentive}를 꼽을 수 있다. 이노센티브에 모인 '크라우드'는 대부분 과학자들이다. 이들은 이른바 문제해결자^{solver}로 불린다. 기업들이 자체적으로 해결하지 못하는 연구개발 문제를 의뢰하면 약 15만 명의 과학자들은 자신들의 솔루션을 제시한다. 기업은 이러한 솔루션 중 성사 가능한 답변을 채택하면서 적게는 1만 달러에서 많게는 10만 달러 정도의 비용을 지불한다. 이노센티브에 의하면 기업들이 의뢰한 문제 중 40퍼센트 정도가 해결된다고 한다.

미국 생활용품 업체 콜게이트$^{Colgate-Palmolive}$는 크라우드소싱을 잘 활용해 효과를 보았다. 치약으로 널리 알려진 콜게이트는 플루오라이드^{fluoride} 파우더를 치약 튜브에 주입하는 과정에서 파우더가 공중에 흩어지는 문제에 직면했다. 기업 내부에서 이 문제를 해결하고자 노력했지만 실패했고, 결국 이노센티브에 이 문제를 의뢰했다. 전기공학

전략을 혁신하라

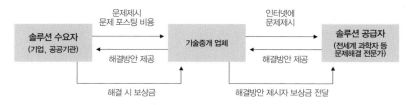

| 그림 5-6 크라우드소싱 비즈니스 모델 |

[출처] "세계는 크라우스소싱이 대세", 〈매일경제신문〉, 2010년 7월 14일자

을 공부한 에드워드 맬카렉Edward Melcarek은 콜게이트가 의뢰한 문제를 보고 자신이 해결할 수 있다고 확신했다. 그는 플루오라이드 파우더가 양전하를 띄도록 만들면 공중에 흩어지지 않는다는 사실을 알고 있었다. 콜게이트는 그의 솔루션을 채택했고 2만 5,000달러를 지불했다.

기업의 내부자원을 활용하는 인소싱Insourcing과 외부자원을 활용하는 아웃소싱에 비해 크라우드소싱은 성공적으로 수행될 경우 비용을 낮추고 제품 및 서비스 기획, 연구개발 문제해결 등에 소요되는 시간을 단축할 수 있다.

또 대중들이 기업의 가치창조 과정에 참여함으로써 고객 인사이트 확보로 이어질 수 있다. 그렇다면 대중들이 크라우드소싱을 통해 얻을 수 있는 이득은 무엇일까? 금전적 보상이 이루어지므로, 여가시간을 활용하여 쏠쏠한 수익을 얻을 수 있고, 설령 자신의 아이디어가 채택되지 못하더라도 커뮤니티 구성원 간 교류를 통해 얻은 지식과 경험을 자기발전의 토대로 활용할 수도 있다.

크라우드소싱이 성공하기 위해서는 몇 가지 요소가 필요하다.

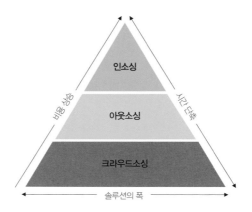

| 그림 5-7 크라우드소싱의 장점 |

인소싱

아웃소싱

크라우드소싱

비용 절감

시간 단축

솔루션의 폭

[출처] Crowdsourcing Through Knowledge Marketplace, SpinAct

명확한 목적의식

많은 기업들이 홈페이지를 통해 제안상자Suggestion Box를 운영하고 있지만 대부분 효과를 보지 못한다. 고객들이 진정 무엇을 원하는지, 모인 제안들을 어떻게 활용할지 고민하지 않고 제안 자체에만 의미를 두기 때문이다. 모호한 질문에 대한 답변은 모호할 수밖에 없기 때문에, 기업이 원하는 아웃풋에 대한 명확한 설명이 필요하다. 광고, 프로모션 등의 마케팅 활동, 상품 및 서비스 개발, 연구개발 문제해결, 제품 및 서비스의 평가 등 다양한 분야에 적용이 가능한 크라우드소싱의 실행 목적에 따라 접근방법 역시 달라져야 한다. 또 지적재산권 분쟁 등에 대비해 가이드라인 또는 계약관계 역시 명확히 제시되어야 한다.

전략을 혁신하라

크라우드의 선정

'크라우드' 선정의 핵심은 다양성과 전문성의 적절한 조화이다. MIT대학이 이노센티브의 사례를 분석한 결과, 해당 분야에 경험이 적을수록 문제를 해결할 확률이 더 높은 것으로 드러났다. 예를 들어 화학기업이 직면한 문제를 생물학자, 물리학자가 해결할 확률이 더 높다는 것이다. 또한 미국 미시간대학의 스콧 페이지Scott Page 교수는 컴퓨터 시뮬레이션 실험 결과, 현명한 사람들만 모인 집단보다 현명한 사람과 그렇지 않은 사람이 함께 모여 있는 집단이 문제해결 능력이 더 뛰어난 것으로 나타났다. 결국 다양성을 갖춘 크라우드를 선정하는 것이 중요하다는 것이다. 그렇다면 전문성은 어떨까?

팔로커호Pallokerho-35라는 핀란드 축구팀은 팀의 선수선발, 훈련, 경기 전술에 대해 팬들의 의견을 구했다. 많은 팬들이 휴대전화를 통해 팀의 의사결정 과정에 참여했다. 그리고 맞이한 시즌, 팀의 성적은 처참했고, 팬 참여제도는 폐지됐으며 감독도 해임됐다. 이 사례의 경우 '크라우드'는 다양성은 갖추었을지 몰라도 전문성이 결여되었다. 팬들과 더불어 스포츠 기자, 평론가, 전직 감독 및 코치 등 전문가들도 함께 참여했다면 아마도 결과는 달라졌을 것이다. 이처럼 크라우드소싱을 진행하는 기업은 다양성과 전문성이 적절히 조화를 이룬 '크라우드'를 선정하는 것이 중요하다.

체계적인 스크리닝

크라우드소싱을 통해 기업은 엄청난 양의 아이디어, 솔루션 등을 얻게 되며 그 중에는 허무맹랑한 아이디어, 저작권 위반, 현실에 적용 불가능한 내용 등이 다수 포함될 가능성이 크다. 이런 경우 방대한 양의 데이터를 추려내는 작업에만 오랜 시간과 많은 자원을 소요하게 되므로 체계적인 스크리닝은 중요하다.

토마토케첩으로 익숙한 하인즈Heinz는 2007년 크라우드소싱을 통해 광고 아이디어를 공모했다. 모집된 아이디어 중 5개를 선별하여 방송할 것을 약속했고 상금도 내걸었다. 대중들은 수많은 동영상을 쏟아냈고 하인즈는 모든 동영상을 검토하기 위해 결국 외부 업체와 계약을 해야 했다. 자체적으로 광고를 기획하는 것보다 더욱 많은 비용과 자원이 소모됐고 대중들의 인식에도 부정적인 영향을 미쳤다.

그렇다면 체계적으로 스크리닝하는 방법은 무엇일까? 스크리닝 작업에도 '크라우드'를 활용하는 것이다. 대중의 투표를 통해 1차적인 스크리닝을 진행하면 기업은 훨씬 수월하게 선별작업을 할 수 있다.

티셔츠를 만드는 스레드리스Threadless의 사례를 살펴보자.

스레드리스에서 판매되는 모든 티셔츠의 디자인은 대중에 의해 만들어진다. 홈페이지에 가입을 하고 프로그램만 다운받으면 누구나 디자인을 해서 올릴 수 있다. 대중들이 업로드한 수많은 디자인들은 또다시 대중에 의해 평가된다. 회원들은 2주 동안 6점 척도, 6점 만점으로 티셔츠 디자인에 점수를 부여한다. 매주 10개 내외의 디자인을 채택하고, 그 중 3~5개 정도가 실제 제품으로 출시된다. 채택된 디자이너는 현금 1,500달러와 500달러의 스토어 크레딧Store Credit을 받게 된다. 티셔츠를 디자인하는 데 소요되는 비용이 2,000달러 정도라면 비

　전략을 혁신하라

교적 저렴한 가격이다. 스레드리스는 디자인을 평가하는 데도 대중들을 활용함으로써 모든 활동을 80여 명의 직원만으로 해결한다. 스레드리스는 비공개 기업이기 때문에 투명한 재무제표가 공개되지 않고 있지만, 2002년 10만 달러였던 매출이 2006년에는 1,800만 달러로 늘어났고, 2009년에는 3,000만 달러의 매출을 올린 것으로 추정되고 있다. 이처럼 스크리닝에도 '크라우드'를 활용함으로써 비용과 자원을 크게 줄일 수 있다.

적절한 사후 보상체계 확립

크라우드소싱을 주최하는 기업은 적절한 사후 보상체계를 확립해야 한다. 물론 모든 참여자들이 금전적인 보상만을 바라고 크라우드소싱에 참여하는 것은 아니다. 자신의 이름을 알릴 기회, 커리어 관리, 지식과 경험의 교류를 통한 자기발전 등에 더 큰 가치를 두는 참여자도 분명히 존재한다. 그러나 크라우드소싱에 참여하는 대부분의 사람들은 돈이 필요한 아마추어들이라는 점을 명심해야 한다. 아이스톡포토의 경우, 참여자들을 조사한 결과 금전적 이득의 기회 때문에 참여한다는 질문에 '예'라고 대답한 비율은 89.8퍼센트에 이르며, '나의 사진촬영, 비디오, 일러스트레이션 기술에 도움된다'는 질문에도 79.1퍼센트가 '예'라고 응답했다.

크라우드소싱은 장기적 관점으로 커뮤니티와 지속적으로 관계를 형성해 나가는 것이 중요하다. 이를 위해서는 왜 대중들이 크라우드소싱에 참여하는지를 파악하고, 참여를 유도할 수 있는 동기를 부여해야 한다. 〈컨테이저스 매거진^{Contagious Magazine}〉은 크라우드소싱에 대중들의 참여를 유도하는 4가지 요소 4Fs^{명성, 돈, 재미, 만족감 : Fame, Fortune, Fun, Fulfillment}을 제시했다. 크라우드소싱이 만병통치약은 아니지만, 오늘날 온라인 커뮤니케이션 기술의 진화를 바탕으로 대중들이 가진 무한한 가능성을 펼칠 수 있게 한다. 그렇다면 주변이나 일상생활에서 크라우드소싱을 활용한 사업이나 사례를 살펴보자.

최근 SNS상에서 메신저 스티커가 인기다. 라인의 경우 누구나 크리에이터로 참여해 자신이 디자인한 라인 메신저 스티커를 유통시킬 수 있는 플랫폼인 '라인 크리에이터스 마켓'을 크라우드소싱으로 활용해 신규 디자이너들의 등용문으로 활용하고 있다. 오픈 후 1년 동안 라인 크리에이터스 마켓에는 10만 개 이상의 스티커가 등록됐다. 156여 개 국가에서 39만 명 이상의 이용자가 크리에이터로 등록했다. 크리에이터스 마켓을 통해 발생한 전체 스티커 매출은 89억 4,000만 엔^{약 813억 원}을 넘어섰다. 매출 상위 10개 스티커의 평균 매출은 5,000만 엔 이상이다. 상위 50개 스티커의 평균 매출은 3,700만 엔을 넘었다. 라인이 모바일 메신저 시장에서 1위를 차지하고 있는 일본, 태국, 대만 등의 국가에서는 라인 크리에이터스 마켓을 통해 인기를 얻은 크리에이터가 기업 간 콜래버레이션을 통해 마케팅용 스티커를 제작하기도 한다.

큰 성공을 거둔 TV 쇼 〈아메리칸 아이돌^{American Idol}〉도 크라우드소싱을 활용했다. 대중은 숨어 있던 인재를 무대에 공급하며, 시즌 막바

지에 최종회를 지켜보는 2,300만 명의 시청자들은 누가 최고인지 투표[8,000만 표 이상]한다. 투표 참여 인원은 2006년 미국 대통령 중간선거에 참여한 투표자 수와 동일하다.

가수 싸이가 부른 〈강남스타일〉은 안무가들에게 상금을 내거는 방식으로 아이디어를 모집해 '말춤'을 개발했다.

또 어떤 것이 있을까? 크라우드소싱을 활용한 범인 검거, 전두환 은닉 재산 찾기 등이 있다. 2013년에 〈한겨레신문사〉에서 "전두환 전 대통령의 숨은 재산을 찾습니다"라는 기사를 냈다. 그리고 '잊지 말자 전두환 사전 1.0을 공개한다'며 엑셀 파일 형태로, 누구나 내려 받을 수 있는 자료를 공개했다. 이 파일에는 '전두환 비자금 조성 및 관리 조력자 명단', '전두환 친인척 명단', '전두환 일가 재산목록', '전두환 골프장 리스트' 등 네 종류의 정보가 들어 있다. 그러면서 이와 관련한 추가 정보를 알고 있는 독자와 시민들은 이메일과 트위터를 통해 제보해줄 것을 부탁했다.

요즘 크라우드소싱을 활용한 딸기농장이 인기다. 인건비는 감소하고 수입은 1.5~2배 증가했다고 한다. 부모들이 현장 학습 차원에서 아이들을 데리고 와서 돈을 내고 따기 때문이다. 그런데 딸기 농장도 앉아서 따는 농장이 있고, 서서 딸 수 있는 농장이 있다. 내 경험에 의하면 쪼그리고 앉아서 따는 경우 10분만 지나도 몸이 힘들다. 그런데 서서 따는 농장은 오랜 시간 따도 힘들지 않다. 당신은 어느 곳에서 딸기를 따고 싶은가? 동일한 사업도 창의적 혁신을 추구해야 경쟁우위를 갖추고 고객을 만족시킬 수 있다.

요즘 인터미디어리^{Intermediary: 중간자, 중개자} 역할로 성공한 사업들이 많다. 개념은 [그림 5-8]과 같다.

이노센티브의 사례에서 보면, 문제해결을 원하는 기업^{Solution Seekers} 들이 있고, 이노센티브가 인터미디어리 역할을 하고, 문제해결자 역할을 하는 과학자들이 있다. 문제해결자들은 상금을 받지만, 중간자 역할인 이노센티브는 문제해결을 의뢰한 기업들로부터 수수료를 받는다. 이렇게 인터미디어리를 활용한 비즈니스 모델은 요즘 인터넷과 모바일 비즈니스가 활성화되면서 각광받고 있다.

2014년 4월 〈중앙일보〉에 "치킨 팔아 30퍼센트 남는데 그 절반 떼

전략을 혁신하라

| 그림 5-8 인터미디어리의 역할 |

어가는 배달 앱"이라는 기사가 실린 적이 있다. 배달의 민족, 요기요 등 배달앱이 인터미디어리 역할을 통해, 하루 종일 기름 냄새 맡으며 닭을 튀기고 배달하는 치킨집 사장에 비해 훨씬 쉽게, 많은 돈을 버는 셈이다.

배달앱은 스마트폰의 보급과 함께 2010년부터 급성장했다. 국내 톱3인 '배달의 민족', '요기요', '배달통'을 내려 받은건수는 2014년의 경우에만 총 2,100만 건에 달했다. 그리고 배달업계는 코로나19 이후 언택트 소비의 확산으로 가장 큰 수혜를 얻고 있는 업계 중 하나다. 코로나19 사태 이후 사람들이 외출을 자제하면서 자연스럽게 배달음식을 시키는 게 늘어났고, 이런 흐름이 배달 앱 시장 전체 성장세와 맞물려 전체적인 주문 건수가 증가하고 있는 것이다.

마케팅·빅데이터 분석 전문기관인 'NICE디앤알'의 모바일 앱 분석 서비스 '앱마인더'에서 3개 음식 배달 앱배달의 민족, 요기요, 쿠팡이츠의 로그 데이터를 분석한 결과, 배달 앱 이용량의 2020년 월평균 증가율이 2019년 월평균 증가율의 8.5배에 달했다. 안타까운 건, 배달앱은 수수료가 결코 비싼 게 아니며, '상인들 이익이 늘 것'이라고 주장하는 반면, 음식점들은 중간 유통과정 하나가 더 생겼고, 수수료도 많이 받아 문제라는 상반된 주장을 펼친다는 것이다. 배달앱을 활용한다고 전단 돌리는 일을 그만둘 수는 없다. 그러다 보니 식당들은 홍보 마케팅을 하는 데만 이익의 상당 부분을 쓰고 있다. 물론 국내 배달 스타트업들 또한 공통적으로 수수료 문제에 직면하면서 위기를 겪고 있다.

수수료 문제를 재빨리 개선해 새로운 비즈니스 모델로 성장한 배달앱 기업도 있다. 중국 최대 배달 O2O[Online to Offline] 기업으로 자리매김한 '어러머餓了么'는 4명의 대학원생이 기숙사에서 시작한 스타트업이다. 어러머는 중국 260개 도시에서 주문량 일 200만 건, 2014년 매출액 약 1조 8,000억 원을 기록한 명실상부 1위 배달 O2O 기업이 됐다. 처음에는 교내에 광고를 하고 기숙사에 있는 유선전화로 학생들에게 주문을 받았다. 전동자전거 몇 대를 구해 전속 배달원을 두고 원래는 배달을 하지 않던 인기 식당을 찾아다니며 배달도 대행했다. 입소문을 타기 시작하자 식당들이 8퍼센트 수수료를 흔쾌히 내고 사업에 동참했다.

이후 어러머는 2009년 인터넷 사이트를 열었고, 인터넷 접근도가 낮은 영세 식당들은 직접 찾아다니며 서비스를 설치했다. 그러나 2010년 '수수료 문제'에 직면했다. 수수료를 내지 않기 위해 가맹 식당에서 직접 주문을 권장하고 탈퇴 흐름이 이어진 것이다. 이에 어러머는 수수료를 없애고, 자체 '식당관리시스템[NAPOS]' 구축과 회원 가입비 납부로 수익 모델을 바꿨다. 장부에 일일이 손으로 주문을 받아 적고 체계적인 수요 관리도 되지 않던 영세 식당들은 시스템 도입을 반가워했다. 예를 들어 야채만두와 고기 요리, 음료 메뉴가 함께 잘 팔리면 그 조합으로 세트를 구성하고 프로모션을 하도록 권장하는 식이었다. 어러머 직원들은 모든 회원 식당을 정기적으로 방문해 단순한 '배달 대행'이 아니라 음식의 '주문-승인-배달 확인' 전 과정을 시스템화하고 이를 통해 식당들이 사업을 더 잘할 수 있도록 지원했다. 그러자 회원 식당들이 다시 증가하기 시작했다.

인터미디어리 개념을 활용한 스타트업들은 또 어느 곳이 있을까?

우버^{Uber}, 카카오 택시, 에어비앤비^{Airbnb}도 마찬가지다. 승차거부 등 택시를 잡는 데 불편함을 느낀 것에 착안해 지난 2009년 미국 샌프란시스코에서 설립된 우버는 6년 만에 전세계 50여 개국, 300개 도시에 진출해 있고, 금융 회사들이 우버에 잇따라 투자하면서 기업가치가 약 50조 원으로 상승했다. 우버는 택시 산업에서 앱을 통해 인터미디어리 역할을 하면서 이동이 필요한 대중과 돈을 벌고 싶은 운전자를 연결해주면서 히트를 쳤다.

2008년 미국 샌프란시스코의 방 한 칸에서 시작된 에어비앤비는 7년 만에 전세계 192개국, 3만 4,000여 도시로 번져 기업가치가 세계 최대 호텔 체인인 힐튼$^{시가총액\ 274억\ 달러}$을 바짝 뒤쫓고 있다.

우버와 에어비앤비는 '공유경제$^{sharing\ economy}$'라는 개념을 인터미디어리 전략에 접목해 성공할 수 있었다. 공유경제라는 말은 2008년 하버드대학의 로런스 레식$^{Lawrence\ Lessig}$ 교수가 글로벌 금융위기의 대안을 모색하면서 소유가 아닌 협업과 공유를 통한 소비 개념으로 처음 제시했지만, 이를 현실화시킨 것이 우버와 에어비앤비였다. 우버와 에어비앤비는 인터미리어리 역할을 통해 공유경제 비즈니스 모델을 완성시켰고, 일반인이 자동차와 방, 심지어 여유시간 등 자신이 갖고 있지만 제대로 활용하지 못했던 자원을 타인에게 쉽게 제공할 수 있는 플랫폼을 만들었다.

우버화는 '공유경제'를 넘어서 '컨시어지 경제^{concierge economy}'까지 창출하고 있다. 컨시어지는 호텔에서 내부 안내와 여행, 쇼핑 등 투숙객의 다양한 요구를 들어주는 서비스다. 쇼핑과 주차, 요리, 빨래 등 앱을 통해서 자질구레한 일을 처리하는 컨시어지 경제가 부상하면서, 이미 샌프란시스코에서는 꽃배달 앱인 '블룸댓', 빨래를 대신하는 '와시오', 짐가방을 대신 싸주는 '더플', 대리 주차 서비스 '럭스' 등 다양한 서비스가 활성화되었다.

GPS를 활용한 대리 주차 서비스 '럭스'는 사용자가 차를 직접 주차할 필요가 없고 다시 차를 찾을 때 처음과 다른 장소에서도 가능하다. 그러면서도 하루 이용료는 15달러로 인근 건물 주차료 35달러보다 훨씬 저렴하다. 비어 있는 주차공간과 일을 찾지 못했던 일용직 근로자 등의 자원에 주목한 것이 럭스의 성공비결이다. 이제 스마트폰으로 앱을 실행시키면 가정부와 안마사, 의사, 요리사, 주차 요원, 쇼핑 도우미, 심지어 바텐더 등이 자신의 현관문 앞으로 오는 시대가 도래한 것이다.

전략을 혁신하라

롱 테 일 전 략 을 활 용 하 라

Creative Innovation

34

19세기 후반 이탈리아의 경제학자 빌프레도 파레토[Vilfredo Pareto]는 "이탈리아 인구의 20퍼센트가 이탈리아 전체 부의 80퍼센트를 갖고 있다"고 말했다. '승자독식 현상[winner takes all]'이라고 불리는 파레토 법칙은 전체 프로야구 선수의 20퍼센트가 국내 야구선수들이 받는 총 연봉의 80퍼센트를 가져간다는 뜻이다.

제약회사에서 출판사에 이르기까지 많은 기업들은 몇 가지 유명한 베스트셀러 제품을 판매해서 수익의 상당 부분을 벌어들인다. 이러한 방식을 '블록버스터 전략'이라 부른다. 이 전략의 효과가 수십 년에 걸쳐 입증된 이유는 소매 산업의 기본적인 현실 때문이다. 매장에

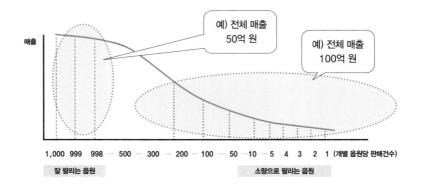

| 그림 5-9 애플 아이튠즈의 음원 매출 |

예) 전체 매출 50억 원

예) 전체 매출 100억 원

매출

1,000 999 998 ··· 500 ··· 300 ··· 200 ··· 100 ··· 50 ·· 10 ·· 5   4   3   2   1 (개별 음원당 판매건수)

잘 팔리는 음원   소량으로 팔리는 음원

서는 진열 공간이 충분하지 않기 때문에 가장 잘 팔리는 인기 제품을 가장 많이 진열한다. 하지만 '롱테일long tail 전략'을 통해 '한정된 제품 진열대'라는 기정사실은 온라인 세계에서 더 이상 적용되지 않게 되었다. 예를 들면, 기존 매장이 가장 인기 있는 도서 또는 CD를 단지 몇백 가지만 판매할 수 있는 반면, 아마존과 같은 온라인 업체는 수백만 가지의 제품을 진열대에 올려놓을 수 있다.

롱테일 이론에 따르면, 수익은 인기가 별로 없는 제품이 포진해 있는 곡선의 꼬리부분에서 나온다. 롱테일은 1년에 단 몇 권밖에 팔리지 않는 '흥행성 없는 책, 음원'들의 판매량을 모두 합하면, 놀랍게도 '잘 팔리는 책, 음원'의 매출을 추월한다는 온라인 판매의 특성을 이르는 개념이다.

실제로 아마존은 20퍼센트의 베스트셀러가 아닌, 1년에 몇 권 안 팔리는 80퍼센트의 '소외 받던 책'들에서 많은 수익을 올리고 있다.

전략을 혁신하라

이베이는 그간 무시당해왔던 영세 중소 사업자들과 소비자들을 연결해주며 급성장하고 있다. 또한 구글은 〈포춘〉 선정 500대 기업 같은 대형 광고주가 아닌, 꽃배달 업체, 빵집, 미용실 같은 소규모 광고주들을 모아 엄청난 이익을 올리고 있다.

롱테일 전략은 80퍼센트의 비핵심 다수가 20퍼센트의 핵심 소수보다 더 뛰어난 가치를 창출한다는 전략이다. 애플 아이튠즈의 경우 판매 음악이 150만 곡, 제공하는 제작자가 1,000곳이며, 매출액 하위 80퍼센트가 전체 매출의 50퍼센트로 추정된다. 이베이는 희귀품부터 일반 생활용품, 산업용품에 이르기까지 수천 개 카테고리에 하루에도 수백만 개 물품이 등록된다. 세계 최대 전자상거래업체, '알리바바Alibaba'의 성공요인도 롱테일의 개념을 적용한 것에 있다.

알리바바의 회장인 마윈馬雲은 컴퓨터와 인터넷이 가져다줄 넓은 시장을 통찰하고 하위 80퍼센트에도 뛰어난 상품들이 있다는 사실을 활용해 전자상거래 업체를 만들었다. 마윈의 예상대로 2000년도 초반부터 엄청난 양의 거래가 알리바바를 통해 이루어졌다. 중국 상인들은 광대한 중국을 돌아다니지 않고도 알리바바에만 접속하면 누가, 어디서, 어떠한 제품을 사고파는지 알 수 있었다. 모든 상품을 대기업에서 구할 수 없기에 중소기업의 제품을 이용해야 하는 시장의 요구가 적극 반영된 셈이다.

최근 화두가 되고 있는 중국의 '알리페이'와 같은 모바일 결제 시스템도 롱테일 법칙의 좋은 예라고 볼 수 있다. 알리페이는 알리바바의 자회사로 2004년 12월에 중국 최대의 전자 거래 플랫폼인 타오

바오^{Taobao}에서 분리되어 현재 세계 최대의 제3자 결제회사가 되었다. 2005년부터 중국 제3자 결제시장 규모는 해마다 100퍼센트 이상 성장하였다. 그동안 오프라인 금융에서 접근이 까다로웠던 중국의 소비자들은 이제 제3자 결제 시스템을 통해 일상생활에서의 쇼핑, 수도, 전기, 가스 등 세금, 통신비 충전, 비용 납부 등 편리하고 빠르게 모든 일을 결제할 수 있게 된 것이다. 신용도가 낮은 금융 소비자나 자본 규모가 영세한 기업들에게도 금융 서비스 혜택의 폭이 넓어졌다. 롱테일 법칙을 활용한 알리페이의 출현은 중국 대중에게 금융 서비스의 저변을 넓히고 금융거래를 좀 더 쉽고 저렴하게 이용하게 만든 기폭제가 되었다.

그럼 롱테일은 어떤 의미를 가질까? 파레토 법칙으로 보면 기업은 우량고객에 집중해야 하며, 우량고객들의 반복적 구매를 위해 각종 멤버십 서비스, 관계 마케팅에 집중해야 한다. 또한 히트상품을 만들어내기 위해 치열하게 경쟁한다. 이는 관리 고객 수 증가와 비례해 비용도 증가하기 때문에 비용 대비 효과가 작은 고객군은 포기하는 것으로 연결된다. 하지만 롱테일에서는 선택받지 못한 80퍼센트의 고객들도 거대한 시장을 이루고 있다. 그리고 인터넷에서는 상품의 전시, 재고의 유지와 관련된 비용이 크게 들지 않아 파레토 법칙에서 간과했던 고객들의 중요성이 부각되는 것이다.

크리스 앤더슨은 롱테일 현상을 크게 2가지 축으로 구분했다. 'Availability'와 'Findability'이다. Availability는 '다양한 상품이 존재하느냐'에 대한 축이다. 즉 롱테일을 이룰 수 있을 정도로 다양한 상품들이 존재하여 고객들을 유인할 수 있는지에 대한 것이다. Findability는 '소비자가 원하는 상품을 잘 찾아낼 수 있는지'에 대한 축이다. 이는 고객이 쉽게 접근할 수 있는 채널과 관련이 있다.

이 노 베 이 터 D N A 를 함 양 하 라

세계적 컨설팅회사 베인&컴퍼니의 오릿 가디시^{Orit Gadiesh} 회장이 방한한 해 대형 홈쇼핑 업체 CEO를 만난 적이 있다. 그 CEO는 홈쇼핑 사업을 하며 겪는 다양한 어려움을 털어놨다. 대형 홈쇼핑 업체는 반품 · 환불 제도를 철저히 지키는 편인데, 소비자들이 물건을 산 뒤 바로 마음을 바꿔 반품하는 사례가 너무 늘어나 걱정이라고 말하며 가디시 회장에게 조언을 구했다. 그 CEO의 머릿속에는 반품 관련 상담원 어법을 바꾼다든가, 환불 절차를 바꿔야 한다는 생각만 가득했다. 하지만 가디시 회장은 전혀 엉뚱한 답변을 했다. "반품하기 어려운 상품을 팔라"고 조언한 것이다.

전략을 혁신하라

이는 마치 도요타가 과거엔 볼트를 1분에 몇 번 조였는가에 초점을 두었지만, 볼트 자체를 없애는 근본적 혁신을 한 것과 같은 조언이었다. 또 테슬라가 엔진오일 교환이 필요 없는 전기자동차를 만든 것과 같은 조언이었다.

질의응답과 토론이 이어지다가 획기적인 결론이 나왔는데, 가디시 회장이 말한 '반품을 잘하지 않는 상품'에 해당하는 건 바로 '금융상품'이었다. 이는 각종 저축보험을 비롯한 금융상품이 처음 홈쇼핑 채널에 등장하게 된 계기가 되었다.

가디시 회장처럼 전혀 다른 방향에서 엉뚱한 질문을 던지고 토론하는 사람, 남들이 생각지 못한 혁신을 일으켜 창업을 성공으로 이끈 사람을 우리는 혁신가, 즉 이노베이터^{innovator}라 부른다. 애플의 스티브 잡스, 세일즈포스닷컴^{salesforce.com} 창업주 마크 베니오프^{Marc Benioff}, 리처드 브랜슨^{Richard Branson} 버진그룹^{Virgin Group} 회장, 구글의 래리 페이지^{Larry Page} 등은 모두 이노베이터 DNA를 갖고 있다.

과거 한국의 전략은 '재빠른 추종자^{fast follower}'였기 때문에 이노베이터 DNA를 가진 창업가, 기업가가 양산되기 어려웠으나, 이제 국내 기업들이 시장의 리더이자 퍼스트 무버^{first mover}로 등장하고 있어 스스로 혁신하지 않으면 안 된다. 창업가와 경영자 스스로가 이노베이터가 되어야 함은 물론이고, 회사 내에서도 전 직원들이 이노베이터가 될 수 있도록 양성하는 게 중요한 시대가 되었다. 그렇다면 '이노베이터'로 분류되는 사람들은 다른 사람과 무엇이 다르고, 어떤 기질을 지니고 있을까?

《이노베이터 DNA^{The Innovator's DNA}》 공동 저자인 제프 다이어^{Jeff Dyer}
교수는 이노베이터는 5가지 DNA를 공통적으로 갖고 있다고 말했다.
이 5가지는 연결하기^{associating}, 질문하기^{questioning}, 관찰하기^{observing}, 네트
워킹^{networking}, 실험하기^{experimenting}를 말한다.

'연결하기'란 자기 아이디어나 특정 현상을 무관해 보이는 것과 연
결하거나 접합하는 것이다. 이베이 창업자인 피에르 오미디야르^{Pierre}
^{Omidyar}가 농작물이 상하기 전에 배송할 수 있는 방법으로, '누구 집에
나 일주일에 6번은 찾아가는 기관', 즉 우체국을 떠올린 것이 대표적
사례다.

'질문하기'란 다른 스킬들에 '창조적 촉매' 구실을 하는 과정이다.
도발적이고 엉뚱하고 때론 황당하기까지 한 질문을 끝없이 던지는
것이다. 앞서 가디시 회장이 "반품하기 어려운 상품은 무엇인가?"라
는 도발적인 질문을 한 것이 하나의 예이다.

'관찰하기'란 주변 세계를 끊임없이 관찰하면서 영감을 얻는 것이
다. 인도 타타그룹 회장인 라탄 타타^{Ratan Tata}가 뭄바이에서 한 서민이
스쿠터를 타고 비를 맞으며 아이들과 함께 이동하는 모습을 보고, 초
저가 경차를 만들어낸 것이 바로 '관찰하기'의 힘이다.

'네트워킹'은 '연결하기'를 하기 위해 다양한 사람과 새로운 경험
을 접하는 것을 말한다. 건강보조식품 사업가인 조 모턴^{Joe Morton}이 말
레이시아를 여행하면서 '망고스틴'이라는 과일을 주스로 만들기로 한
것이 바로 이 '네트워킹'의 힘이다.

'실험하기'란 자기 아이디어를 실제로 작은 부분에서부터 적용해보

전략을 혁신하라

| 표 5-1 회사의 혁신 점수 체크 |

사람	점수
1. 우리 조직이나 팀에는 혁신적 아이디어를 제안한 리더가 많다.	
2. 직원을 채용할 때 창의성과 혁신 기술을 적극 검증한다.	
3. 직원의 창의성이나 혁신 기술을 업무고과의 중요한 부분으로 평가한다.	
프로세스	
4. 브레인스토밍 과정에서 다른 제품이나 회사, 산업에서 비유를 끌어내는 사례가 많다.	
5. 현 상황이나 기존의 업무방식에 대해 의문을 제기하는 질문이 자주 나오고 장려된다.	
6. 고객이나 경쟁자 등의 활동을 관찰할 기회가 제공된다.	
7. 회사 밖에서 인적 네트워크를 형성할 수 있는 공식 프로세스가 있다.	
8. 새 아이디어를 실험하거나 시범 프로젝트를 수시로 행할 수 있는 프로세스가 있다.	
철학	
9. 우리 조직은 모든 사람이 제품과 프로세스를 바꿀 아이디어를 내길 기대한다.	
10. 위험 감수를 지지하기 때문에 위험 감수로 인한 실패를 두려워하지 않는다.	
총점	

※ 1 = 전혀 동의하지 않음, 2 = 별로 동의하지 않음, 3 = 중간 정도, 4 = 어느 정도 동의함, 5 = 매우 동의함
  혁신 DNA 양성 수준 ⇒ 총점 45점 이상: 매우 높음, 40~44점: 높은 수준, 35~39점: 중간 수준, 34점 이하: 낮은 수준

[출처] 제프 다이어 외,《이노베이터 DNA》

는 것을 말한다. 아마존의 창업자 제프 베조스는 온라인 가상매장에서 실제 창고를 만들어 책을 적재하는 과정, 전자책 리더기 킨들의 출시 과정에서 끝없는 실험정신을 발휘해 성공했다.

다이어 교수는 5가지 스킬 중 하나라도 누락되면 이노베이터가 되기 어렵다고 설명했으나, 이노베이터 DNA는 상당 부분 후천적 노력에 의해 얻어질 수 있다고 주장한다. 5가지 스킬을 익히고 끝없이 실행하다 보면 어느새 이노베이터 DNA를 갖게 된다는 얘기다.

그렇다면 당신 회사의 혁신 점수는 얼마인지 체크해보자.

체크리스트 중 첫 번째 항목 "우리 조직이나 팀에는 혁신적 아이디어를 제안한 리더가 많다"를 주의 깊게 살펴보자. 어떤 생각이 드는가?

결국 이노베이션은 리더십으로부터 시작되며, 관리 혁신과도 연결되어 있음을 알 수 있다. 테슬라가 기존의 자동차 회사들과 가장 다른 점은 뭔가를 시도해보기가 아주 쉽다는 점이다. 관계된 부서가 아주 많고, 자동차의 안전도를 비롯해 고려할 것이 너무 많은 기존의 자동차 회사들과 달리, 테슬라에서는 새로운 시도가 너무 쉽게 일어나 때로는 아슬아슬하게 느껴질 때도 있다고 한다. 테슬라에서는 창의적이고 혁신적인 문화를 갖추도록 관리 혁신이 자연스럽게 일어난다. 그 결과 〈포브스Forbes〉가 주최하는 2015년 '세계 100대 혁신 기업' 1위에 선정되었고, 2020년에는 〈패스트컴퍼니Fast Company〉가 선정한 2020년 세계에서 가장 혁신적인 기업 3위에 선정되었다.

중요한 건, CEO인 일론 머스크Elon Musk 스스로가 이노베이터 DNA

를 갖췄으며, 직원들 또한 이런 리더를 보고 배우며 부지불식간에 영향을 받아 이노베이터 DNA를 갖춰나간다는 것이다. 이런 선순환은 결국 기업이라는 나무에 지속적으로 영양분을 공급하는 뿌리이자 경쟁력의 원천인 핵심역량을 강화할 수 있게 해주고, 차별화를 만들어내는 핵심으로 작용한다.

이노베이터를 꿈꾸는 당신에게

한때 나는 드라마 〈정도전〉에 심취한 적이 있었다. 이유는 스토리가 매회 판세를 뒤집을 정도로 흥미진진하고 박진감이 넘치기 때문이기도 하지만 무엇보다 정치의 흐름을 손금 보듯 꿰뚫고 있는 최고의 전략가인 정도전에게 매료되어서다. 갑자기 정도전 이야기는 꺼낸 이유는 2가지다.

먼저 이 책의 집필 목적은 다름 아닌 당신이 현 시대의 정도전이 되는 데 도움을 주기 위해서다. 정도전이 정치의 흐름을 손금 보듯 꿰뚫고 있었던 것처럼, 당신이 이 책을 통해 창업, 사업, 경영을 하는 데 있어 비즈니스 리더로서 갖춰야 할 전략과 혁신에 관한 방법을 한눈에 볼 수 있도록 도움을 주고, 통찰을 제공하기 위함이다.

두 번째 이유는 1장의 요지를 설명하기 위해서다. 조선 건국의 최고전략책임자^{CSO: Chief Strategy Officer}, 정도전은 다양한 이해관계자를 고려한 전략을 수립하고 이를 과감히 실행했다. 명분과 효율성을 동시에 추구한 것이다. 앞서 말했듯, 자본주의 5.0를 기반으로 한 스마트 시대에는 실리에 못지않게 명분도 무척 중요한 세상이 되었다. 실리 만으로 접근하면 실패할 공산이 크고, 지속가능경영을 실현하기 어렵다. 훌륭한 목적을 정하고, 이해관계자의 마음을 얻어야 한다. 우리 는 러쉬, 탐스슈즈, 이케아, 네슬레, 존슨앤드존스, 머크 등의 사례를 통해 이를 확인했다. 348년 장수기업 머크의 사례는 지속가능경영을 위해 가치관이 얼마나 중요한지 일깨웠다. CSR, CSV를 잘 활용하면 명분과 실리를 동시에 추구할 수 있다는 것도 배웠다. 또 고드레지, 유니레버, 보다폰 등의 사례를 통해 넥스트 마켓인 BOP 국가에 진출 하여 사회문제 해결과 수익 창출을 동시에 실현할 수 있는 비즈니스 모델에 대한 통찰도 얻었다.

마지막으로 우리는 자본주의 5.0 시대에는 자신에게 이익이 되도 록 합리적 선택을 하는 '호모 이코노미쿠스^{homo economicus}'적 인간형^{시장 전략}과 이타적이고 상생을 추구하는 '호모 코오퍼러티쿠스^{homo cooperaticus}' 적 인간형^{비시장 전략}을 동시에 갖춰야 한다는 교훈을 얻었다.

2장에서는 창업, 사업, 경영을 하는 데 있어 스마트한 전략이 얼마 나 중요한지 실감했다. 훌륭하고 강력한 목적은 창업, 사업, 경영의 방향을 제시하고 비즈니스를 지속시킬 수 있는 원동력이 될 수 있으나, 이것만으로는 충분하지 않다. 스마트한 전략이 있어야 성공할 수 있다. 스마트한 전략은 탁월한 포지셔닝과 케이퍼빌리티를 기본으로 하며, 차별화, 비용우위, 집중화 중 1가지를 명확히 추구하거나, 차별화와 비용우위를 동시에 추구해야 한다. 구체적인 차별화 방법은 허니버터칩, 박카스, 비타500, 오가키교리츠은행 등의 사례를 통해 살펴보았고, 포화된 시장, 차별화가 불가능할 것 같은 시장에서도 차별화는 가능하다는 희망도 얻었다. 비용우위 방법은 이케아, 저비용항공사, 월마트, 코스트코, 샤오미 등의 사례를 통해 살펴보았다. 시장 리더가 되기 위한 3가지 전략인 제품 리더십, 운영적 탁월함, 고객 친밀도에 대해서도 살펴보았다. 중요한 건 운영적 탁월함은 기본이고, 운영적 탁월함 위에 제품 리더십이 나올 수 있고, 그 위에 고객 친밀도까지 얹힌다면 금상첨화라는 것이다.

3장에서는 독특한 내부자원 개발이야말로 전략의 핵심이며, 우수한 생산설비, 유리한 지리적 위치, 창의성 있는 종업원, 유연한 조직문화 등의 유무형 자원들은 내부 핵심역량으로서 고수익 창출의 원동력이 된다는 것을 학습했다. 또 후지필름처럼 핵심사업 기반의 인접사업으로 진출하는 구체적인 방법론을 터득했고, 나이키처럼 반복 성장공식을 활용하는 방법도 배웠다. 핵심역량의 중요성은 월마트와 아마존의 물류 시스템, 자라와 유니클로의 공급사슬관리를 통해 이해할 수 있었다. 또 에이스침대를 통해 핵심역량은 고객의 니즈로부터 벗어나지 않아야 한다는 점도 배웠다. 핵심역량은 '이전 가능한 역량'이고, 핵심역량을 이전해 사업 다각화를 해야 성공 가능성이 높아

전략을 혁신하라

진다는 것도 배웠다. 펩시와 레고의 사례를 통해 본업 집중이 얼마나 중요한지도 배웠다. 또 무형자산을 키우고, 경영자원을 효율적으로 사용하는 것이 중요함을 이해했다. 타 국가에 진출할 때는 문화를 고려해야 한다는 것도 배웠다. 마지막으로 어떤 상황에서 수직적 통합 또는 아웃소싱을 선택해야 하는지도 이해했다. 중요한 것은 어떤 방법을 선택하든 그 방법이 경쟁우위에 어떤 영향을 미칠지 따져보는 것이며, 핵심역량과 핵심사업은 절대 아웃소싱을 하면 안 된다는 것이다.

4장에서는 단순히 고객 가치를 충족시키는 것만으로는 충분하지 않고, 와비파커처럼 고객이 원하는 가치를 혁신적으로 제공해야 더 나은 경쟁우위를 갖출 수 있음을 배웠다. 그리고 지속적인 경쟁우위를 창출하려면 끊임없는 전략적 이동이 필요함을 깨달았다. 또 6가지 방법론을 통해 새로운 시장공간을 창출하는 통찰을 얻었고, 비고객을 찾는 방법, 구매자 효용성을 높이는 방법, 그리고 전략적 가격 책정에 대해서도 공부했다.

마지막으로 5장에서는 창업과 사업에서 성공하고 장수하기 위해서는 단순한 개선을 넘어서 끊임없이 혁신하고, 창조적으로 혁신해야 하며, 이노베이터 DNA를 갖추고, 관리 혁신을 해야 한다는 것을 배웠다. 애플, 구글, 테슬라처럼 새로운 시도를 두려워하지 않는 도전적이고 창의적이며 열린 조직문화를 가져야 비즈니스를 선도해나갈 수 있다. 중요한 것은 창업, 사업, 경영을 하는 당신이 바로 그런 자세 Attitude를 가지기 위해 노력하고 있는가 여부다.

이제 저성장의 자본주의 5.0을 기반으로 한 스마트 시대에 반드시 익혀야 할, 또는 이미 알고 있었지만 다시 한 번 되짚어봐야 할 전략과 혁신에 대한 공부를 마쳤다. 그럼 미래를 향해 새로운 도전을 시작해보자. 사업 아이템을 정하고, 훌륭한 목적을 정의하고, 자원을 효과적으로 활용해 전략을 수립하고, 그 전략이 고객 입장에서 가치가 있는지 검토한 후, 모든 과정을 기존과는 완전히 다른 창의적이고 혁신적인 방법으로 접근했는지 면밀히 점검해보자. 그리고 공생의 가치 창조를 고려했는지 스스로에게 질문해보자.

강철왕 카네기의 집무실 벽에는 낡은 그림이 하나 걸려 있었다고 한다. 카네기는 다음의 글귀 때문에 그림을 걸어 두었다고 한다.

"반드시 밀물 때가 온다."

미국의 유명한 강철왕 카네기는 젊은 시절 세일즈맨으로 이 집 저 집을 방문하며 물건을 팔러 다녔다. 어느 날 한 노인 댁을 방문하게 되었는데 그 집을 들어서자마자 거실 한가운데 걸린 그림이 그를 완전히 압도해버렸다. 그 그림은 황량해 보이기까지 한 쓸쓸한 해변에 초라한 나룻배 한 척과 낡아 빠진 노가 썰물에 밀려 흰 백사장에 제멋대로 널려 있는 그림이었다. 그런데 그 그림 하단에는 "반드시 밀물 때가 온다"라는 짧은 글귀가 적혀 있었다.

카네기는 그림과 글귀에 큰 감명을 받아 집에 돌아와서도 잠을 이룰 수 없었고, 다시 노인댁에 찾아가 세상을 떠나실 때 그 그림을 달라고 간곡히 부탁드렸다. 간절한 부탁에 노인은 그림을 카네기에게 주었고, 카네기는 그 그림을 사무실 한가운데에 평생 걸어놓고 일생의 신조로 삼았다.

썰물이 있으면 반드시 밀물의 때가 온다. 내리막길이 있으면 오르막길이 있고, 밤이 있으면 낮이 있는 법이다. 카네기는 모래사장의 나룻배처럼 수많은 난관과 좌절을 겪었지만 그때마다 그림을 보며 반드시 자신에게도 먼 바다로 노를 저어 나갈 수 있는 밀물의 때가 올 것이라는 믿음을 갖고 노력했던 것이다. 그 결과 마침내 정말 인생의 밀물이 왔을 때, 그는 누구보다 힘차게 머나먼 바다를 향해 힘껏 노를 저어갈 수 있었다.

당신은 아직 배를 만들려고 결심만 했을 수도 있고, 배를 만드는 중일 수도 있고, 배를 만들어 이미 얕은 바다로 나아갔을 수도 있다. 하지만 당신에게도 밀물이 밀려오고 그 밀물을 따라 아니 밀물을 거슬러 거대한 바다로 항해할 날은 반드시 올 것이다.

러쉬, 탐스슈즈, 이케아, 애플, 샤오미, 와비파커, 아마존, 테슬라처럼, 그리고 자본금 8,000만 원으로 시작해 세계 ICT기업 시가총액 순위에서 1위 애플, 2위 구글, 3위 마이크로소프트, 4위 페이스북, 5위 아마존에 이어 6위^{2015년 8월 말 기준}에 오른 알리바바처럼, 당신에게도 행운이 기다리고 있다.

"반드시 밀물 때가 온다."

1장 훌륭한 목적을 추구하라 Purpose

· 짐 콜린스 · 제리 포라스, 《성공하는 기업들의 8가지 습관》, 김영사, 2002.

· 신시아 A. 몽고메리, 《당신은 전략가입니까》, 리더스북, 2013.

· 천평취안, 《텐센트, 인터넷 기업들의 미래》, 이레미디어, 2015.

· 정후식, 〈빈곤층 비즈니스 현황과 시사점〉, 한국은행, 2010.

· 〈위키백과〉, '탐스슈즈'

· 〈BENEFIT〉, "보다폰(Vodafone)이 은행까지?", 2012.2.11.

· 〈DBR〉 151호, "시장 · 비시장 전략은 하나다", 2014.

· 〈중앙일보〉, "[CEO 인터뷰] 러쉬 공동창업자 버드, 최고경영자 게리", 2014.5.31.

· 〈DBR〉 179호, "사회공헌도 브랜드 시대…한 우물 파라", 2015.

· 〈서울경제〉, "폭스바겐 사기극까지 낳은 연비의 경제학", 2015.9.25.

· 〈헤럴드경제〉, "위기의 폭스바겐, '자동차 제국' 대해부", 2015.9.28.

· 〈한국일보〉, "'전직원 7만달러 연봉' 약속 美기업, 반년 만에 수익 2배", 2015.10.28.

· 〈뉴스1〉, "TV광고도, 유명 모델도 없는데 연평균 26% 성장…'러쉬' 비결은?", 2019.5.27.

· 〈패션포스트〉, "착한 브랜드 '탐스'의 흥망성쇠로 본 제품 경쟁력 선점의 이유", 2020.1.24

· 〈한국경제〉, "[너의 이름은] 연매출 46조 '이케아(IKEA)' 이름에 담긴 창업자의 가족 사랑", 2019.7.6.

· 〈디지털조선일보〉, "러쉬코리아, 비대면으로 나에게 맞는 제품 찾아줘… 디지털로 만나는 상세한 설명", 2020.5.7.

2장 스마트하게 포지셔닝하라 Positioning

· 마이클 포터, 《마이클 포터의 경쟁전략》, 21세기북스, 2008.

· Pankaj Ghemawat, 《Strategy and the Business Landscape》, Prentice Hall, 2008.

· 클레이튼 M. 크리스텐슨 외, 《당신의 인생을 어떻게 평가할 것인가》, 알에이치코리아, 2012.

· 미타니 고지, 《경영전략 논쟁사》, 엔트리, 2013.

· 신시아 A. 몽고메리, 《당신은 전략가입니까》, 리더스북, 2013.

· 이재형, 《스마트하게 경영하고 두려움 없이 실행하라》, 아비요, 2014.

· 피터 틸 · 블레이크 매스터스, 《제로 투 원》, 한국경제신문, 2014.

· 〈한겨레〉, "저가항공 '기발한' 원가절감 '기막힌' 효과", 2011.8.17.

· 염동호, "고객 만족 1위를 차지한 120년 역사 지방은행의 비결은?", 〈탑클래스조선〉 2012년 1월호.

· 변화와 혁신, 금융의 미래(https://tossi907.wordpress.com), "싸게 팔수록 많이 남는 마법의 사업모델, 코스트코" 2013.6.11.

· 〈중앙일보〉, "이케아 볼트는 뾰족하다. 원가절감의 비밀", 2014.6.16.

· 〈SBS 뉴스〉, "충돌 실험에 쓰이는 '더미', 알고 보니 '억'소리 나는 비싼 몸", 2014.7.8.

· 〈DBR〉 154호, "고흐의 혁신, 현대 기업의 전략으로 부활하다", 2014.

· 〈아시아경제〉, "커피 싸게 파는 이디야, 수익성도 업계 1위", 2015.4.14.

· 〈동아일보〉, "부산서 떠야 전국서 뜬다. '소비재 테스트베드'로", 2015.5.20.

· 〈중앙일보〉, "[2015 챌린저 & 체인저] 스마트폰 보며 레고 맞추듯… 구두 디자인 15분이면 끝", 2015.6.8.

· 〈중앙일보〉, "50+50 대한항공기 100대 늘린다", 2015.6.17.

· 〈더기어(The Gear)〉, 김정철, "샤오미가 가격파괴자가 될 수 있었던 10가지 비결", 2015.7.21.

· 다음 블로그, 芝惠紙愛, "전략의 수립, 실행, 평가"

· 〈비즈한국〉, "'매출 86억→1조 5223억' 감사보고서 속 스타벅스 상륙 20년", 2019.5.31.

· 〈IT조선〉, "코로나19 덕에, 스타벅스 언택트 주문 건수 증가", 2020.3.5.

3장 핵심역량에 답이 있다 Core Competence

· 크리스 주크 · 제임스 앨런, 《핵심에 집중하라》, 청림출판, 2002.

· 클레이튼 M. 크리스텐슨 외, 《당신의 인생을 어떻게 평가할 것인가》, 알에이치코리아, 2012.

· 이유택, 《성장의 정석 CSR》, kmac, 2012.

· 미타니 고지, 《경영전략 논쟁사》, 엔트리, 2013.

· 이재형, 《스마트하게 경영하고 두려움 없이 실행하라》, 아비요, 2014.

· 〈매일경제〉, "[커버스토리] 디즈니의 성공비결은 Relevance", 2011.10.21.

· 〈신동아〉, "코카콜라 vs 펩시, '톡 쏘는' 맛 100년 전쟁", 2012.11.21.

· 〈DBR〉 156호, "천하의 스타벅스, 프랑스에선 쓴 잔!", 2014.

· 〈중앙일보〉, "5% 틈새 보고 들어간 채혈기 시장, 그 시장의 35% 차지", 2014.4.21.

· 〈모비인사이드〉, "페이스북으로 보는 카카오톡, 라인의 상반된 글로벌 전략", 2015.11.6.

· LG CNS 블로그, "자라와 유니클로의 공통점은? 성공 브랜드를 위한 핵심전략, 공급사슬 관리(SCM)", 2014.

· 네이버 블로그, BH Consulting, "경쟁에서 이기는 것이 진짜 핵심역량이다"

· 네이버 블로그, 이정관 비즈니스연구소, "되돌릴 수 없는 실수, 삼성제약 에프킬라"

· 어닐 카르나니(Aneel Karnani), "성장 전략(Strategy for Growth)" 강의 자료, 미시간대학 경영대학원.

· 〈MK증권〉, "아마존·넷플릭스 주가 사상최고… 미국 증시는 언택트株 열풍, 한국에선 누구?", 2020.4.17.

· 〈한국경제〉, "손닿는 모든 곳에 있다… 언택트에 날개 단 네이버·카카오", 2020.5.25.

4장 고객의 가치를 혁신하라 Customer Value

· 김위찬·르네 마보안, 《블루오션 전략》, 교보문고, 2005.

· 아베 요시히코·이케가미 주스케, 《블루오션 재팬리포트》, 프런티어, 2009.

· 이재형, 《스마트하게 경영하고 두려움 없이 실행하라》, 아비요, 2014.

· 정세일 유플러스연구소 연구위원, "새로운 경쟁력을 찾는 방법, 반즈앤노블의 성공스토리", 〈월간프린팅코리아〉, 2006년 1월호 통권 43호.

· 〈한국경제신문〉, "멈추지 않는 신화, 미샤의 네버엔딩스토리", 2013.7.16.

· 〈DBR〉 154호, "프리미엄 이코노미 시장이 온다", 2014.

· 〈중앙일보〉, "이케아 볼트는 뾰족하다. 원가절감의 비밀", 2014.6.16.

· 〈한국경제신문〉, "구글과 애플 누르고 美혁신기업 1위 꼽힌 안경 판매 회사 와비파커", 2015.2.17.

· 〈조선비즈〉, "공연 역사상 최대 흥행작 '태양의 서커스', 파산보호 신청… 배우 4500명 무급 휴직", 2020.6.30.

5장 창의적 혁신을 추구하라 Creative Innovation

· 게리 해멀 · 빈 브린, 《경영의 미래》, 세종서적, 2009.

· Allan Afuah, 《Strategic Innovation》, Routledge, 2009.

· 짐 콜린스, 《위대한 기업은 다 어디로 갔을까》, 김영사, 2010.

· 트렌즈지 특별취재팀, 《지금부터 10년 글로벌 트렌드》, 일상과이상, 2010.

· 크리스 앤더슨, 《롱테일 법칙》, 더숲, 2012.

· 클레이튼 M. 크리스텐슨 외, 《이노베이터 DNA》, 세종서적, 2012

· 류스잉 · 펑정, 《알리바바, 세계를 훔치다》, 21세기북스, 2014.

· 이재형, 《스마트하게 경영하고 두려움 없이 실행하라》, 아비요, 2014.

· 애슐리 반스, 《일론 머스크, 미래의 설계자》, 김영사, 2015.

· 〈조선닷컴〉, "[Weekly BIZ] '혁신 DNA'를 심어라 환부는 깊게 도려내라", 2008.11.22.

· 〈하이컨셉 & 하이터치〉, "스티브 잡스의 라이벌 존 스컬리, 그는 애플을 망쳤는가?", 2009.

· 〈매일경제〉, "잡스처럼 나에게도 있다 '이노베이터 DNA'", 2012.2.10.

· 〈한국경제신문〉, "[IGM과 함께하는 경영노트] 디자이너 없는 디자인회사 알레시 "무한한 외부 아이디어를 흡수하라", 2012.6.19.

· 〈중앙일보〉, "우선은 반도체, 삼성 다음 한 수는?", 2014.10.7.

· 〈중앙일보〉, "기업 10곳 중 7곳 창업 5년 내 문 닫았다", 2015.2.23.

· 〈아시아경제〉, "[기업, 왜 혁신인가]팬택의 몰락과 노키아의 부활…혁신의 興亡史", 2015.6.16.

· 〈이코노미인사이트〉 65호, "[집중 기획] 중국 배달앱 전쟁의 최후 승자는?", 2015.9.1.

· 〈브릿지경제〉, "한국사회, 역경매 열풍 분다", 2015.10.14.

· 〈스타투데이〉, "빅히트, 美 패스트컴퍼니 선정 '세계에서 가장 혁신적인 기업' 4위", 2020.3.11

· 〈뉴시스〉, "나이키, '우리의 힘을 믿어' 활동 전개", 2020.4.1.

· 〈티타임즈〉, "착한기업 탐스슈즈는 왜 위기를 맞았나", 2018.6.15.

· 〈서울경제〉, "이젠 워크숍도 게임 속으로… 나이키, 가상 워크숍 진행", 2020.7.7.

이노베이터를 위한 비즈니스 인사이트 35

전략을 혁신하라

1판 1쇄 발행 2016년 3월 8일
1판 3쇄 발행 2025년 2월 26일

지은이 이재형
펴낸이 고병욱

펴낸곳 청림출판(주)
등록 제2023-000081호

본사 04799 서울시 성동구 아차산로17길 49 1010호 청림출판(주)
제2사옥 10881 경기도 파주시 회동길 173 청림아트스페이스
전화 02-546-4341 **팩스** 02-546-8053

홈페이지 www.chungrim.com **이메일** cr1@chungrim.com
인스타그램 @chungrimbooks **블로그** blog.naver.com/chungrimpub
페이스북 www.facebook.com/chungrimpub

ⓒ 이재형 2016

ISBN 978-89-352-1101-2 03320